U0945307

“一带一路”中非发展合作新模式

“造血金融”如何改变非洲

程诚◎著

中国人民大学出版社
·北京·

推荐序一

李小云　国务院扶贫开发领导小组专家咨询委员会委员

程诚博士在读博士期间，我就与他有所接触，在以后的很多如研讨会的场合听到他许多精彩的观点。程诚博士是目前为数不多的专心研究发展援助的青年学者之一，他以“造血金融”为核心概念形成了这本著作，既呈现了中国发展的重要机制之一，也呈现了非洲发展的重要瓶颈。用“造血金融”这样一个核心概念来连接中非的发展，特别是把“造血金融”视为能够改变非洲的中非发展合作的新模式来探讨，具有非常重要的意义，也从理论上阐述了中非发展的关键连接点。中国政府主导的发展模式虽然受到很多的争议，但该模式所创造出的经济发展和大规模减贫的业绩却引起了非洲国家和国际社会的广泛关注。在过去十多年中，中非发展交流与学习日趋活跃。在这样一个学习过程中，如何与非洲国家在平等的环境下相互交流发展经验，特别是就中国发展过程中的一些核心的机制与非洲朋友共同探讨，是中非发展交流中的重要方面。大多数非洲国家，尤其是撒哈拉以南的非洲国家，在去殖民化以后的国家建设与发展的过程中，一直在探索如何实现自主型的发展。长期以来，非洲国家的发展在路径上依赖西方发展模式，在资源的供给上主要依赖西方国家提供的发展援助。一方面，西方的发展援助对于非洲的经济社会发展发挥了积极的作用，特别是在实现联合国千年发展目标的过程中，西方国家和国际发展体系所提供的发展援助对于解决非洲的教育和健康问题，尤其是在流行病的防治等方面，发挥了重要的作用，为非洲国家实现千年发展目标作出了贡献。另一方面也需要看到，西方所提供的发展援助，虽然也强调基于非洲国家的需要，但是由于西方发展援助在很大程度上受其国内政治的影响，需要呈现西方国家的政治需要和社会文化的价值，这就在很大程度上造成了西方发展援助与非洲国家发展实际脱轨。西方国家通过制定其援助的国别战略来落实其政治和社会文化的价值诉求。虽然西方国家在形成国别援助战略的过程中也会与非洲国家进行磋商，也会考虑非洲国家的实际，但在不对等的权利关系条件下，很难做到完全按照非洲国家的发展需要提供发展援助。西方国家的发展援助主要是以无偿援助的赠款形式来提供，单向型的无偿性的赠款看起来显得非常慷慨，并且由于同意附加在援助上的条件远远比通过发展经济提高税收所获得的国内发展资源成本低得多，就会使得很多接受发展援助的国家倾向于接受这些援助的条件而获得资金。这样一种机制所带来的问题恰恰是抑制了通过努力而获得国内发展资源的激励。在这样一种援助与被援助的路径之下，很多国家很容易形成援助依赖症。发展援助在很多非洲国家的预算中所占比例非常高。相比之下，在过去几十年的发展过程中，很多非洲国家却经济发展迟缓、贫困发生率居高不下。因此，针对长期以来援助的批评也日趋激烈。

在过去十多年中，很多非洲国家都已经意识到通过发展援助资源来促进国家发展和减贫的局限性，纷纷开始寻求新的发展资源和国内发展资源来启动发展。很多非洲国家，如尼日利亚、坦桑尼亚、埃塞俄比亚、乌干达和肯尼亚等的预算中，发展援助所占的比例逐年下降。与此同时，来自新兴国家特别是中国的新的发展资源不断增加。很多非洲国家寻求新的发展资源的主要原因是西方发展援助无法满足它们的发展需要。例如，在过去十年中，经合组织发展委员会的成员国提供的发展援助中用于基础设施支出的比重一直没有超过9%，而相应的非洲国家目前在发展中面临的最大瓶颈却是基础设施。因此，很多非洲国家纷纷寻求新的发展资源。

中国在过去的发展过程中，一直把基础设施的建设作为突破发展瓶颈的最基础环节，“要想富，先修路”在中国家喻户晓。基础设施的建设不仅促进了农业的迅速发展，也极大地推动了中国工业化和城市化的进程。中国是在资金严重缺乏的条件下开始基础设施起步建设的。在过去四十年中，中国围绕着基础设施的融资，在不同阶段创造出了不同的融资模式。中国发展融资的核心特点是政府性金融通过市场运作解决基本公共基础设施建设问题，而且通过市场机制发育出了可持续的基础设施融资机制，高速公路建设、铁路建设等都充分体现了这样一个特点。这一模式也是导致中国基础设施投入产生巨大经济效益外溢的重要因素。

在中非合作的过程中，中国将自己比较成功的经验有机地与非洲发展的实际相结合，在为非洲国家提供无偿援助的同时，通过“造血金融”的模式推动发展基础设施建设，受到了非洲国家的欢迎。“造血金融”机制在非洲的广泛采用从根本上改变了非洲发展筹资的结构，突破了非洲发展的瓶颈，直接带来了非洲过去十多年间经济的高速增长。中国对非洲的投资也引起了国际社会有关非洲债务问题和环境问题的关切。与此相呼应的是，对非的投资恰恰是建立在市场机制的基础之上。也就是说，债务问题是一个相对的概念，一旦投资建立在市场机制之上，这样一种互惠互利的投资显然要比造成援助依赖的无偿援助的意义更大。中非发展基金所采用的股权投资模式正是基于一方面考虑到非洲国家需要大量的资金投入，另一方面也考虑到债务的上限这样一种现实考量。

程诚博士在该书中对于发展援助所带来的问题以及开放金融的造血机制等均作了非常系统的分析，我认为这是一本对于我们理解如何通过创新型的开发金融促进发展中国家发展很有价值的书。

推荐序二

王燕　世界银行前资深经济学家

值此改革开放四十周年之际，非常高兴看到青年学者程诚博士的著作出版。我与程诚相识于2013年夏季林毅夫教授创办的新结构经济学研究中心第一届暑期研讨班期间。那时国内研究国际发展援助合作的学者甚少，我在授课时发现程诚是为数不多的对于国际发展援助的历史渊源、正反面经验、文献资料非常熟知，颇有独特见地的学者之一，印象极为深刻。之后，我们在学术上交流讨论甚多，志同道合，互相鼓励。今受邀写序，欣然提笔。

国际发展援助合作及其融资是涉及经济、金融、社会、历史、外交、地缘政治及全球治理等的跨学科领域，极为复杂。该领域过去许多年来一直被以经合组织（OECD）为代表的发达国家主导，发展中国家的声音极弱。2008年以来，世界经济格局发生了深刻的变化，以中国为首的新兴市场国家崛起，在全球贸易、经济增长、国际发展援助合作与投融资方面逐渐发挥了不可或缺的作用。然而，在这方面以新兴发展中国家经验为基础的南南合作的理论研究还相当薄弱，数据不透明，案例评估不足，对外援助合作的法律法规更是严重缺位。

本书从中国与非洲发展合作的历史和现状开始，以历史的视角分析了中非合作的渊源，历经半个世纪的尝试，过程跌宕起伏，包含了挫折、学习、调整和新世纪以来的高潮，讲述了一个完整而精练的故事。作者对于西方主导的官方发展援助理论进行了回顾、反思和批判，在中外文献综述的基础上详细阐明了中非发展合作特征、它与经合组织所定义的官方发展援助的区别，特别是中国特色的“造血金融”而不是“输血金融”，是平等互利共赢的“队友”关系，而不是“恩赐”关系。本书结构层次清晰、文献综述宽泛、实践案例丰富，很好地体现了作者的国际视角、独特见地、基于中非合作正反两方面的实践经验而获得的真知灼见。在理论框架方面，我特别欣赏作者对于中外学者的不同理论研究的客观评价——将本书置于严谨的经济学逻辑之上。林毅夫教授倡导的新结构经济学以独特的视角，以成功的新兴发展中国家经验为基础，开创了发展经济学的第三波思路。他和他的合作者们正在努力以同一视角研究经济学的不同领域（含宏观、贸易、金融、产业政策与创新等），其中包括国际发展合作及其融资领域。林毅夫的著作总是从回顾二战以来发展中国家成功与失败的历史实践开始，继而探讨成功与失败的原因，上升到理论高度，探讨适用于发展中国家的战略或政策。2008 年，当林毅夫作为第一位从发展中国家遴选出的世界银行首席经济学家加入世行时，当他经过深入研究东亚和中国发展经验提出“新结构经济学”及倡导“遵循比较优势”“发展基础设施”等政策主张时，世行内部主流经济学家中响应寥寥。2011 年，当林毅夫首次提出中国的经济转型升级、比较优势的转移会给低收入的发展中国家创造巨大的发展机会，中国会从跟随的雁成为引领之龙（from a following goose to a leading dragon）时，许多人（含世行内部工作人员）曾嗤之以鼻，以为不可能实现。八年之后的今天，由于中国的改革开放和时势的发展，中非合作、“一带一路”的迅猛发展，成千上万的中国企业已经“走出去”为东道国创造了上百万工作岗位（本书中有丰富的案例），许多当时的预测已经或将变为现实。思路决定出路。历史上，经济的发展总是伴随着经济结构的转型升级换代、新旧工作岗位的创造/替代，以及生产率的提高。从结构转型的角度、比较优势转移的角度，能更好地理解中国大力推动南南发展合作的动机、动力和互利共赢的源泉。正如我与林毅夫合著的《超越发展援助》一书中指出的，中国将贸易、援助与投资相结合，利用自身的三大比较优势，与发展中国家进行南南合作，在平等的基础上互相支持、互相学习，共同攀登结构转型这座大山，以便实现互利共赢。第一，中国刚刚完成了从落后的农业向工业制造业的转型，在近四十个产业部门具有显性比较优势，但在劳动密集型行业的比较优势正在下降，这些行业正好符合非洲国家的比较优势，用直接投资方式把它们转移到劳动力充裕的国家，形成产业链互补，可以实现互利共赢。第二，中国在多年的自身建设中发展了建筑业方面的比较优势，主要源于较低的劳动成本、较好的工程技术教育，以及其他国家未有的巨大的规模经济。比如，建设高铁的总成本比发达国家建设同类高铁低三分之一。将这一比较优势用于“一带一路”互联互通，可以产生巨大的外溢效应。第三，根据 Hofstede（2010）的研究，受儒家文化的影响，东亚各国特别是中国具有长期价值取向（long term orientation）和较高的储蓄率。我们将具有长期价值取向的十年期以上的资本定义为耐心资本。耐心资本（与热钱、快钱、移动资本不同）不以短期利润为目标，而是以共同发展为宗旨的类似风险投资的股权和债权投资，有利于发展中国家的长期发展。中国在提供耐心资本方面有显著的比较优势，正在运用各类国家/地方/部门/企业建立的绿色发展基金或产能合作基金（类似中非发展基金）进行股权投资，支持其他发展中国家实业的发展，以便在较长时期内实现互利共赢。这一思路也逐渐被英美等更多发达国家所接受。

本书的作者能够在独立研究的基础上正确地指出经合组织官方援助的弊病，提出南南合作需要更加宽泛的“发展合作融资”，其中包括各种以发展为宗旨的股权和长期债权投资，这与我们的建议不谋而合，非常难能可贵。能够看到这位青年学者的杰作出版，我感到非常高兴。篇幅有限，不能展开。谨以此文抛砖引玉，聊以为序。

自　序

夜航西非

键盘上敲下第一行字的时候，我正在北京飞往西部非洲的红眼航班上。此行，我将先向西南飞越亚欧大陆，经停于东非古国埃塞俄比亚首都亚的斯亚贝巴，再转机继续往西南方向横穿非洲大陆，最终降落于西非几内亚湾的科特迪瓦共和国的阿比让市。可能与大众了解的有所不同，埃航的班机早就已经被国人“承包”。从商务舱到经济舱，稍微起雾的舷窗上映出的大多是老老少少的中国脸，少数的非洲人也大多数是往返中非之间进货的商贩和青年学生。中国工程师、民工大爷和金融高管们挤满了整个机舱，一起前往这个古老而美丽的遥远大陆，其中相当一部分可能长期生活在那里。不同于帕瑞尔·马卡姆（Beryl Markham）[①] 始终充满清冷味道的冒险之旅，中国人的“夜航西非”充满了世俗的烟火气息。就这样，一百多万中国人的生活与非洲发生了共振，距离和背景产生的强烈反差感可能就是最初让我对中非关系着迷的原因。

我的非洲之旅始自八年前开始的博士研究生活。自那以后，我先前

---

① 著有《夜航西飞》。

往美国学习国际发展专业（International Development），而后逐渐拓展自己在非洲的足迹：从城市与乡村，到几乎无处不在的中国人建设的各种工矿和基础设施项目。加入中国人民大学之后，在继续研究中非发展合作，特别是金融领域合作之余，我还利用自己的所学所长为非洲的发展和中非合作从事一些智力咨询的工作。此次西非之行，我就是和来自各大学、院所的同事们一起，来为科特迪瓦这个前法国殖民地国家设计工业化总方案，以及工业园的规划方案。而在此之前，我和我的同事们已经为埃塞俄比亚、尼日利亚、卢旺达、乌干达和多哥等国政府提供了同样的服务。“中国在非洲”的叙事，从最早的小商小贩和低价商品，到前些年的筑路搭桥和厂矿投资，现在终于也走到了产业规划设计的较高阶段，开始与欧美发达国家一起竞争智力产品的投入了。

总有人问起“国际发展”研究的是什么，这也从一个侧面反映了中国在这一领域的投入极度不足，其表现就是与中非合作和“一带一路”建设愿景完全无法匹配的智力支持能力。要知道，欧美大多数一流高校至少都会设立国际发展或者发展研究的硕士项目，为从世界银行到国际货币基金组织这样的国际机构提供了很多“新鲜血液”。那么，究竟什么是国际发展？这门学科的意义是什么？中国与非洲在国际发展的研究角度下如何解读？这些便是我这本书的主体内容，也是我博士研究的主要课题之一。

这本书既为迎接即将召开的2018年中非合作论坛北京峰会而编辑出版，同样也是严肃的学术著作，寄希望于为广大学生提供中国化的国际发展学科参考书，也为研究同好梳理这一学科最为前沿的理论成果。我一直以为，相比高屋建瓴的发展经济学和静水流深的发展人类学，国际发展只能算是“匠人之学”，其中往往只能产生“专家”而不是“学者”，因为这一学科非常难以从经验事实当中归纳出理论，多数著作只是达到实证研究的水平，而难以达致理论推演的水平。也因为这一学科往往与实践结合得极为紧密，需要学习大量的技术性知识和规范，以便直接参与到具体的发展项目当中。假若我的粗浅观察属实，那么就让我做这么一个匠人吧！我希望能够把这一学科、这一问题一点一点地分拆开来，希望可以让普罗大众加深理解，希望莘莘学子和学界同人可以获取新的知识，不断推进中国在国际发展领域和中非合作领域的研究与实践。

这序言的最后几行字，写于离开阿比让的班机上。同行的乘客中，中国人和科特迪瓦人各半。我的舱位一边是来自广西的淘金大叔，另一边则是来自福建的年轻妈妈——她不满周岁的小宝宝被大叔逗得呵呵直乐。起飞前最后查看手机，微信传来两条消息：一条是中国国家国际发展合作署确认成立，中国拥有了自己的专业的发展合作机构；另一条则来自还在北京的同事，她通知我今年可能要开启东非某国工业化方案的新工作了。

这趟非洲之旅，以夜航开始，而朝霞似乎就在不远之处。

程　诚

2018 年 3 月 14 日于埃塞俄比亚航空 ET934 航班上

目　录

导　言

自第二次世界大战结束以来，发展经济与消除贫困是国际和平的基础这一观念成为普遍的共识。马歇尔计划的成功推行与欧洲的复兴似乎也为另一种相似的观点赋予了合法性，那就是如果向贫困国家短时间内注入大量的外国资金/资源，就可以帮助其突破“落后”的瓶颈，从而为真正的内生性经济发展提供基础。在被称为“大推进”（the Big Push）的第一代发展经济学理论指导下，价值数万亿美元的资源开始以援助的形式从发达国家向发展中国家和地区转移，其中很多是这些富裕国家的前殖民地。国际发展理论作为一门学科，自诞生以后经历了数次重大的理论变迁，逐渐发展成熟；其作为官方发展援助（official development assistance，ODA）的指导理论，数十年来几易其章，给发展中国家造成了巨大的损失：从一开始关注基础设施建设和工业化的“大推进”理论，到关注结构调整和“善治”（good governance）的“IMF 药方”，再到重视能力建设和受援国制度建设的反思主义兴起；理论的发展和变迁本身没有问题，但是实际中的经济发展却不能朝令夕改。无论哪一个经济领域的发展，都需要一个国家十几年甚至几十年持续不断的投入，并非短短几年的援助投入就能够解决问题。即使 ODA 产生了明显的积极效果，也一定是短期和局部的，因为长期的和全局性的经济改善已经超出了ODA的影响范围。另外，西方国家将ODA作为国家政策工具，利用贷款条件逼迫发展中国家在各种问题上支持自己的做法，也极大地损害了援助的效率与合法性。林林总总的问题结合在一起，从根本上限制了ODA的发展效果，最终导致虽然主流国际发展界作出了巨大的努力，但是除去二战以后的西欧以外，由援助推动的成功发展案例却少之又少。

中国无疑是发展经济学领域的一个激动人心的案例，它不仅通过40年的市场化改革让7亿多人口脱离贫困，实现了从低收入国家到高中等收入国家的历史性跨越，同时更使自身从一个受援国转化成了全球发展资金的最主要提供国之一。然而，外部援助与中国经济长期高速发展之间的因果关系难以建立，而且中国在持续提供对外援助的同时，仍然坚持主要依靠国内资源发展国民经济的基本立场。随着中国逐渐成为世界领先的经济体，随着大量中国企业“走出去”，中国不但在理论上对“外国援助有效促进国内发展”的基本假设提出了质疑，而且在实践中也开始对作为主流国际发展理论核心的ODA提出了挑战。中国不是这一“非主流”的国际发展实践的唯一国家：随着南方国家在全球经济中所占据的比重越来越大，它们所提供的发展资金对于“千年发展目标”（millennium development goals，MDG）的基本达成和“可持续发展目标”（sustainable development goals，SDG）的实现也愈发重要。不论发达国家还是发展中国家，它们对于金砖国家新开发银行和亚洲基础设施投资银行的广泛支持就是这种重要性的集中体现。

中国的挑战和西方的应对构成了一对紧张关系，而这一关系尤其体现在撒哈拉以南非洲地区的发展问题上。西方媒体罔顾中国数十年来提供的援助项目和资金极大地推动了非洲经济和社会发展的事实，炮制了大量以“新殖民主义”和“流氓援助国”，甚至于“债务帝国主义”等为名的报道，处处指责中国。西方各科研机构、咨询公司以及国际组织，也纷纷撰写有关中国在非活动的报告和分析，而这些报告和分析所给出的中国对非援助的资金总额往往超出了常识的范畴，并且对于这些资金性质的解释也往往彼此矛盾，或是称之为发展援助，或是称之为开发金融，或是含混地以“援助”一语代之。中国与非洲发展合作领域混乱的研究局面是多种因素造成的：中国政府没有按国别披露为非洲国家提供发展资金的制度；中国国民经济中，国有经济成分的存在也往往令研究者把中国国企的投资行为和中国国家的发展合作混为一谈；多数西方国际发展从业人员对于中国的财经管理制度、决策程序等问题不甚了解，难以理解中国在非洲行为的真实意图。而造成这一混乱局面最为重要的原因，在于中国和西方国际发展界的“语言不通”，即对于很多基础性概念的认识差异。从中国方面来说，国内长期以来没有建立起系统化、学科化的国际发展专业教育，政界、学界、大众及媒体对于这一为西方所熟悉的概念系统大多缺乏了解，其中学界往往是通过国际关系和国际政治的视角来理解发展援助，在国际发展领域的影响力也比较微弱。与此同时，“西方中心主义”使得欧美学者总是习惯性地使用西方主流的“官方发展援助”理论来分析中国对非洲的各项支持。但是，作为发展中国家的中国本来就不承担提供国际发展援助的义务，中国的援助及发展资金都是基于联合国“南南合作”理念，通过双边合作项目来输送给发展中世界的。中国和非洲国家的发展合作从来都不是“给予和接受”的援助关系，而是为了“互利共赢”的“平等合作”关系。意在夺人眼球的不实新闻报道和欠缺可靠性的研究报告不仅误读了中非合作的实质，还损害了中国的国际形象；更为严重的是，材料的交叉引用使得误解仿佛雪球一般越滚越大，表象与真实之间的鸿沟变得越发难以逾越。

中国不仅尝试利用与非洲国家之间的发展合作促进中非双方的共同发展，还希望利用中国资金和技术帮助非洲国家实现经济的长期增长，以此来体现中国的国际责任和能力，并且为广大发展中国家提供一种在接受西方发展模式之外的选择可能。面对中国在非洲的积极行动，西方传统援助国和国际发展学界则呈现出不同的态度：传统援助国大多希望一方面拉拢中国加入现存的国际发展机制，另一方面通过媒体、非政府组织和国际发展机制，来限制甚至抹黑中国在非洲的各项政策和行动；国际发展学界则一方面希望中国可以加强其对外合作项目的信息披露和透明度，另一方面也希望学习中国的成功经验，共同推进非洲的发展进程。可以说，自 21 世纪初开始，“中国在非洲”已经成为国际社会关注的焦点之一，成为中国对抗还是融入全球规制的试金石，也成为机遇与挑战并存的、最具活力的中国外交领域之一。

实事求是地说，以官方发展援助 ODA 为核心的主流国际发展理论及实践，的确为发展中地区经济的增长与人民生活的改善作出了巨大的努力，而且其作为一种规则体系经历了 70 年的发展，已经非常成熟。但是，这些却无法掩饰 ODA 机制内部的系统性衰败：在当今的国际发展实践中，ODA 规模与发展中国家经济增长的相关性已经极大地降低，其在一些国家发展过程中产生的阻碍效应也已经引起了学界的重视。面对私人慈善的扩展、国际商业借贷利息率的不断下降和新兴援助国的挑战，ODA 除了采取系统性的改革以外别无他途。作为新生事物的中国官方开发金融，虽然近年来成果喜人，但是同样暴露出很多问题。其在资金监管、项目管理和债务可持续性等方面的风险需要认真思考，也不妨谦虚地学习一下西方过去的经验。

自中国于 2013 年提出“一带一路”倡议以来，一些媒体和机构也在缺乏足够专业研究和背景知识支撑的基础上，盲目地将该倡议与美国在二战以后推行的马歇尔计划横向比较。① 他们并没有认识到，马歇尔计划提供的大量资金基本都是“赠予”类资金，不需偿还，完全用于欧洲的重建发展；更没有认识到，美国复兴欧洲是以欧洲接受美国主导下的国际体系、积极参与冷战为条件的。这些报道认为，中国将同美国一样，通过为从中亚到欧洲的广大地区提供资金和项目支持来建立有利于自己的国际体系，因此引发了国际社会对“一带一路”倡议的诸多猜测和质疑。

因此，即使存在着众多问题，ODA 理论对于中国对外援助、中非发展合作和“一带一路”的未来发展，对于发展中国家建构自己的发展合作理论，都有着极其重要的借鉴意义。从理论的角度来说，弥合新兴和传统两大援助国集团之间的裂痕对于在全球范围内应对发展问题的挑战至关重要。从实践的角度来说，完全脱离以经合组织发展援助委员会为代表的国际发展机制来推广中国的发展合作是很困难的，并且有可能导致中国在国际发展问题上进一步遭遇孤立和妖魔化。面对这种局面，我们必须一方面深入地理解作为主流国际发展理论核心的 ODA 理论，另一方面尝试将中国对于国际发展的基本主张理论化和政策化，在此基础上实现中非发展合作理论对主流 ODA 理论的融合与超越。本书着重探讨的“中国特色官方开发金融”这一新概念根植于对中国对非援助实践的总结和对 ODA 理论的概括，在中国与主流国际发展理论之间搭建了

① “一带一路”与“马歇尔计划”有根本差别．人民日报，2015-02-13；社评：“一带一路”与马歇尔计划迥异．环球网．(2015-03-03) [2015-12-14]. http://opinion.huanqiu.com/editorial/2015-03/5799151.html.

桥梁，它的具体实践案例为其自身的合理性提供了充足的论证。因此，它不仅是分析中国对非洲发展支持的有效分析框架，更代表着国际发展合作的未来，值得深入探索和研究。

我将这一新的概念体系称为“造血金融”，是因为“造血”二字准确点明了这些资金力求促生和增进这些国家自身发展能力的特质。“造血金融”的语汇实际上借鉴了中国国内的发展故事，即力求发挥金融在提高资源配置效率上的作用，通过支持大型基础设施建设和工业化项目来实现经济增长。以这种合作模式来促进合作伙伴国的经济表现，是对于“输血”性质的ODA在理念与实践上的超越，其效果不仅限于非洲，更有希望扩展到“一带一路”建设沿线，为全球南方国家的脱贫与发展提供新的思路与工具。

第一章　中非发展合作研究的现状

第一节　中非发展合作的源流

一、新中国早期的对外援助实践

中国对广大发展中国家的支持始自新中国成立之初：面对美国强大实力的“遏制”和马歇尔计划式的经济援助在广大发展中国家的展开，新生的共和国出于意识形态和地缘政治的双重考量，在国内极端困难的情况下，仍然为朝鲜和越南等国抵抗帝国主义和殖民宗主国的正义斗争提供了全力支持。这些新中国早期的援助活动虽然难以归类于现代的发展援助，却有力地支持了周边国家争取民族独立解放的运动，同时也抵制了国际反华、反共势力颠覆新生共和国的企图。与此同时，中国对非洲国家的民族独立和建设也给予了力所能及的援助，典型的代表就是为 1958 年新独立的几内亚提供的中国援建项目。[①] 60 年代中苏交恶之

① 张浚. 不附加条件的援助：中国对非援助政策的形成. 外交评论，2010（5）：20-34.

后，中国迅速扩大了对外援助的范围，支持亚非拉国家人民“反帝反殖反霸”的独立诉求，开始大规模为非洲新独立国家提供经济和技术援助。需要注意的是，无产阶级国际主义是根植于60和70年代中国对外援助行动之下的理论与意识形态底色，也是支撑这一段时间里中国援助达到历史高点的根本因素。新中国的第一代领导人出于冷战意识形态对峙的考虑，认为中国支持非洲社会主义或者革命运动是对“国际主义事业的贡献”[①]，而“对外经济、技术援助工作，是一项严肃的政治任务，也是我国人民对兄弟国家和民族民主国家的人民应尽的国际主义义务”[②]。这一时期“无私的对外援助”是新中国在当时的历史背景下所采取的外交手段，“无产阶级之间和无产阶级对被压迫民族解放运动的相互支持是无产阶级国际主义的直接体现”[③]。被誉为中非友谊丰碑的坦赞铁路，就是为了支持南部非洲人民“摆脱帝国主义、殖民主义、种族主义的控制和讹诈”而建设的。[④]

由于这一时期中国和非洲的经济发展水平都比较低下，双方之间的经贸往来有限，主要以中国对非洲的无偿援助为主，而援助方式主要是物资援助和“交钥匙”项目的援建。“交钥匙”是指中国按照非洲国家提出的需要，提供绝大部分设备、人工和技术支持来建设所需项目，建成以后无偿交给非洲国家政府；同时，中国提供技术培训，保证受援国只

---

① 黄严忠．国内因素以及中国在非洲的医疗卫生项目//中国在非洲的全球卫生与对外援助政策论文集．华盛顿：美国战略国际研究中心 CSIS，2011；石林．当代中国的对外经济合作．北京：中国社会科学出版社，1989：44．

② 石林．当代中国的对外经济合作．北京：中国社会科学出版社，1989：31．

③ 刘昌乾．试析中国外交中的国际主义理念：基于对外援助的分析．北京：中国人民大学，2010．

④ 唐晓阳．中非经济外交及其对全球产业链的启示．北京：世界知识出版社，2014：20．

需要“转动钥匙”就能够开始生产。[①] 早期的成套项目主要包括马里糖厂、马里雪茄（香烟）厂和坦桑尼亚友谊纺织厂这样的生产性项目，以及坦赞铁路这样的大型基础设施项目。1964 年，周恩来总理出访加纳，在首都阿克拉发表了里程碑式的《中国政府对外经济技术援助的八项原则》，平等互利和不干涉内政成为中非关系发展的指导原则，至今仍然具有指导中非经贸和发展合作的重要意义。总体来说，改革开放之前的中国对外援助活动为新中国的外交成功提供了巨大的助力，抵制了西方的颠覆压力，营造了一个相对平稳的国际和地区环境，对于中国政府赢得和台湾当局的外交争夺战，并最终依靠非洲友好国家的支持票恢复联合国合法席位有着重大的意义。考虑到友好国家在新中国夺回联合国合法席位过程中所作出的巨大贡献，以及坦赞铁路工程的开工，中国对外援助的规模和预算自 1971 年底开始极速扩大。在 1971—1978 年间，中国的对外援助支出达到了 1950—1970 年总和的 159%；尤其是 1971—1975 年的支出达到了该时间段总和的 78%[②]，对外援助规模在短期内出现了急速增加的局面。

以对越南和阿尔巴尼亚的援助项目为代表，中国的对外援助项目耗费巨大，超越了中国当时的发展阶段，在一段时间里给国民经济带来了较大的负担。从 1971 年到 1975 年，对外援助支出竟然占同期财政总支出的 5.88%，其中 1973 年达到了惊人的历史高点：占当年全国财政总支出的 6.92%。[③] 据唐晓阳统计，坦赞铁路修建的总费用达到了 10.94 亿元人民币，资金全部为中国提供。其中，除了 9.88 亿元的无息贷款，

---

① 石林．当代中国的对外经济合作．北京：中国社会科学出版社，1989：42.

② 同①61.

③ 同①68.

中国还追加了1.06亿元的无偿赠予。为了支持坦赞铁路的建设，自1972年到1975年的四年间（坦赞铁路建设时期）中国财政收入总赤字达到了12.4亿元，“中国政府其实自己在背债支援非洲修路”①。为了遏制对外援助大肆铺张的局面，国务院召开了五次对外援助工作会议，强调“勤俭办外援，防止铺张浪费”，开始逐步调整对外援助政策。② 之后，对外援助的预算水平自1979年降至1%以下，再没有回到60和70年代的高水平。③ 另外，“文化大革命”结束之后，越南和阿尔巴尼亚这两个中国曾经的主要受援国出现了明显的反华倾向，中国不得不在1978年撤回了援助专家，终止了对两国的援助行动。④ “而对于非洲‘社会主义兄弟’的支持也难脱‘输出革命’之嫌，不符合逐渐寻求缓和东西方关系的中央政策大方向。”⑤ 在经济和政治的双重压力下，中国的新领导层开始扭转之前“革命挂帅”领导一切的外交方针，自20世纪70年代后期起逐步收缩了对非援助的规模。

二、改革开放和中国对外援助体制的改革

新中国早期的对非援助工作虽然取得了相当的成果，但是也暴露出了很多的问题。其中，最为严重的就是在计划经济思维指导下，完全以国内行政管理手段管理对外援助项目，不顾经济成本和当地实际情况。⑥

① 唐晓阳．中非经济外交及其对全球产业链的启示．北京：世界知识出版社，2014：65.

② 石林．当代中国的对外经济合作．北京：中国社会科学出版社，1989：61.

③ 张郁慧．中国对外援助研究．北京：中共中央党校，2006.

④ 同②65-67.

⑤ BRAUTIGAM D. The dragon's gift：the true story of China in Africa. Oxford Press，2009：52.

⑥ 黄严忠．国内因素以及中国在非洲的医疗卫生项目//中国在非洲的全球卫生与对外援助政策论文集．华盛顿：美国战略国际研究中心 CSIS，2011.

结果就是，这些早期援建项目自身的可持续性逐渐降低，部分出现难以为继的局面。在大型基建方面，以坦赞铁路为例，部分是为了解决地处内陆的赞比亚的铜矿资源外运的问题。1970—1975 年，我国援助坦桑尼亚、赞比亚修建了著名的坦赞铁路，将赞比亚铜矿区与达累斯萨拉姆港连在一起，该项目迄今仍然是中国最大的援非项目之一，发挥着巨大的无形效应。[①] 但是，坦赞铁路的设计与建设却没有考虑从坦桑尼亚回程运量的问题，以及返回赞比亚的火车没有货物和乘客乘坐、只能空驶的问题；而且铁路设计运力为 200 万吨每年，远高于沿线群众乘坐火车出行的实际需求。坦赞铁路自 1977 年投入运营以后，虽然出现了短暂的运力高峰 127 万吨，但是随后迅速下滑，到了 2007—2010 财年只完成了 52.3 万吨的运输量，实际乘客数量也逐年减少，导致坦赞铁路公司连年亏损，入不敷出。[②] 坦赞铁路年运量从最高峰的 127 万吨下降到 2011/2012 财年的 30 万吨，到 2014/2015 财年只有 9 万吨。[③] 坦赞两国政府把铁路当作“中国人的礼物”，缺乏为铁路运营维护追加投资的强烈意愿，也没有维护铁路机车和路轨的能力。长此以往，中国最初提供的 102 台内燃机车和 2 000 多节车厢逐年破损，可以正常使用的数量越来越少；同时，铁路路轨年久失修，火车基本上只能以步行的速度前进；坦赞铁路公司多次破产或濒临破产，只能不断寻求中国政府的帮助，导致其实际上只能依赖中国政府新的贷款和技术支持勉强维持运营。而位于坦桑尼亚经济首都达累斯萨拉姆的中坦友谊纺织厂则是生产性援建项目的另

① 陈晓晨．寻路非洲：铁轨上的中国记忆．杭州：浙江大学出版社，2014：27-28.

② 石林．当代中国的对外经济合作．北京：中国社会科学出版社，1989：607-612；唐晓阳．中非经济外交及其对全球产业链的启示．北京：世界知识出版社，2014：68.

③ 同①31，35；坦赞铁路运量大幅下滑．[2018-05-08]．http：//www.mofcom.gov.cn/article/i/jyjl/k/201512/20151201212841.shtml.

一个例子：中国援建的友谊纺织厂在1968年建成以后即赠予坦桑尼亚政府所有，属于全资国有企业，中方提供了六年技术支持。[①] 作为该地区最先进的全流程纺织企业，友谊厂的产品远销整个非洲，其品牌也成为质量的象征。但是，随着全球生产技术的提升，友谊厂的技术和管理水平迅速落后，而坦桑尼亚政府作为企业的拥有者却不愿意追加投资来更新换代，导致产品的竞争力严重下滑，出现了越生产越亏损的不利局面。同坦赞铁路一样，坦桑尼亚政府也只能不断地向中国寻求帮助，而中国政府在多次追加投资以后仍然无法让纺织厂扭亏为盈，企业经营愈发困难。[②]

改革开放以后，中国基本上不再增加对外援助项目，在非洲多以对原有项目的维护为主，以针对台湾当局“支票外交”的应急反应为辅。在国内援助管理体制上，与改革开放主题相一致，中央政府开始实行承包制度，并且于1983年颁布了《对外经援项目承包责任制暂行办法》。在此之前，根据国内“对口支援”经验，各地方省市政府承担起对外援助的责任。而在该办法颁布之后，对外援助的责任则转移给其所属的各国际经济技术合作公司。[③] 这一改革措施不但大大减轻了国家和地方财政的负担，而且各地方对外经贸公司也有了开拓市场的利益驱动，同时表明中国开始尝试在对外援助中实行互利共赢的新模式。这一时期纷纷从各省市对外经贸和商务系统独立出来的经济技术合作公司，后来逐渐成为承担中国对外援助和海外承包经营业务的主体，

---

① 石林．当代中国的对外经济合作．北京：中国社会科学出版社，1989：158-159.

② 祖晓雯．非洲员工暴力讨薪“中非友谊象征”艰难转型．(2016-03-19)[2016-06-20]. http://news.sohu.com/20160309/n439841944.html.

③ 黄严忠．国内因素以及中国在非洲的医疗卫生项目//中国在非洲的全球卫生与对外援助政策论文集．华盛顿：美国战略国际研究中心CSIS，2011.

深刻影响了中国的国际发展合作实践。其中一些对外经贸公司经过多次改革和多年经营，已经成为具备国际竞争力的知名国际承包商，如中江国际（原江苏外经公司）、湖南国际、安徽外建、河南国际等。

面临原有的在非援助项目的经营困难，中国在多次尝试单纯的资金支持未果之后，也开始转换思路，寻求其他的改革方案。以坦赞铁路公司为例，就笔者了解，自80年代以来已经接受了三次中国政府技术援助支持，出现了“中国技术工人在，企业就能够盈利；中国技术工人撤走，企业就亏损”的现象。为此，中方曾经提出参与公司管理经营，却未获得外方同意。[①] 如今，中国已经基本放弃了对于大型基建项目采取成套项目援建模式，转而使用贷款的方式来规避风险，并且希望积极介入企业生产经营以保障项目的可持续性。此外，还有一些影响较小的困难项目被逐渐放弃了。而对于一些作为中非友谊象征的项目，中国选择了债务转化为股份、建立合资公司和积极参与运营等方式寻求解决方案。以友谊纺织厂为例，在其出现多次工厂关停和公司破产之后，中方在20世纪80年代后期就提出了将该企业私有化的建议，遭到了坦方的拒绝。中方转而引导中国企业加入友谊厂的运营，并最终选择当初参与纺织厂援建的江苏常州某纺织国有企业承接了中方贷款的债务，将其转化为新企业的股份，并获得了新的友谊纺织公司的控股地位。中企控股的“新友谊厂”于1997年成立，依靠中国进出口银行1亿美元商业贷款进行设备翻新和员工调整，工厂经营局面焕然一新，甚至提振了长期低迷的坦桑

① 石林．当代中国的对外经济合作．北京：中国社会科学出版社，1989：607-612；张哲．中国输出：坦赞铁路今昔．南方周末，2009-09-22；李理．外交部承认坦赞铁路经营惨淡：高层决心改革．大公报，2015-05-19.

尼亚纺织业。但是，坦桑尼亚政府仍然把新友谊厂看作“毛主席和尼雷尔（坦桑开国总统）的儿子”，一心“吃援助”而不关心工厂的经营。从2009年起，因为股东方矛盾、劳资矛盾、政企矛盾和供求矛盾等，新友谊厂经历了多次停产事件，有时甚至酿成罢工事件。[①] 长期来看，坦赞铁路和友谊纺织厂为中非友谊和非洲发展作出了历史性的贡献，虽然出现了这样那样的问题，但是二者却提供了对非援助与合作的宝贵经验教训。从两个项目的发展轨迹着眼，也能够看出中非发展合作从单向援助向互利合作转化的大趋势。有香港学者将这一趋势称之为“市场化援助之路”，笔者虽然不同意这一说法，但是对于市场经济规律的尊重的确是中国外援体制改革的重要经验。[②]

通过总结对非援助的经验教训，20世纪90年代中期以后，中国进行了对外援助体制的全面改革，并且开发出了新的金融发展工具来推进中非发展合作。原有的无偿援助和低息贷款仍然存在，并且量力而行地免除最不发达地区国家到期债务；原有的援非医疗队在得到保持的同时，开始了联合建设医疗设施的尝试；新的援非青年志愿者项目在共青团中央的主持下开始执行，并且与国家汉语办公室推出的孔子学院项目相结合，扩展了中非之间在青年和人文领域的合作。1994年，中国进出口银行和国家开发银行先后成立，代表着新的中国特色对非开发金融模式开始形成。通过政策性银行来融资，国家财政只提供补贴，不但扩大了对非开发资金的规模，而且加强了社会资本的参与，减轻了政府财政负担。中国进出口银行开始提供偿还期长、利息

---

① 陈晓晨．寻路非洲：铁轨上的中国记忆．杭州：浙江大学出版社，2014：177－181；唐晓阳．中非经济外交及其对全球产业链的启示．北京：世界知识出版社，2014：175－176．

② 孔永乐．中国及西方对非洲援助的义与利．二十一世纪，2011（2）．

率低的政府优惠贷款，其最主要的对象就是非洲国家。通过以优惠贷款支持原有的大型工业生产和基础设施成套项目为主，并将原本的“援建”模式改变为企业承包的方式，中国提高了援助资金的使用效率，降低了企业经营风险。在这一时期，中国经济通过改革开放理顺了生产要素的价格关系，出口外向型经济快速发展，并且与高储蓄率一起促成了中国经济的超高速发展。伴随着经济的发展，特别是在世纪之交加入了世界贸易组织之后，中国逐渐开始为对外援助和开发金融赋予新的目的。不同于 2010 年以后以对外直接投资为目的的“走出去”，中国企业在 20 世纪 90 年代“走出去”的最初动力是为了解决国内经济高速发展带来的资源和能源问题。在充分利用“两个市场，两种资源”的号召下①，大批中国企业特别是资源开发型企业开始走出国门，在全世界范围内为中国工业生产寻找资源和能源。而在企业走出去这一过程中，对外援助被赋予了“润滑剂”的角色，力求在海外扩展业务的过程中提供额外的竞争力。

三、新世纪的中非发展合作

如果说中非发展合作经历了以无偿援助为主的 20 世纪 50、60 和 70 年代，及以收缩调整与深化改革为主的 80、90 年代，那么自 21 世纪初，中非发展合作就进入了全面发展、独具特色而又震惊世界的新时代，也是本书研究的主要时间段。这一新时代的最显著标志，就是中非合作论坛机制（Forum of China Africa Cooperation，FOCAC）。诞生于 2000 年的中非合作论坛每三年举办一次部长级会议，理论上由中国和非洲国家

① 石林．当代中国的对外经济合作．北京：中国社会科学出版社，1989：5.

交替举办。迄今为止，中非合作论坛还举办了两次领导人峰会，分别是2006年的北京峰会和2015年的约翰内斯堡峰会。历次论坛和领导人峰会上，中国都会公布最新的对非政策方针，尤其是下一个三年内对非发展资金的支持额度。论坛间隔期，中非双方还会保持金融、经济、发展和人文领域的高级别磋商。2006年中非合作论坛北京峰会因时任国家主席胡锦涛和非洲41个国家的领导人共同出席，引发了全世界的关注，被西方国家认为是体现中国对非洲的重视和在非洲影响力的重大事件。自2009年开始，中非合作论坛还开始制定行动计划①，一方面保持论坛的延续性，为下一次论坛峰会的议程形成提供支持；另一方面敦促各国政府采取实际行动来实现论坛的成果。在2009年中非合作论坛沙姆沙伊赫外长会议上制定的《行动计划》，就特别关注基础设施建设，引发了中非基建合作的热潮。

2015年底举行的中非合作论坛约翰内斯堡峰会尤其具有划时代的意义。多年以来，中非合作论坛机制最为人诟病的一点就是被认为是“剃头挑子一头热”②：过多依赖中方的推进，而在非洲方面缺乏相应的应对机制，导致多次论坛的计划没有得到充分实现。这其中当然有着很多的现实困难，毕竟50多个非洲国家作为合作一方的国际协调远比中国作为主导方的国内协调要困难得多。而约翰内斯堡峰会的意义就在于这是第一次非洲各国积极参与、积极筹划、积极对接，主动提出具体和可行要求的中非合作论坛峰会，从某种意义上预示着中非合作论坛这一国际非正式机制正式开始有效运行。南非作为峰会主办国和金

① 中非合作论坛：沙姆沙伊赫行动计划2010—2012.（2009-11-12）［2016-02-15］. http：//www.fmprc.gov.cn/zflt/chn/ltda/dsjbzjhy/bzhyhywj/t626385.htm.

② 唐晓阳．中非经济外交及其对全球产业链的启示．北京：世界知识出版社，2014：135.

砖国家新开发银行的成员国，克服了经济下行的压力，担负起代表非洲和中国接触的任务，获得了中非双方的普遍赞誉。[①] 自此，南非成为中非经济合作的主要承担方；埃塞俄比亚则因为在非盟中的特殊地位成为中非政治合作的主要承担方；中国、南非和埃塞俄比亚逐步形成了协调一洲和一国的三角合作格局，影响极为深远。中非合作论坛引发了世界的关注和传统援助国的焦虑：2014 年底，美国就在华盛顿特区召开了首次美非峰会（U. S Africa Summit）；日本 2015 年也扩大了“东京非洲发展国际会议”（Tokyo International Conference for Africa Development，TICAD），并在会议上承诺了更多的对非援助资金。这些都被认为是传统援助国试图制约中非发展合作和中国在非洲影响力的尝试。

经过了半个世纪的尝试、挫折、调整和高潮，中国逐渐形成了自己的对非发展合作模式，即：利用金融手段，协调各类资源，在不过多增加国家财政压力，并且促进中国自身发展的同时，发挥中国的特长，来促进非洲的发展，从而实现“互利共赢，共同发展”[②] 的总方针。如林毅夫所言，就是利用“中国有什么”和“中国了解什么”，将贸易、投资和发展合作结合在一起，与非洲实现“互通有无”[③]。从中国方面来说，维护和推进这一合作模式的主要工具就是“官方开发金融”（official development finance，ODF）。当代的中国对非开发金融工具包含着以下几种资金形式：预算援助、无息贷款、优惠贷款、优惠出口买方信贷、股

① 根据对陶博文（南非驻上海总领事）的访谈，上海南非领事馆，2016 年 3 月 23 日。

② 习近平在中非合作论坛约翰内斯堡峰会开幕式上的致辞（全文）．（2015－12－04）[2016－03－17]．http：//news. xinhuanet. com/world/2015－12/04/c _ 1117363197. html.

③ LIN Yifu，WANG Yan. China Africa co-operation in structural transformation. Wider Working Paper，2014.

权投资类开发金融，以及使用政府资源促进对非洲国家生产性领域投资的各种金融支持。中国对非提供的ODF，既包括援助，但又不局限于援助；中非发展合作的方式，更是与ODA模式有着较大的差异，不可混为一谈。

第二节　西方对中国援助非洲的批评

2015年12月，中国国家主席习近平在备受瞩目的中非合作论坛约翰内斯堡峰会开幕式上致辞，宣布中非双方将会共同努力，“开启中非合作共赢、共同发展的新时代”，并且承诺中方将会为中非“十大合作计划”提供总额达600亿美元的资金支持，其中50亿美元为援助类资金。2014年5月，中国国务院总理李克强对非洲四国进行了友好访问，引起了世界各国的高度关注。在5月5日于非洲联盟会议中心的演讲中，李克强总理阐述了中国政府对于中非合作的长期愿景：“历史和现实都昭示人们：中国发展好了，非洲有机遇；非洲发展起来了，中国也会收益；中国和非洲都发展进步了，世界会变得更美好”[①]。与中国领导人对于中非协同发展的美好愿景不相协调的，是西方媒体对于中非友好关系的诸多非议。西方媒体罔顾中国数十年来提供的大量援助项目和资金极大地推动了非洲经济社会发展的事实，以“新殖民主义”或者“土地攫取者”等种种责难为名的报道处处指向中国，西方的科研机构也发布了大量批评中国对非政策的报告，国际顶级期刊《外交政策》居然堂而皇之地批

① 李克强．开创中非合作更加美好的未来．(2014－05－05)［2014－05－25］．http：//news.xinhuanet.com/fortune/2014-05/06/c_1110547295.htm.

评中国是“流氓援助国”：“中国、伊朗、沙特阿拉伯和委内瑞拉一起，代表了对健康的可持续发展的威胁。更糟糕的是，它们出手阔绰，把充满善意和责任感的援助组织挤出了市场，使得最需要它们的地区得不到应有的帮助。如果这些国家能够继续成功地推行它们所谓的第二条发展道路，这个世界就一定会变得更加腐败、混乱和独裁。”① 受到这些报道与报告的影响，在很长的一段时间内，对中国在非洲执行“新殖民主义”的“批判”不绝于耳，严重影响了非洲人对于中国和中国企业的看法。

而稍微分析一下这些报告的细节，就可以发现这些媒体和研究报告不仅大多用词犀利，还主动忽略了中非合作的大量积极成果；更为严重的是，它们之间的交叉引用往往引发更多的问题。最为令人难以置信的谬误发生于 2007 年：时任中国国务院总理温家宝在联合国大会发言中，宣布中国自 20 世纪 50 年代起已经为非洲提供了 444 亿元人民币（按 2007 年汇率约折合 57 亿美元）的援助。次日的美联社通稿则将该数字误报为 444 亿美元，随即又被世界银行文件 *Trends and Policy Options* (2008 No. 5，p. 8) 引用。如此低级的失误很快又被《基督教科学箴言报》所引用，并且提出中国的对非援助已经达到了“西方国家（经合组织）援助总额的三倍”，一时引发国际上对于“中国人来了！”和“中国买下非洲！”的恐慌风潮。事实上，仅 2006 年一年，经合组织（OECD）对非援助就已经达到了 300 亿美元，“三倍”于经合组织的中国援助只是无稽之谈。② 即使负责多边援助事宜的世界银行，其某些报告在涉及中

① “流氓援助国”（rogue donor）典自美国发动阿富汗战争之前提出的以朝鲜和伊拉克为首的“流氓国家”（rogue states），是一种非常恶毒的类比。NAIM M. Rogue Aid. Foreign Policy，Mar/Apr 2007. [2014-05-20]. http：//moisesnaim. com/columns/rogue-aid-2/. 作者为《外交政策》杂志前任主编（1996—2010）。

② BRAUTIGAM D. The dragon's gift：the true story of China in Africa. Oxford Press，2009：177.

非发展合作时也往往错漏频出。世行专家维维安·佛斯特（Vivien Foster）在其 2008 年评价中国在非洲基建活动的报告里，不仅在介绍“安哥拉模式”① 时错把中国石油企业的开采权列为中国提供开发金融的条件之一，更是想当然地把中国石油企业加入了中国政府贷款和偿还的资金循环链条之中，甚至还列入了根本没有发生过的融资项目。② 对于中国对非援助数额脱离现实的夸大和性质的误解不利于正确认识中非发展合作，意在夺人眼球的不实新闻报道和欠缺可靠性的“研究报告”不仅误读了中非合作的实质，还损害了中国的国际形象；更为严重的是，材料的交叉引用使得误解仿佛雪球一般越滚越大，表象与真实之间的鸿沟变得越发难以逾越。

第三节　中非发展合作研究中的问题和基本概念辨析

上述西方科研机构、咨询公司，以及国际组织撰写的有关中国在非活动的报告和分析，不但没有准确地把握中国对非援助的资金总额，而且对于这些资金性质的解释也往往彼此矛盾。大多数报告采取西方主流的“官方发展援助”（official development assistance，ODA）概念来指代中国对非援助，却因为资金优惠度问题而无法处理大量中国政府优惠贷款的归类问题；一些报告转而取巧地使用“官方开发金融”的宽泛概

① “安哥拉模式”是国际上指代中国与发展中国家进行的“基建换资源”合作模式，因 2003 年起中国和安哥拉执行的大规模公用房屋建设计划和石油担保贷款项目而得名。本书第五章将有详细分析。

② 这里指进出口银行 10 亿美元投资尼日利亚拉各斯—卡诺铁路和 30 亿美元投资加蓬贝林佳铁矿综合项目，两个项目都经历过中外谈判，但是最终都没有付诸实践，更没有发生资金拨付。FOSTER V，BUTTERFIELD W. China's emerging role in Africa：part of the changing landscape of infrastructure finance. Gridline，October，2008. [2013-11-27]. http://documents.worldbank.org/curated/en/2008/10/10201384/chinas-emerging-role-africa-part-changing-landscape-infrastructure-finance.

念，却又在不知不觉之中将一些纯粹的商业贷款，甚至对外投资列入开发金融的范畴，凭空夸大了中国支持非洲发展的官方资金规模。① 出现这两种情况的大多是学者和科研机构报告，尚且采取了比较认真和严谨的态度，而另一些私人的咨询公司因为对于中国援助体制的不了解，干脆认为中国给非洲提供的贷款都是逐利性质的商业贷款，或者是出口信贷。由于无法准确定义中国对非援助和各项发展合作项目，西方媒体只得对于这些项目含混地以“援助”一语代之，给读者准确认识相关项目和进一步进行学理分析造成了很大的困难。事实上，不论是官方发展援助，还是官方开发金融，都是精确定义的技术概念，其定义的内涵和外延对于资金的发展性质、优惠程度和使用方式都起到了规范的作用。混用和乱用这些概念，不仅不利于准确认识中国对非洲发展的支持力度，甚至可能会对于中非发展合作的性质产生误解。黛博拉·布罗蒂加姆（Deborah Brautigam）在其名著《龙的礼物：中国在非洲的真实故事》当中，把混乱比较西方国际发展援助与中国对非援助和其他合作项目的方式称为“比较苹果与荔枝”②，形象地描述了概念混淆可能导致的荒唐局面。为了便于行文，接下来对于以下几个常用于国际发展研究的概念进行基本的厘清，而其准确的定义将在行文当中一一呈现。

对外援助（foreign aid），是比较宽泛和通俗的概念，一般来说包含着所有形式的跨越国界的援助活动，不论是官方援助还是私人慈善行动，经济援助还是军事援助，发展援助还是人道主义援助，发达国家还是发

① AidData. China's development finance to Africa：a media-based approach to data collection. April，2013. ［2014－05－19］. http：//www. cgdev. org/sites/default/files/chinese-development-finance-africa _ 0. pdf.

② BRAUTIGAM D. The dragon's gift：the true story of China in Africa，Oxford Press，2009：Chapter 6，“Apples and lychees：how much aid does China give”.

展中国家提供的援助，等等。官方发展援助，是指北方国家对于南方国家的援助，是具备指向性和不平等性的概念，是经济外交层面的一种政策工具，也是国际发展学术研究层面使用的精确技术定义，其内涵和外延将在第二章进行详细的讨论。官方开发金融，相对官方发展援助而言，是内涵相对宽泛也比较中性的概念，主要指代以金融形式体现出来的发展合作形式，既包含传统援助，也包含投资、信贷等其他形式，只要合作目的在于促进经济增长和提高生活水平，就可以纳入此概念范围内。目前，此概念主要是联合国等国际组织来使用。“造血金融”（blood cell finance)，在本书中特指有中国特色官方开发金融模式，以此既点明中国对非发展资金的性质在于增强合作国自身的发展能力，也与“输血”模式的官方发展援助相区别。国际发展合作（international development co-operation)，相比更为强调“施动者—援助国”对“受动者—受援国”援助的概念。国际发展合作是指基于平等地位的合作方之间就发展事务展开合作的形式。其内涵当中更少包含援助的“施恩”意味，而更强调双方的合作；其外延既可以指南北方国家之间的援助方式，也可以指南方国家之间的平等互助。中国于2018年年初设立的中国国家国际发展合作署使用的就是这一概念。随着国际上对于传统援助模式的批评，现在越来越多的发达国家开始使用发展合作的概念来全面升级和取代援助概念。南南合作（South-South cooperation)，是指南方国家（发展中国家）之间就发展问题展开的平等合作，既包含一方对另一方的援助，也包含对于发展问题解决途径的经验分享。南南合作框架下的援助，不同于官方发展援助，其目的不只是支持受援国的发展，同样也要为援助国本身带来发展收益。出口信贷（export credit)，是某国为了促进本国商品和服务的出口而为企业提供的贷款和担保服务等，是一国政府为了提高本国企业国际竞争力而提供的排他性金融支持政策，可以分为商业出口信贷（商业贷款利息）和优惠出口信贷（国家提供贴息），也可以分为出口买方信贷（提供给别国企业）和出口卖方信贷（提供给本国企业）。国际承包（international contract），是指建工企业出于利润目的而与外国企业或政府签订承包合同，在海外承接工程项目。常见的国际承包形式有项目用工、项目承包和分包、EPC 总承包和 EPC＋M 总承包加维护保养合同等。目前，对于基础设施建设的国际承包业务正在全面转向建工承包加项目运营的形式，国内外也掀起了公私合作经营（public-private partnerships，PPPs）的热潮，具体表现为 EPC＋F 代资总承包、“建设—运营—转让”（build-operate-transfer，BOT）等形式。对外投资，又称对外直接投资（outbound foreign direct investment，OFDI），是一国企业出于利润考虑而将本国资本投入外国市场，并且实际经营业务的商业行为。常见的对外投资包括绿地投资（开设工厂等）和褐地投资（通过并购等形式扩展公司海外经营）等。股权投资类开发金融（equity investment for development purposes），是近年来出现的新的国际发展合作形式，具体表现为资金拥有者出于发展目的而向发展中国家具体商业经营项目提供股权投资，用于为该项目共同承担风险，并支持项目启动和日常经营，并在一定时间之后由项目企业偿还资金、赎回股份，目前主要由世界银行国际金融公司（international financial corporation）和中国中非发展基金等机构执行。

第四节　文献综述与方法论

本研究所涉猎的文献主要分为四个大类：第一类是主流的国际发展

理论，以及发展经济学的基础著作。这方面的论述汗牛充栋，难以尽述，但是多数没有在中国获得足够的重视，代表性的著作包括：杰弗里·萨克斯（Jeffery Sachs）的《贫穷的终结》(*the Ending of Poverty*)，保罗·科利尔（Paul Collier）的《最底层的10亿人》(*the Bottom Billion*)，速水佑次郎的《发展经济学——从贫困到富裕》，林毅夫的《中国的奇迹：发展战略与经济改革》，等等。第二类是有关官方发展援助（ODA）的相关论著，尤以莫约（Dambisa Moyo）的《援助的死亡》(*the Dead Aid*）最为著名。而已故美国国际开发署（USAID）署长卡罗尔·兰卡斯特（Carol Lancaster）的《对外援助：外交、发展与国内政治》(*Foreign Aid：Diplomacy，Development and Domestic Politics*)，对于对外援助的决策过程，以及发达国家国内利益集团之间就援助问题而产生的争夺作出了精妙的分析。由于ODA是一种时时刻刻处于变化之中的政策实践，因此，在这方面，国际援助机构和开发援助咨询专家们的政策报告往往比学术著作更为贴近实际，这方面的资料多来自世界银行（WB）、国际货币基金组织（IMF）、经济合作与发展组织发展援助委员会（OECD-DAC）、美国国际开发署、美国政府责任办公室（GAO）、英国国际发展部（DFID）、日本国际协力机构（JICA）和华盛顿国际发展中心（CGD）等机构。第三类是西方学者论述中国与非洲关系的相关论著。这几年以来，相关的著作比较多，但是水平参差不齐，多数著作脱离中非合作的基本事实，流于对中国的意识形态化批评。少数优秀著作包括：黛博拉·布罗蒂加姆的《龙的礼物：中国在非洲的真实故事》，南非学者露西·科金（Lucy Corkin）的《解读非洲代理机构：安哥拉如何使用中国信用额度》(*Uncovering African Agency：Angola's Management of China's Credit Lines*)，美国前驻埃塞俄比亚和厄立特里亚大使大卫·辛（David Shinn）的《中国与非洲：一个世纪以来的接触》（*China and Africa*：*A Century of Engagement*），以及英国学者萨拉·莱茵（Sarah Raine）的《中国的非洲挑战》（*China's African Challenge*），等等。第四类是中国学者针对中非发展合作的著作，大约在2006年以后开始逐渐出现，以论文为主。代表性的学者包括林毅夫（北京大学）、李小云（中国农业大学）、李安山（北京大学）、刘鸿武（浙江师范大学）、贺文萍（社科院西亚非洲所）、唐晓阳（清华大学）、王燕（乔治·华盛顿大学）和李若谷（前中国进出口银行行长）等。代表性的论著有林毅夫和王燕的《超越发展援助》、李小云等的《国际发展援助——非发达国家的对外援助》和唐晓阳的《中非经济外交及其对全球产业链的启示》等。以下选择几个大类中的代表性著作略作介绍，而在具体涉及各位学者观点的章节则会作具体分析。

黛博拉·布罗蒂加姆的畅销书《龙的礼物：中国在非洲的真实故事》，无疑是迄今为止学界公认的研究中国与非洲发展合作最为权威的著作。通过近30年的对于中国对非洲援助的持续追踪和实地调研，黛博拉·布罗蒂加姆的研究为中国和外界展现了中非发展合作的全景图像。从对新中国成立初期中非坦赞铁路、马里糖厂等项目的调研，到对坦桑尼亚友谊纺织厂数十年来的产权结构变迁的考察，再到对20世纪90年代中期中国对外援助政策的调整的解读，黛博拉·布罗蒂加姆梳理出了中国从为了支持新独立国家人民反帝反殖抗争的对外援助，到为了支持中国企业“走出去”而开拓市场的金融支持这样一个漫长的历史变迁。从一个西方主流国际发展学学者的角度出发，黛博拉·布罗蒂加姆敏锐地发现了传统的官方发展援助（ODA）的统计口径无法和中国对非洲的各项援助与经济技术合作项目相匹配，从而对基于这种统计口径而作出的对中国非洲政策的批评进行了最有力的反击，中国的对非援助也得以正名。但是，虽然指出了问题，黛博拉·布罗蒂加姆却没有进一步给出解决方案，没有提出弥合中国与传统国际发展理论界裂痕的途径，对于传统 ODA 的理论与实践也没有进行足够深入的反思与批判。

成立于 1961 年的经济合作与发展组织发展援助委员会（Development Assistance Committee，DAC），作为“富国俱乐部”处理援助事宜的国际组织，半个世纪以来，不仅形成了国际发展援助实践的核心机制，同样也成为学术研究的绝对重镇。DAC 下属的发展研究理事会和发展研究中心汇集了全世界研究发展援助领域的著名学者和活动家，其出版的报告具有极高的学术价值。尤其是 2013 年年底的《官方发展援助的演进：成就、批判与前进之路》（The Evolution of Official Development Assistance：Achievements，Criticism and A Way Forward）一文，使用了大量藏于经合组织档案馆的原始资料，其中相当的部分成文于经合组织成立之初，没有电子化版本，因而殊为难得。该研究报告通过对 ODA 定义和统计方法这些年来演变的系统性的回顾与分析，明确提出了 ODA 定义应该改变，也必须有所改变，才有可能继续保持其在国际发展理论与实践中的核心地位的观点。即使不考虑新兴援助国的挑战，国际金融市场上借贷成本的持续性降低趋势和对于非洲/东南亚地区投资的持续性增长趋势也已经从根本上弱化了 ODA 作为一种对于发展中国家举足轻重的金融资源的地位。通过对这一研究报告的研读，我们还可以发现，ODA 所面临的大多数问题其实就产生于其自身形成的过程之中，而这些问题的解决办法也同样如此。我们可以发现，几乎所有对于中国的批评意见，都可以在 ODA 历史演化中找到十分类似的争议，比如对于官方出口信贷和官方资金投资的排除与否的争议，对于软贷款优惠性质的争议，对于适合的贴现率问题、联合信贷问题等的争议。这还说明了作为一种新出现的发展合作模式，中国的对外援助和开发金融模式仍然在演化当中，并且未来还有一个比较漫长的成熟过程。

出生于赞比亚的前世界银行经济学家莫约于2009年出版的《援助的死亡》则是一部专门探讨援助有效性和效率问题的专著。虽然在方法论上仍然比较传统，欠缺从微观机制角度对于援助问题的分析，但是该书仍利用大量的宏观经济数据展现了ODA 60多年来给非洲造成的各种问题，作者还为国际发展界提供了后者最为欠缺的受援国视角来看待援助问题。莫约指出，西方援助国在过去60年里虽然为撒哈拉以南非洲地区提供了价值一万亿美元的ODA，却没有使得这一地区出现像东亚地区一样的经济高速增长，反而在非洲各援助国内建立起了对于ODA的制度性依赖，长期制约了各援助国的经济发展。除去ODA在发展问题上的根本性无能以外，作者还指出，贷款性质的ODA对于20世纪80和90年代爆发于拉美和非洲地区的债务危机负有不可推卸的责任。在原因的分析方面，莫约首先指出，在传统的ODA实践中，不同援助国的援助机构不但彼此独立，而且独立于受援国政府而工作。这一安排不但造成了不同援助方案和项目彼此间缺乏协调，而且在某些“失败国家”和弱国家，援助机构实际上在受援国政府之外形成了一个平行的民事“政府”系统，提供着从教育到医疗等不同的公共产品，破坏了而不是支持了这些国家的政府为发展所作出的努力。其次，这些不同的援助机构往往要求援助国政府对于援助资金的使用提供各种各样的报告。对于很多非洲国家而言，提供十几个援助机构所要求的可行性研究、周期性评审、节项评审等各种报告，造成了巨大的行政负担，浪费了大量的人力资源。换句话说，原本是用于保证资金使用效率和透明度的报告制度，却反而降低了援助的效率、增加了成本。最后，各个援助机构大多依赖来自各发达援助国的“专家”来制定援助贫穷国家的方案和项目，往往脱离了受援国当地实际，很难保证援助的效果。相反，莫约极为推崇中国与非洲的发展合作方式，尤其赞赏中国国家与企业对非洲基础设施的全面改善，认为这才是非洲发展的基石。

中国农业大学的李小云教授可能是国内最早从事国际发展研究的学者，他在这一领域深入的思考、著述和教学始自 20 世纪 90 年代，其代表作有多本“发展学专业教材”，包括《国际发展援助概论》《普通发展学》和各类论文数十篇等。李小云将主流的国际发展研究学科介绍到了中国，包括历史上几次主要发展思潮的源流，发展援助、发展框架和双/多边机构等基本概念，关于发展效果和有效性、可持续性、包容性发展等深入问题的讨论等，为中国的国际发展学科奠定了基石。在此基础上，李小云从个人数十年的经验出发，将中国经验与国际发展相结合，提出了“中国发展经验的平行转移”理论。他认为，新中国在成立以后到改革开放，再到加入世贸组织以后的高速发展时期，对外援助同样经历了三个表象不同的阶段，但是，“虽然援助领域、援助方式和援助渠道都发生了显著的变化，但这些都是援助的载体，这些载体所承载的援助的内涵和实质从未变化，即中国对外援助一直是在向其他发展中国家分享和转移中国的发展经验，这主要表现为三个不同的阶段：革命与建设经验分享、改革开放的经验分享以及经济高速增长的经验分享”[①]。近几年以来，李小云投入了全新的国际前沿理论的研究，包括对于贫困的再思考，以及针对“一带一路”建设而提出的“大援助”理论、属于发展伦

---

① 李小云．如何看待中国的对外援助．中国发展简报，2017-02-28. http：//www. chinadevelopmentbrief. org. cn/news-19272. html.

理研究范畴的“新南南合作”和“新发展主义”等，引发了国内和国际的高度关注。①

中国学者在发展经济学研究上同样作出了很多贡献。其中，北京大学的林毅夫教授和乔治·华盛顿大学的王燕教授于2016年出版了《超越发展援助：在一个多极世界中重构发展合作新理念》，对中国对外援助和融资进行了详细的定性与定量研究，引发了全世界发展学界的关注和讨论。作为前世界银行的著名经济学家，林毅夫和王燕反思了60年来的国际发展援助ODA的理论与实践，质疑了作为世行成立之本的“官方发展援助（ODA）必须是优惠的（concessional）”这一原则。他们指出，“经合组织和世行、国际货币基金组织的官方发展援助定义将大型基础设施贷款和出口买方信贷排除在外，将股权投资和外商直接投资排除在外，割裂了贸易与援助和投资的关系，从而无法运用受援方和援助方的比较优势，因而效果不佳”②。他们还指出，债务可持续框架的主要局限是没有把债务的不同用途区分开来，是生产、投资，还是消费？其时间期限短，也不足以衡量基建投资对经济增长的作用。此外，林毅夫在原有理论的基础上提出了“新结构主义”经济学，引发了战后发展经济学的第三次浪潮③，反思了二战结束以来发展经济学在国家发展战略和政策上的失误，而且把中国的经济结构调整与非洲的发展联系在了一起。

同样在债务问题领域，前中国进出口银行行长李若谷先生2007年在

---

① 李小云．大援助体制：新型大国需要新型对外援助．国际援助，2017（1）．

② 王燕．世界银行与IMF对主流经济学政策处方的五大反思（英文原文为“Five Rethinking in the World Bank and the IMF”，载于英国《金融时报》）．［2017－12－01］．http：//finance. ifeng. com/a/20170830/15625435 _ 0. shtml.

③ 前两次浪潮分别是50—60年代的“结构主义”和70年代开始兴盛、现在仍然是主流的新自由主义发展经济学学派。

《世界经济与政治》上发表的长文《正确认识发展中国家的债务可持续问题》，是有关中国对外援助和开发金融方面的优秀研究作品。李若谷首先回顾了自20世纪50年代至今发生在发展中国家的多次债务危机，指出危机开始于二战以后发达国家“诱使”发展中国家举借大量外债并且宣传“国家不会破产”的观念，而后不公正的国际金融秩序和贸易“剪刀差”不断恶化发展中国家的债务状况，终于在1982—1983年造成了席卷拉美和非洲的债务危机。就国家债务问题，李若谷以中国银行家的身份提出了不同于主流国际发展理论的观点。李若谷反对西方国家针对发展中借款国提出的“债务可持续”这一僵硬的标准，指出债务可持续的目的是为了发展可持续性，应当以具体融资项目的可行性和资金回报率为标准执行“动态债务可持续性”标准，避免对借款国的发展能力造成损害。作为中国政府指定的对外援助唯一的金融机构的领导者，李若谷从经验出发，批评传统援助国将非洲视作自己的后院，处处针对中国，防备中国向非洲提供开发金融和援助。对于媒体上中国对非开发金融优惠度太低的批评，李若谷指出：大量中国资金因为使用人民币计价，缺少合适的贴现率参考，而参考国际货币基金特别提款权汇率的利率标准大大降低了人民币贷款的优惠程度。他建议以五年期人民币央行贷款利息为贴现率，并且认为这样计算的话，绝大多数的中国对非融资都可以达到优惠程度，计算为对非援助。李若谷先生此文因为没有英文版，没有获得主流国际发展界足够的重视，而其中的很多观点实际上对于向西方介绍中国对非开发金融和援助的政策具备相当现实的意义。

研究中国与非洲在发展领域内的关系，在理论和实践两个方面都存在比较多的困难。从理论方面来说，现有的发展经济学、发展学和国际发展研究都是西方发达国家基于自身的发展经验和与不发达地区的互动过程而建立起来的，所有的语汇，包括“发展”“援助”“受援国”“援助议程”等都是建立于西方主流政治经济学基础上的，难以摆脱西方中心主义甚至殖民主义残留的思维限制。从实践层面来看，中国虽然早在 20 世纪 50 年代末起就开始在非洲进行国际援助，但是并未特别注意信息的收集和管理；由于当时的中国相对封闭，不但相关资料保存得比较粗糙，而且统计口径也往往与国际习惯不同。出于各种原因，中国的对外援助数据只能依赖每三年发布一次的白皮书，而且并不公开按照援助对象国划分的具体数据，因而大量的研究工作只能依赖主要国际组织和研究者自身对于具体个案的资料收集而展开。

本书尝试超越国内学界在中国对外援助问题上通常使用的历史学和国际关系视角，秉持客观的态度，采取了国际发展研究的基本研究范式，以定性研究为主、定量研究为辅，以理论分析为主、事实佐证为辅。在援助效率（efficiency）问题上，本书借用了新制度经济学分析框架，批判了西方发展援助机构由于内部激励结构破碎和信息反馈圈断裂而导致的效率低下问题。在批判的基础上，本书抽取了 ODA 的核心要件，结合中非发展合作的成功经验而提出了“中国特色官方开发金融”概念，对其进行了科学的技术定义，并提出了在实践中的具体操作流程。由于中国对非洲的官方援助与合作项目数据不公开，无法获知按照年份和国别分列的相关数据，因此定量研究只能够在规模有限的个案研究的基础上实现。本书的定量研究主要通过笔者在担任黛博拉·布罗蒂加姆教授助理期间参与研究的安哥拉特别贷款项目，以及 2015 年夏季笔者在加纳的实地调研项目来展开，二者的最终结果都显示：中国特色官方开发金融对于安哥拉和加纳两国经济增长都产生了积极的效果。

本研究的理论创新主要体现在以下三点：一是较为深入和全面地展

现了作为国际发展学科核心的ODA概念的内涵与外延，在通过大量的田野调查进行经验事实的批判之外，还使用制度主义的分析框架对其进行批判性分析。二是通过中国特色官方开发金融，亦即"造血金融"这一新概念，搭建起了东西方国际发展理论的桥梁，去粗取精地抽取主流国际发展理论当中合适的部分，结合中国与非洲发展合作的实践和中国学者的理论创新，为理解中国对外援助、开发金融和中非发展合作提供了适用的理论框架。三是将这一分析框架实际应用于具体案例的分析，并结合中国、美国与非洲三地六年来的实地调研结果，通过对中国与加纳、安哥拉两国的发展合作的表述，展现中国特色官方开发金融，亦即"造血金融"模式的真实面貌，并且揭示这一概念的理论特色和理论意义。

第五节　中非发展合作与官方开发金融的研究意义

中非发展合作研究的混乱状况是多种因素造成的，具体来看：中国政府没有按国别披露向非洲国家提供发展资金的制度，使得西方对于中国对非援助和资金支持存有疑问和想象；中国国民经济中，国有经济成分的存在也往往令西方研究者把中国国企的投资行为和中非双边、多边发展合作混为一谈；多数西方国际发展从业人员对于中国的财经管理制度、决策程序等问题不甚了解，难以理解中国对非援助和资金的支持的拨付流程。而造成这一混乱局面最为重要的原因，在于中国和西方国际发展界的"语言不通"，即对于很多基础性概念的认识差异。中国虽然是一个后起的新兴援助国，但是中国的对非援助工作却早在20世纪50年代就开始执行，多年来积累了大量的经验，并且结合了中国自身改革开放的发展经验，形成了自己独特的国际发展世界观和方法论，并且集中体现在中非发展合作的具体实践当中；然而，这种中国特色的发展实践，与西方主流的国际发展理论之间不但缺乏交流，而且存在竞争的态势，从而形成了国际发展理论领域中国和西方的对立，甚至是彼此的误解。

从中国方面来说，国内长期以来没有建立起系统化、学科化的国际发展专业教育，政界、学界、大众及媒体对于这一为西方所熟悉的概念系统往往缺乏了解，其中学界在该领域的国际影响力也比较微弱。目前为止，开设发展研究专业的国内高校仅有为数不多的几个，专注国际发展合作研究的专门机构则更是凤毛麟角。反观欧美发达国家，大多数国际知名院校都会开设发展研究和国际发展等方面的专业，数十年来不仅垄断了世界银行和联合国开发计划署等多边开发机构的人才输送，更在学术上形成了以自由主义为统御的国际发展主流理论，深度参与了全球范围内的发展合作实践。这种“西方中心主义”使得欧美学者总是习惯性地使用西方主流的 ODA 理论来分析中国对非洲的各项支持，忽略了作为发展中国家的中国本来就不承担提供国际发展援助的义务的事实。实际上，中国的援助及发展资金都是基于联合国“南南合作”理念，通过双边合作项目输送给发展中世界的。中国和非洲国家的发展合作从来都不是“给予和接受”的援助关系，而是为了“互利共赢”的“平等合作”关系。①

实事求是地说，以 ODA 为核心的主流国际发展理论及实践的确为发展中地区经济的增长与人民生活的改善作出了巨大的努力，而且其作为一种规则体系经历了 70 年的发展，已经非常成熟。但是，单方面的努

① 中国的对外援助（2011）白皮书．中华人民共和国国务院新闻办公室，2011.

力和成熟性却无法掩饰 ODA 机制内部的系统性衰败：在当今的国际发展实践中，ODA 规模与发展中国家经济增长的相关性已经极大地降低，其在一些国家发展过程中的阻碍效果也已经引起了学界的重视。面对私人慈善的扩展、国际商业借贷利息率的不断下降和新兴援助国的挑战，ODA 除了采取系统性的改革以外别无他途。作为新生事物的中国官方开发金融，虽然近年来成果喜人，但是同样暴露出很多问题，尤其是在资金的监管和项目的管理等方面的问题，更加使之成为全球国际发展学界和政界的众矢之的。因此，即使存在着众多问题，ODA 理论对于中国对外援助和中非发展合作的未来发展、对于发展中国家建构自己的发展合作理论都有着极其重要的借鉴意义。从实践的角度来说，完全脱离以 DAC 为代表的国际发展机制来推广中国的发展合作是很困难的，并且有可能导致中国在国际发展问题上进一步遭遇孤立和妖魔化。从国际发展的角度来说，弥合新兴和传统两大援助国集团之间的裂痕对于在全球范围内应对发展挑战至关重要。面对这种局面，我们必须一方面深入地理解作为主流国际发展理论核心的 ODA 理论，另一方面尝试将中国对于国际发展的基本主张理论化和政策化，在此基础上实现中非发展合作理论对主流 ODA 理论的融合与超越。

本书所着重探讨的“中国特色官方开发金融”这一新概念根植于对中国对非援助实践的总结和对 ODA 理论的概括，在中国与主流国际发展理论之间搭建了桥梁，它的具体实践案例为其自身的合理性提供了充足的论证。因此，它不仅是分析中国对非洲发展支持的有效分析框架，更代表着国际发展合作的未来，值得深入的探索和研究。正本溯源，要理解西方对于中国对非援助的误解，我们需要首先理解作为国际发展理论核心概念的官方发展援助到底是什么。

第二章　官方发展援助理论及其批判

第一节　发展经济学与国际发展研究

一、发展经济学

增长问题自始至终就是经济学研究的中心问题，然而人类逐渐发现，在分配、教育、医疗和资源等其他问题失衡的情况下，长期的可持续性经济增长几乎是不可能的，于是宏观经济学的研究逐渐将以上这些指示经济增长质量的问题涵盖了进来，这也就是发展经济学诞生的原因。从这一角度来说，经济学和发展经济学本来就难以分割。随着亚当·斯密将英国产业革命之前的增长经验总结为“无论在什么场合，有用的和生产性的劳动者的数量，都和推动劳动的资本存量的大小和用途成比例”，人们逐渐认识到了资本积累是经济长期增长的必要条件之一。在古典经济学理论当中，资本积累对于经济发展的决定性力量后来为大卫·李嘉图所接受，并且在经典的“哈罗德-多马”增长模型中被进一步强化。[①] 积累的资本不仅可以用于扩大再生产，实现劳动分工，还可以用于投资新的技术以提高产品质量和数量。于是，以资本替代劳动力被认为是提高劳动生产率的主要途径，换言之，也就是经济发展的主要动力之一。自第二次世界大战结束以来，发展经济与消除贫困是国际和平的基础这一观念逐渐成为共识，特别是邻近国家的发展问题会更加影响到本国的和平与发展这一观点推动了主要发达国家纷纷制定各自的地区发展战略。而迅速发展的全球化则改变了传统的基于地缘的“邻国”概念，把经济上高度关联的国家的发展问题也与本国的发展联系在了一起。“因此，发展中国家从贫困中解脱出来，不仅是出于人道主义的愿望，而且对于其和平与繁荣在很大程度上依赖于国际秩序稳定的发达国家来说，也是必要的。”[②] 自此，在关注国内增长的发展经济学基础上，国际发展研究（international development study）这一学科诞生了。如何协调使用国际援助和国内资源来一起推进经济发展和民生改善，就逐渐成为了欧美社会科学研究领域的重要课题，国际发展研究方兴未艾。遗憾的是，无论发展经济学还是国际发展研究，都是对于发达国家发展经验的总结。这些经验在发展中国家，尤其是不发达的非洲地区，往往无法取得良好的效果。仅以前述资本对于经济增长的基础性作用来说，虽然具备理论意义，也得到了发达国家工业化发展历史的验证，但是这一增长的“必要条件”在很多欠发达国家难以实现。首先，发展中国家的低收入水平导致了较低的储蓄率，资本积累难以通过正常的银行金融系统来实现。其次，大多数发展中国家，尤其是撒哈拉以南非洲国家，都

---

① 李若谷．正确认识发展中国家的债务可持续问题．世界经济与政治，2007（4）：63-72.

② 速水佑次郎．发展经济学：从贫困到富裕．李周，译．北京：社会科学文献出版社，2003：2.

欠缺一个强有力的政府，无法通过有效的税赋征收形成的政府财政来进行投资。再次，发展中国家普遍没有建立起有竞争力的出口型工业，常常依赖于出口初级自然资源，而其价格又长期被国际贸易剪刀差所压制，难以通过出口来积累外汇。最后，发展中国家低下的经济发展水平，以及低下的法律和政府治理水平，又严重制约了外国投资的进入。因此，资本积累这一经济增长的核心在这些国家和地区内部难以实现。为了解决资本积累的问题，非洲国家在独立以后，特别是二战以后采取了多种尝试。一些国家如坦桑尼亚采取了指令经济、计划经济的发展战略，大规模建立国有企业，人为地压低农产品价格和压缩消费品的生产，扩大国民收入中可以用于投资的比例，却破坏了价格形成机制，导致了劳动生产率的不升反降，经济增长难以实现。另一些国家，如加纳，则执行了进口替代战略，使用关税和进口限制等壁垒手段维护国内工业生产，以节约外汇和减少贸易逆差，却反而降低了受保护产业的劳动效率，而消费者对于进口产品的追求也并没有消失，反而导致了日常消费品和外汇黑市的广泛出现。[①] 从理论上说，对欠发达地区而言，既然资本积累无法通过国内手段来解决，而经济回报的高风险又制约了外国投资，那么，自然而然地，外国援助就成为解决资本积累问题不多的选择之一，这也自然地让外国援助逐渐成为国际发展研究的中心问题。

国际发展研究与发展经济学有所交叉，但是也有着较大差异。首先，国际发展研究的方法不仅限于经济学，还涉及社会学、人类学、政治学甚至地理学等多种学科，换言之，国际发展研究是兼顾多重领

① 速水佑次郎．发展经济学：从贫困到富裕．李周，译．北京：社会科学文献出版社，2003：246，277-278.

域的跨学科研究。其次，相比高屋建瓴、以宏观理论研究为主的发展经济学，国际发展研究更加注重微观层面的实践指导，尤其是如何指导欠发达国家和地区实现可持续的包容性增长。最后，从研究重点来说，发展经济学主要关注国民经济发展本身，国际发展研究则在国际层面关注域外资源的作用和民生问题的改善，也更为关注如何进行发展项目管理、怎样保护环境和社区利益之类的具体问题。当然，就多种研究途径来说，还是经济学的研究方法对于国际发展研究的影响最大，回顾历史，每一次发展经济学的重大变迁都会相应地影响国际发展研究。[①]

二、国际发展研究的变迁

自 1947 年开始，美国所主导的马歇尔计划，在 5 年内为西欧主要是德法英三国提供了约 130 亿美元的国际援助，且绝大部分是无偿援助。该计划继承了二战之前开始兴盛的以扩张性财政支出为主要特点的凯恩斯主义经济思想，并且将其应用到国际范围，使用“大规模（公共）资金注入”（massive cash injection）的方式，来刺激欧洲的经济恢复和重建。[②] 该计划的成功推行与欧洲的复兴似乎验证了一个假设：如果在一个低发展水平的地区（比如满目疮痍的欧洲）短时间内注入大量的外国资源，一次性地建立起彼此支持和互补的多种产业门类，就可以帮助这些国家实现“平衡的增长”，从而为长期的内生性经济发展提供基础并突

① 林毅夫．新结构经济学：发展经济学的反思与重构．人民日报，2013-11-10．[2014-05-17]．http：//theory.people.com.cn/n/2013/1110/c40531-23490476.html.

② MOYO D．Dead aid：why aid is not working and how there is a better way for Africa．Farrar，Straus and Giroux，2009：11-12.

破“落后”的瓶颈。[①] 在 20 世纪 60 年代初到 70 年代中的这一段时期，在被称为“大推进理论”或者“结构经济学理论”（structuralism）[②] 的第一代发展经济学指导下，价值数千亿美元的资源开始以援助（很多是援助贷款）的形式从发达国家向发展中国家和地区转移，其中很多往往是这些富裕国家的前殖民地。这些援助主要投入交通和电力等基础设施的建设当中，典型代表就是位于赞比亚的卡里巴水电站（Kariba dam），耗资 4.8 亿美元，迄今仍然是全非洲最大规模的发电设施之一，为地区的经济社会发展提供了很大的帮助。[③] 然而，如前一节所分析的那样，二战结束初期的结构主义国际发展理论虽然在欧洲取得了较好的效果，但在发展中地区的表现却乏善可陈，尤其在非洲，无法取得预期的效果，无法实现资本积累这一增长的必要条件。而贫困问题依旧肆虐非洲，看似大量援助投于基础设施建设，但是相对于亿万人民仍然显得杯水车薪，尤其是最为弱势的农村人口几乎被隔绝于经济发展之外。为此，自 20 世纪 70 年代中期开始，国际援助开始从基建转向减贫实践和农村发展，大量的双边援助机构开始进入非洲各国，直接为百姓特别是农村人口提供从教育到卫生等各种公共服务。西方援助国希望通过农村发展的改善来撬动整个经济体的增长，在 70 年代中期到 80 年代中期，大约五成的西方援助投入了农业和社会领域。[④] 这一时期需要注意的还有冷战对于国际援助的影响。出于意识形态和政治利益的争夺，美苏两国都不惜提供

---

① 即“平衡增长理论”。速水佑次郎．发展经济学：从贫困到富裕．李周，译．北京：社会科学文献出版社，2003：127.

② 林毅夫．新结构经济学：发展经济学的反思与重构．人民日报，2013－11－10.［2014－05－17］. http：//theory. people. com. cn/n/2013/1110/c40531－23490476. html.

③ MOYO D. Dead aid：why aid is not working and how there is a better way for Africa. Farrar，Straus and Giroux. 2009：14.

④ 同③15－17.

大量援助支持自己的“小伙伴”。即使是最为专制独裁和贪污腐败的政权，只要亮明立场，也都可以获得巨额援助和政治支持，其中大量资金最终却进入了独裁者自己的腰包，这其中最为著名的例子就是扎伊尔前总统蒙博托和印度尼西亚前总统苏哈托。[①]

第一波国际发展理论和实践的热潮没有取得理想的效果：非洲国家即使建立了一些基础设施和简单的工业设施，也无法继续提高劳动生产率，相反，大量的援助贷款反而迅速推高了拉美和非洲地区的债务水平，最终导致这两个地区在20世纪70年代末80年代初爆发了债务危机，甚至冲击了全球经济的稳定。[②] 国际发展界为此进行了深刻的反思，开始关注经济领域之外的发展问题，比如政府制度和法律规范等非物质因素或者说“软基础设施”对于增长的意义，认为政府的过多干预破坏了市场机制，导致了发展的失败。这一反思后来形成了被称为“新自由主义”的发展思潮，并且在70年代末被世界银行和国际货币基金组织所接受。两大机构于是引领了被称为“结构调整”（structure adjustment）的国际潮流，在提供各项发展援助的过程中附加各种条件来要求发展中国家执行放开汇率、停止资本管制、削减政府预算和国企私有化等新自由主义的政策。总体来说，自20世纪70年代中期开始，西方对非援助的重点转向了农业、社会、民主以及好政府等，再也没有回归到基础设施和工业化的方向。这一点实际上是对于自亚当·斯密以来的古典主义经济学数百年积淀的背离，终于在20世纪末导致非洲乃至整个发展中世界的基础设施和制造业极度缺乏的恶果。

---

① 张夏准．富国的伪善：自由贸易的迷思与资本主义秘史．严荣，译．北京：社会科学文献出版社，2009：154.

② 李若谷．正确认识发展中国家的债务可持续问题．世界经济与政治，2007（4）：63-72.

到了20世纪80年代末90年代初，冷战的结束再次改写了国际发展理论和实践的历史。一方面，西方“赢得”冷战，以美国为首的传统援助国突然失去了苏联这一最危险的敌人，不再需要使用援助来争夺势力范围和获得国际支持，导致“援助疲惫”（aid fatigue）的出现，国际援助规模一时剧降。另一方面，苏联解体和东欧剧变又使得新自由主义风头一时无可匹敌，又开始大规模地指导针对原苏联地区的援助行动。于是，自20世纪90年代初起，整个援助国团体开始在世界银行和国际货币基金组织的领导下向发展中国家推行“华盛顿共识”，其本质在于要求各国执行新自由主义的改革措施，比如：政治上，实现以直选制为代表的新自由民主制度；经济上，彻底放弃管制，实行私有化；财政上，大幅削减公共预算以建立“小政府”；等等。[①] 这些政策在原本发展程度较好的巴西和阿根廷等拉美国家取得了相对较好的效果，但是在非洲地区却仍然无所作为。速水佑次郎认为，撒哈拉以南非洲地区发展程度极低，部分国家尚未建立有效的市场机制，执行“小政府”改革不仅没有改善市场信息的流通，反而破坏了原有的政府支持的道路、电力、学校、医院、法院、警察局等基础设施和公共服务，导致经济增长成为无源之水。[②] 剑桥大学著名的经济学者张夏准通过计量研究发现，西方援助国向发展中国家推行的各项经济政策不仅没有促进经济增长，反而破坏了这些国家的发展努力。他发现，整体发展中世界在盛行工业化和进口替代战略（包括大量贸易保护主义）时期的人均收入年增长率达到了3%；而在世界银行和国际货币基

① MOYO D. Dead aid：why aid is not working and how there is a better way for Africa. Farrar, Straus and Giroux. 2009：22-24.

② 速水佑次郎．发展经济学：从贫困到富裕．李周，译．北京：社会科学文献出版社，2003：134.

金组织推行“结构调整”的时期，这些地区的收入增长即陷入停滞：整个60至70年代，撒哈拉以南非洲的人均收入增长仅为1.0%～2.0%；而到了80年代新自由主义盛行之后，非洲地区的人均收入竟然出现了下降趋势。相反，没有接受新自由主义政策，并且仍然坚决采取工业化和保护民族工业举措的中国、印度、韩国和日本都实现了高速的经济增长。①

总而言之，如何使用外国援助才能产生最好的发展效果？怎样才能保证这些发展资源不被浪费？如果经济增长不能直接等同于发展，那么怎样衡量发展？如何协调域外资源和本国政策来解决肆虐发展中地区的贫困、疾病、不平等、教育和环境破坏等难题？对于这些问题的思考随着一代又一代国际发展从业者的不断实践而得到深化，逐渐形成了系统性的国际发展理论，而这一理论的核心就是体制性的外国援助，或者说官方发展援助。

第二节　官方发展援助

一、对外援助理论的源流与诞生

如果说人是社会性的动物，那么来源于人类社会互助共生的基本诉求，“援助”的本质就是有能力的社会个体对缺乏这种能力的社会个体给予帮助。伴随着人类社会的发展，“援助”的含义经历了漫长的哲学思考，其究竟是富人帮助穷人的单向义务，还是彼此之间等价交换（quasi pro quo）的自利需求？这一对矛盾从一开始就根植于“援助”这一概念的内核之中。基督教可能最早将这种一个社会内部的互助形式扩展到了

① 张夏准．富国的伪善：自由贸易的迷思与资本主义秘史．严荣，译．北京：社会科学文献出版社，2009：10-12.

不同的社会之间。来自西欧各国的传教士们为了弘扬教义而身体力行地在贫穷地区建立医院、学校和教堂的行为，成为最早出现的跨国援助行动。[①] 然而，这种出于宗教目的的善行逐渐与殖民主义挂钩，荼毒于亚非拉的广大地区，造成了 19 世纪诗人吉卜林所谓的“白人的负担”[②]。到了 20 世纪初，伴随着欧洲宗主国退出亚非拉各国殖民地这一缓慢而痛苦的过程，欧洲国家内部逐步形成了利用国家资源帮助原殖民地发展的共识。第一次世界大战爆发之后，欧洲殖民国家普遍遭遇了财政和经济困难，原本寄希望于利用物产丰富的非洲殖民地补充战争损耗，却发现积贫积弱的殖民地根本无法为宗主国提供有效的支持，因此发展殖民地经济和提高人民生活水平成为当务之急。然而，这些计划尚未投入充分的实践，欧洲就爆发了第二次世界大战。虽然英法德等宗主国从殖民地抽取了大量的资源和兵源，然而无论战胜国还是战败国都无法改变战后经济凋敝、帝国破碎的局面，并逐渐失去了对殖民地的控制。这一时期，反帝反殖的正义诉求和如何在取得独立的原殖民地国家保持一定的影响力的自利考量结合起来，以英法为代表的欧洲国家不得不提出了较好体现发展中国家和地区利益的系统性援助方案，比如英国的“殖民地发展方案 1929”“殖民地发展和福利方案 1940、1945”和法国的“自由法国中央基金”“经济合作中央基金”等。[③]

---

① 实际上，不只是基督教，伊斯兰教同样实行了大量的援助实践，基于《可兰经》的圣训还诞生了主张公平正义、反对借贷利息的“伊斯兰金融”，广泛兴盛于广大穆斯林社会。这里主要强调基督教的跨文化和跨国家援助实践。

② 19 世纪英国著名诗人吉卜林的著名诗篇《白人的负担》(*White Man's Burden*)，讲述英国在印度的殖民统治。2009 年，威廉·伊斯特利（William Easterly）出版了同名巨著，批评当代发展援助的虚伪性。

③ 张小妮．英国福利殖民主义的尝试与失败：以 20 世纪上半叶 3 个非洲殖民地法案为中心的考察．南京：南京大学，2007：45-49；李安山．浅析法国对非援助的历史与现状：兼谈对中国援助非洲工作的几点思考．西亚非洲，2009（11）：13-21.

二战结束以后，面对冷战的压力和欧洲的一片焦土，成为超级大国的美国开始实施马歇尔计划来复兴欧洲，这也成为官方发展援助（ODA）诞生的标志。1949 年，美国总统杜鲁门在其第二届任期就职演说中把支持不发达国家的发展提高到了共产主义与自由体制斗争的高度，认为通过发展脱离贫困，才能够铲除共产主义的“温床”。在马歇尔计划实施的同一时期，国际货币基金组织和国际复兴开发银行（世界银行的前身）也建立了起来，被称为“布雷顿森林双子星”的这两大机构也成为战后稳定和发展世界经济的重要力量。这样，当代 ODA 的两大基本形式——以马歇尔计划为代表的双边援助和以世界银行各项目为代表的多边援助——就登上了历史舞台，并且逐渐成为发达国家处理与发展中国家间关系的主要政策工具，以及研究不发达地区经济社会发展问题的国际发展学科最为核心的概念之一。

虽然这些援助从某种意义上是应对苏联压力的权宜之计，但是，马歇尔计划和紧随其后的第四点计划，以及北大西洋公约组织、国际货币基金组织和世界银行的建立，同样代表着一种新的国家发展战略付诸实施，那就是：一国的繁荣与安全和周边国家——不只是地理意义上的，更是政治、经济、文化上联系紧密的“邻国”——的发展是休戚与共的，一国政府有理由使用国家资源去促进“邻国”的和平稳定，促进各国发展的国际制度也应当创建出来。当然，作为二战盟国领袖和战后对抗苏联的超级大国，美国当仁不让地成为这一国际制度的领导者。到了 1961 年，随着《对外援助法案》的通过，世界上第一个专业的双边援助机构——美国国际开发署（United States Agency for International Development，USAID）正式成立了。自此，利用援助遏制苏联扩张的战略利益、利用新的国际制度扩张美国权力的政治利益，同促进美国产品出口的商业利益结合在了一起，共同决定着冷战时期美国发展援助政策的制定。非洲各国纷纷沦落为高度依赖西方援助的受援国，援助占地区总公共支出比例高达 10%，占各国 GDP 的比例平均达到 13%①；六七十年代，部分国家政府收入的 60%以上来自西方援助。

冷战结束以后，来自传统援助国的 ODA 意识形态化色彩并未随着苏联解体而淡化，由于新自由主义在欧美国家的统御性影响，“良政”以及“民主”等价值判断因素在选择受援国时发挥了越来越重大的影响。可以说，冠以“官方”含义的发展援助，其诞生之初就是作为国家政策工具出现的，通过为经济援助附加政治要求来实现自己的利益诉求。而发达国家凭借规模庞大的援助计划，在其与发展中国家之间建立起了制度化的“援助国—受援国关系”，在受援国政府和社会的各个领域内都施加着自己强大的影响力，尤其是对于经济发展水平最低的非洲地区。其中，美国不但一直保有世界最大规模的双边援助额（在 2011 年达到历史高峰，约 90.75 亿美元）②，而且通过投票权（注资比例）控制着各主要国际发展机构，如世界银行、国际货币基金组织、非洲开发银行和亚洲开发银行等。

二、官方发展援助是精密定义的技术概念

不同于大多数以慈善形式运作的私人援助，政府提供的对外援助自诞生伊始就是为维护和增进援助国利益服务的，其合法性在于援助

① MOYO D. Dead aid：why aid is not working and how there is a better way for Africa. Farrar，Straus and Giroux. 2009：65.

② 张宏明．非洲黄皮书：非洲发展报告 2013—2014．北京：社会科学文献出版社，2014：309.

国纳税人缴纳的税金是官方援助的来源。不同国家执行各自的援助政策，利益冲突自然是难以避免的，这样就需要一种国际机制来协调彼此的政策。二战以后，系统性、政策性的对外援助开始出现。但是，饱受战祸的工业国却利用新独立国家外汇不足、投资匮乏的困境，纷纷使用与本国产品和服务相“捆绑”的官方援助（tied aid），在第三世界为本国的产品争夺市场，其情形一时间仿佛回到了殖民时代。国际社会迫切需要规范化援助和国际协调，以此来限制这种“援助贸易战”走向白热化。顺应这一需求，1961 年 DAC 成立，成为发达国家间协调双边援助事宜的国际机制；所有提供对外援助的经合组织成员都必须加入，并接受其基本价值观，比如透明度、优惠度、对于民主和良政的支持等，同时按照委员会的详细要求，定期汇报各国的对外援助具体数据；DAC 的成员在当代被称为传统援助国，和以中国为代表的新兴（市场）援助国区分开来。DAC 在成立之初仅仅是一种国际交流机制，并没有实际的权力，这样的组织并没有有效遏止之前的乱局。各发达国家纷纷使用以援助为名，而以出口信贷为实的经济外交政策来增加本国的出口，信贷利息越来越低，贸易战愈演愈烈。于是，DAC 在 1972 年对 ODA 作出了严格的定义，包含以下三个元素：（1）指向发展中国家的政府间资金或资源转移；（2）主要目的在于促进受援国经济社会的发展与福祉；（3）对于贷款来说，相比国际金融市场私人贷款至少节省 25％的成本（以 10％为贴现率），节省下来的成分也被称为“赠与成分”（grant element），是认定 ODA 的核心要素。在这三个元素之外，ODA 还有一个前提条件，被称为“优惠本质原则”（concessional in character），即：对于贷款提供国而言，以等于或者高于本国发行贷款成本发行的贷款一定不能被认定为 ODA。亦即援助国不得以营利为目的而提供贷款，否则不仅不利于受援国发展，还会推高受援国的债务水平。[①]

西方传统ODA的资金表现形式主要有：（1）赠与（grant），或称无偿援助。指援助国为受援国提供的，用于社会公益使用的无偿财物支持，包括预算援助和实物援助。（2）发展援助贷款。指受援国为支持援助国服务民生项目而提供的优惠性质贷款，到期之后援助国需要偿还贷款本金和利息；综合市场贷款条件（包括利息水平、偿还期、免息期等），援助类贷款应该达到25%的赠与成分要求。（3）债务减免。指援助国为缓解受援国财政支付压力，以便后者可以为社会民生项目维持或者增加资金，而免除到期官方贷款偿还的行动；当代主要的国际债务减免努力是“重债穷国计划”（High Indebts Poor Countries，HIPC）和“多边减债倡议”（Multilateral Debt Reduction Initiative，MDRI）。（4）技术援助。指援助国为受援国提供其自身无法供给的技术能力支持，往往以技术援助专家工资和派遣费用的形式存在，比如为某国私人投资管理法规的制定派遣某一位西方大学法学教授，或者为某国新能源项目的建设派遣几位电力技术专家，等等。（5）能力建设援助。指援助国为受援国在其所欠缺的领域培训技术专家和专业人才的援助，也是近年来比较重要的援助形式，包括在援助国内设立的培训项目和支持受援国候选人赴西方留学而提供的政府奖学金，等等。

世界银行和国际货币基金组织对于多边发展援助的定义大体与DAC一致，只是对于贷款类资金计入，世行采取商业参考利率（commercial

---

① ODA与OOF定义均翻译自OECD/DAC网站，并参考相关技术手册《Is it ODA?》。OECD Factsheet，November 2008. [2013-10-08]. http://www.oecd.org/dac/stats.

interests rate reference）这一浮动利率[1]（每半年于国际货币基金组织网站上更新一次）来作为贴现率，而且规定赠与成分必须超过 35%，而不是 DAC 标准的 25%，才可以认定为是 ODA。

三、官方发展援助是处理南北方国家间关系的政策工具

自官方发展援助（ODA）诞生以来，除了二战以后执行马歇尔计划的短暂时期以外，其占据西方发达国家国民生产总值的比例都低于 1.2%，大多数国家甚至不及 0.7%。[2] 如此一小部分的资源调动却引发了这些国家之间几乎无休止的争议与斗争，原因在于源自美国马歇尔计划和第四点计划的 ODA 逐渐演变成了各主要发达国家处理与发展中国家和地区关系的核心政策工具，即：通过为经济援助附加政治要求来实现自己的利益诉求。

ODA 资金的根本来源是援助国税收转化成的财政收入，因此其政策工具的本质无可厚非。鲍德温在《经济国策》中认为，一国的金融能力对于其行使国际权利至关重要，并且将对外援助称为“积极制裁”（positive sanction）手段，并将其与以禁运为代表的“消极制裁”手段一起，作为推进一国的国际经济国策的最主要工具。[3] 自二战之后形成的 ODA 及其理论，经过了几十年的发展，已经在理论和实践上成为研究不发达

---

① 世界银行于 2013 年 10 月决定直至 2015 年为止采取统一的 5%作为新的贴现率标准，但是争议较大。世界银行网站．[2014－08－09]. http://www.worldbank.org/ida/grant-element-calculations.html.

② 国际上一直号召西方发达国家增加用于发展援助的财政支出，援助国集团在 2000 年以后也设定了各国应该拿出国民总收入（GNI）的 0.7%用于对外援助的标准，但实际上除了斯堪的纳维亚半岛国家如丹麦、瑞典、挪威以外，绝大多数的发达国家都远远没有达到这一标准。Implementation of the 2001 DAC Recommendation on Untying ODA to the LDCs：2009 Review，OECD-DCD/DAC（2009）/REV2.［2014－08－09］. http://www.oecd.org/dac/43596009.pdf.

③ BALDWIN D A. Economic Statecraft. Princeton University Press，1985：41－45.

地区发展问题，以及思考和处理发达国家与不发达国家间关系的最主要的框架。从理论上说，国际发展理论实际上成为处理“北南”间关系的国际政治经济学分支，其基本语汇和定义都为传统援助国所控制，其学术生产和反思直接影响着国际关系与发展实践。从实践上说，ODA 实际上成为发达国家处理其与不发达世界关系的核心政策工具。剥离掉 ODA 人道主义的成分，其只是为了保护和实现援助国利益而推行的政策工具而已。在这些理论的支持下，通过规模庞大的援助计划，被称为传统援助国的 DAC 成员国在它们与发展中国家之间建立起了制度化的“援助国—受援国关系”，在受援国政府和社会的各个领域内都施加着自己强大的影响力。它们在军事上提供安全援助（包含反恐援助），在经济上提供财政援助（来自美国和国际开发组织），在政府治理上提供能力建设和技术支持援助（capacity building & technical support），在民生上提供人道主义和发展援助；甚至对“不听话”国家的反对派、异见分子和非政府组织，还会选择性地提供“民主援助”。这些援助并不是简单地申请就能够获得，而是要达到援助国所制定的“条件”（conditions）才可以获得，而且在使用援助的时候还必须接受援助国的监管，并且提供纷繁复杂的使用报告和影响评估等。这些林林总总的官方援助以利他主义之名输送到亚非拉各国，却事实上成为传统援助国实现其发展中国家政策的主要工具。

1. 国际经济利益

从经济方面来看，ODA 能够带来巨大的经济收益。虽然 DAC 成员国一直批评中国援助与商业的关系过于紧密，只为促进出口贸易，但是 ODA 在诞生之初就致力于通过促进殖民地和半殖民地的发展而为宗主国开发市场和保证资源供应。在冷战结束以后，发展援助标榜支持自由民主，却要求受援国全面私有化和开放国内市场，再次为西方资本打开了不发达世界的大门。通过大量的援助，西方的装备设备、工程企业和日用品进入不发达国家，不仅换取了石油、矿产等生产资料，还赢得了受援国的口碑和当地人的好感。西方援助体制经过数十年的发展，在各自国内培育了大量的国际非政府组织、发展咨询专家队伍、援助项目承包商和技术支持专家，他们已经成为蚕食最大部分援助经费的利益集团，深刻影响着相关政策的制定与实施。不仅如此，这些西方援助工作者在他们所工作的发展中国家内往往享有崇高的社会地位和影响力，成为发达国家软实力的承担者，对于受援国社会经济政策的制定发挥着令人难以置信的强大影响力。笔者在多个非洲国家田野调查的过程中，发现西方面孔的“技术专家”在受援国的各中央部委内往往拥有自己的办公室。甚至一些受援国高级官员在讨论本国经济社会政策的内部会议上，也会为这些西方专家添设座位，听取他们的意见，足见ODA机制对于受援国的无形的控制力。

2. 国际政治利益

在外交方面，ODA也能够为援助国的外交行动而“购买支持”。援助，作为一种政策工具，使用其来支持援助国的外交行动本身就具备合法性。新中国在赢得与台湾当局的国际承认竞争的过程中，早期对外援助的作用也是不能忽视的。而对受援国，特别是积贫积弱的非洲国家而言，ODA由于在政府收入中占据高比例且其援助机制控制着受援国各公共服务领域，因而有着特别巨大的影响力。如鲍德温所分析的那样，提供援助是一种“积极制裁”，而终止援助也可以是一种强大的“消极制裁”(negative sanction)[①]，从而使得受援国不得不支持援助国的外交目

① BALDWIN D A. Economic Statecraft. Princeton University Press，1985：41-45.

的。投入教育领域的ODA，的确为受援国培养了大批人才，但是这些人才却是在西方价值观培育下成长起来的，他们成长为国家精英甚至领导人以后，必然会转而支持与自身价值观相近的西方国家，这也是ODA所展现的西方软实力的一种表现形式。而来自西方的援助专家在受援国制定政策的时候就参与咨询，提前了解到受援国方方面面的信息和情报，使得受援国在特定外交谈判当中的政策选择空间进一步收缩。

3. 意识形态争夺

在意识形态方面，ODA也能够在受援国国内为援助国塑造有利于本国理念的政体。诞生于冷战初期的ODA，支持西方的价值观和意识形态是其底色；整个冷战时期，ODA都是西方与苏联争夺意识形态势力范围的重要武器。冷战结束以后，发展援助界继续为西方推行“华盛顿共识”而努力，利用全面反映新自由主义的援助条件来强制亚非拉国家和前社会主义国家采取所谓的“民主政治”和“休克疗法”，有时甚至支持受援国采取超越本国发展阶段的社会经济政策，比如全面私有化和开放市场等。有中国学者指出，西方援助的背后都隐含着对于发展道路和模式的选择要求，包括“与之相对应的经济制度和政治社会体制的建设问题，以及由此衍生出来的不同国际政治和经济秩序之间的取舍”，这正是ODA作为战略工具所不可替代的作用。[①]

4. 国际机制

需要注意的是，ODA对于意识形态的塑造作用不仅体现于受援国，还体现于新加入的援助国伙伴。ODA不应该仅仅被看作一个学术概念，更是一种建立于一套价值观基础上的、包含着一系列精密技术定义的、

① 张浚．不附加条件的援助：中国对非援助政策的形成．外交评论，2010（5）：20-34.

以一套完整的行为规范和国际制度化安排为外延的国际机制。这一机制的中心在于DAC，下辖各发达国家的对外双边援助机构，甚至世界银行和国际货币基金组织也是这一机制的主要组成部分。一国加入DAC，不仅意味着被接纳成为经合组织的“富国俱乐部”成员，同时也意味着必须认可ODA所体现的价值观，以及接受ODA行为规范的制约。以日本为例，其于1964年加入经合组织之后，也自动加入了DAC。日本在战后实行的“经济援助”，与今天的中非发展合作模式有着相当多的共性，它不仅促进了日本的经济复兴，也在一定程度上促进了亚洲地区的发展。但是，与今天的中国一样，日本也被西方国家苛责为利用低优惠度的出口信贷单方面促进出口，造成了巨大的国际压力。即使当时日本经济实力强大，最终也只能被动接受ODA的规范制约，大范围修改自己已经顺利运行了十几年，并且为战后日本经济腾飞立下汗马功劳的“经济援助”政策。①

5. 为援助附加政治条件体现了ODA的工具性

如上一节所述，如果ODA只是出于利他主义的国际慈善行为，那么使用援助就不应该附加政治条件。正是由于ODA是发达国家的重要政策工具，因此当代的发展援助在实际操作当中，一般都要求受援国满足一些援助国所要求的条件，比如国企私有化、放开资本管制等。因此，除去“三要件”和“一原则”这些本质属性之外，ODA还隐含着另一项极为重要的行为规范：援助条件性（conditionality or aid with conditions）。发达援助国主要依赖这些援助条件来保证ODA为自己的利益诉求服务。如果是贷款性援助，为了保障还款而设定一些条件是合理

① 土居建市．东京非洲发展国际会议与日本对非经济合作政策的演变//张宏明．非洲黄皮书：非洲发展报告2013—2014. 北京：社会科学文献出版社，2014.

的，也是常见的商业贷款安排。但是，ODA援助所附加的条件往往会延伸到与贷款本金安全几乎没有关系的领域，比如对于“生育政策、种族融合、性别平等到文化价值”的要求等。张夏准评价道：“这种逻辑的延伸一旦开始，就没有了终点。既然万事万物都是相互联系的，任何方面都可以成为一种条件。”① 援助国提出这些条件的目的就在于，在提供援助的同时影响受援国的内部政策，从而为自己争取或短期或长远的利益。

四、多边官方发展援助

官方发展援助的资金，是由援助国政府使用国民缴纳的税金，转化为财政拨款来提供的。如果援助国选择通过自身的援助机构来执行援助项目，那么就属于双边发展援助，比如美国的国际开发署和日本的国际协力机构；如果选择给多边发展机构注资，通过它们来执行援助项目，那么就属于多边官方发展援助，比如对世界银行和联合国开发计划署（UNDP）的财政支持。多边发展援助虽然通过多边开发机构来执行，但是其本质仍然与双边发展援助是一致的。成立于二战以后的世界银行和国际货币基金组织被称为布雷顿森林体系的核心，二者的最初目的分别是为战后急需重建的各国提供基础设施融资和稳定国际货币汇率市场，但是二者的运行规则都不是基于大小国家之间的主权平等原则，而是基于各国注资比例而形成的差别性的投票权。仅就国际货币基金组织而言，美国一国就占有超过17%的投票权，因而在需要85%投票支持的18个最为重要事项上拥有事实上的否决权；而日英法德等发达国家一共占据

① 张夏准．富国的伪善：自由贸易的迷思与资本主义秘史．严荣，译．北京：社会科学文献出版社，2009：17.

了超过60%的份额，基本上垄断了该机构的决策。[①] 自然而然地，富裕的发达国家在两个组织中也具备了远超发展中国家的地位和话语权。这样，世界银行和国际货币基金组织在经营中往往为发达国家推行对自己有利的政策也就不足为奇了。

更为雪上加霜的是，如本章第一节所述，自20世纪80年代以后，新自由主义成为国际发展理论的金科玉律，世界银行和国际货币基金组织不但全盘接受了这一思想，而且在多边发展援助中身先士卒地推进以新自由主义为核心的"结构调整方案"，要求受援国必须接受削减政府预算、推行私有化和对外国开放投资等条件才能够获得来自两机构的援助。在20世纪80年代初自拉美发端，后来又扩展到非洲的第三次世界债务危机大背景下，受援国往往别无选择，只能被动地接受带有强烈自由主义意识形态的改革方案。[②] 可见，貌似公平的国际多边官方发展援助也同样属于ODA的范畴，有着一样的发达国家政策工具属性。

双边和多边援助是国际援助最为基本的分类方式，但是对于涵盖多个经济领域、纷繁复杂的发展援助来说，其分类方式也是多种多样的，以下简单介绍几种常见的分类方式。从援助国和受援国双方发展层次来看，分为北方国家对南方国家的国际发展援助ODA与南方国家之间的南南合作援助；从援助项目的产生方法来看，可以分为由援助国单边制定援助项目和方案的ODA形式和由受援国提出项目、援助国加以选择性支持的"需求为基础"模式（request-based model），后者常见于日本和中国的对外援助；从对基础设施类援助所支持建设的设施性质分类来

① 张夏准．富国的伪善：自由贸易的迷思与资本主义秘史．严荣，译．北京：社会科学文献出版社，2009：18.

② 同①16.

看，可以区分为支持铁路交通、楼堂馆所建设的“硬基础设施援助”和支持法律法规等软性机制建设的“软基础设施援助”；从援助执行的方式来看，可以区分为单一“项目式援助”（project aid）与多个项目复合组成一个方案的“方案式援助”（program aid），或者称为“（经济）领域援助”（sectoral aid）；从提供的援助资源的类型来看，可以区分为实物（aid in-kind）与资金（financial）援助；从计算援助总额和规模的角度，还可以分为以援助国资金投入（input）为准的投入标准和以受援国实际收到援助总额的产出（output）为衡量标准。

第三节 官方开发金融

与 ODA 类似又有区别的另一个概念是官方开发金融（ODF），其定义要相对宽松，也比较模糊。经合组织对其的定义是“用来衡量受援国资源流入量的概念”，包括：（1）双边 ODA；（2）来自多边金融机制的赠与、优惠及非优惠性发展借款；（3）“赠与成分”达不到 25%的标准，但是仍然为了发展目的而输送的“其他官方资金”（含再融资贷款）。①而在大量的政策文献和新闻报道当中，ODF 概念的使用并不仅限于衡量援助国资源流入量，而是用于指代各种开发援助类资金；或者是在按照 ODA 的狭窄定义无法概括某一类开发资金的情况下，就会使用 ODF 来统称，比如每年召开的联合国开发金融大会（UN Development Finance Conference）。基本上说，ODF 可以看作 ODA 和“用于发展目的”的 OOF［即其他官方资金（other official flows），将于下文讨论］的加总。

① OECD 网站.［2013-10-08］. http：//stats. oecd. org/glossary/detail. asp? ID=1893.

ODF和ODA都是援助国政府资金的使用，它们之间的区别在于：ODA是精确定义的技术概念。实际上，只有经过DAC认定的资金才可以被认定为发展援助。而来自非DAC成员的新型援助国的发展资金，因为不向DAC汇报，所以并不能使用ODA的概念，而只能使用ODF。

除了ODA之外，DAC还定义了其他官方资金（OOF），包括出口信贷，以及达不到25%赠与成分要求的政府间贷款等，以此来指代非ODA的政府间财务转移。ODF和OOF也都是政府资金的使用，它们之间的差别在于：OOF包括纯粹为了促进出口而提供的出口信贷；ODF则要求不论资金的性质为何，都必须是用于发展目的、用于促进接受国经济增长和福利改善。这种“发展属性”也是将ODF区别于一般商业贷款和信贷安排的主要差异之一。

笔者认为，ODF概念在传统的国际发展研究当中使用得并不特别普遍，主要出于两点假设：一是，国际发展的传统理论认为“赠与成分”对于援助类资金的发展效果至关重要，因而达不到25%（双边援助）或者35%（多边援助）优惠标准的贷款对于受援国来说并不理想；二是，OOF的“发展性”存疑，尤其在于其主要的组成部分，出口信贷给提供者带来的收益可能超过了给接受者带来的收益。但是，通过研究发展中国家在二战以后的发展实践，尤其是日本、韩国和中国的东亚发展模式，可以发现：优惠程度，或者说赠与成分的高低不能决定资金的发展效果；反而纯粹以逐利为目的的外国直接投资往往能够最为有效地帮助发展中国家发展经济，实现工业化。反观接受了最大份额优惠性质ODA的非洲地区，不仅没有出现东亚那样的经济增长，反而形成了对援助资金的依赖，长期制约地区的经济增长和民生改善。因此，针对ODF的两点假设近年来已经被实践所逐步否定，中国在非洲提供的大量无法符合 ODA 要求的金融支持极大地促进了非洲发展，这一铁的事实更是彻底地打破了该两点假设的合理性。联合国各相关机构现在已经开始广泛使用 ODF 概念。

ODA、ODF 和 OOF 三者之间的关系可以参见图 2-1：

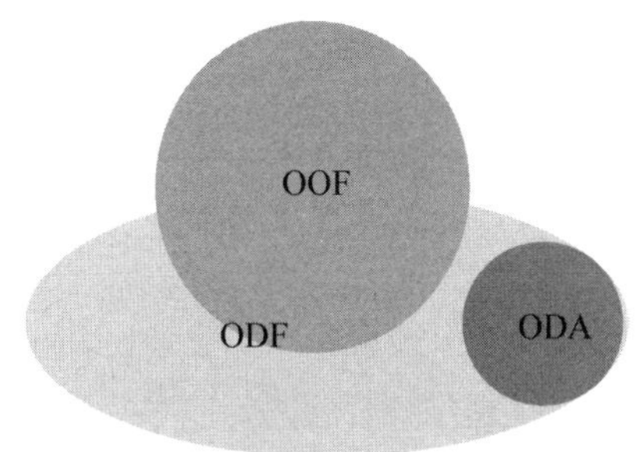

图 2-1　ODA、ODF 和 OOF 三者关系示意图

第四节　官方发展援助的痼疾：难以规避的效率低下

自 20 世纪 50 年代末开始，一定程度上被剥离了市场逐利属性的西方发展援助迅速异化。自 20 世纪 70 年代开始盛行的“附加政治条件的发展援助”效率低下，浪费严重，却至今仍然占据着西方援助的主流；到了 80 年代，新自由主义统御下的西方援助对非洲经济基础设施和生产领域的长期漠视造成了巨大的发展赤字，甚至导致了多次严重的债务危机；90 年代，对非援助总额又随着苏联的解体而出现了显著下降。最终结果就如《援助的死亡》一书所言：撒哈拉以南非洲国家 60 多年来获得了总额超过一万亿美元的援助资金，在全球各地区当中比例最高，却“没有产生东亚地区（那样）的经济增长，而且还形成了对西方援助的制度性依赖”[①]。西方整体的援助政策在非洲发展问题上的低效和失败早已经获得了全球国际发展界的共识。[②] 官方发展援助，其本意在于为欠发达地区提供其所欠缺的发展资源，比如资金积累和适用技术。西方传统援助国在二战结束以来的数十年内，也的确为不发达地区提供了相当可观的发展援助，但是为什么这些地区的绝大多数国家仍然难以摆脱贫困？即使存在一些振奋人心的发展奇迹，往往也不能够用接受援助的数量来解释它们的经济增长。那么，援助为什么没有效果呢？本章将援助的发展效果低下问题分为两个部分分别加以分析。首先，使用新制度主义经济学框架，从理论上解释了为什么失败的制度设计导致 ODA 制度缺乏自身提高效率的动机，再使用经验观察的结果来解释在实践中为什么 ODA 无法促进非洲的经济增长，展现低下的发展效率正是 ODA 难以改变的痼疾。

一、制度设计缺陷导致的低效

如前所述，把“域外资源的导入可以推动落后国家的发展”这一命题作为当代对外援助的基本假设已经遭遇了越来越多的质疑。但是，这并不等于承认“域外资源不利于落后国家发展”，因为援助的发展效率受到了援助资源输送系统自身效率的制约。对于这一输送系统，多年以来

---

① MOYO D. Dead aid：why aid is not working and how there is a better way for Africa. Farrar，Straus and Giroux. 2009：22-26.

② 相关讨论较多，代表性观点详见：COLLIER P. The bottom billion：why the poorest country are failing and what can be done about it. Oxford Press，2007；SACHS J D. The end of poverty：economic possibilities for our time. The Penguin Press，2005；HAYNES W & SCOTT S. The evolution of official development assistance：achievements，criticisms and a way forward. OECD Development Co-operation Working Paper No. 12. [2014-10-13]. http：//www. oecd-ilibrary. org/development/the-evolution-of-official-development-assistance _ 5k3v1dv3f024-en。

经济学家使用了多种方法来分析其效率问题，其中大多数研究最终将该问题归结为援助资源输送和使用阶段低下的体制能力。此类研究的集大成者就是“Burnside-Dollar”效应，亦即援助发展效果的高低取决于受援国国内政策是否是符合新自由主义的“好政策”。传统援助国都是发达的工业国，其官僚和社会系统的效率无疑是要大大高于欠发达国家的。以这些国家作为参考项，援助专家就将发展援助效率低下的原因指向了援助国承接机制的效率低下。且不论这一结论是否在理论上站得住脚，西方研究者将发展不足问题归咎于受援国发展能力的低下，就像苛责“穷人为什么是穷的”一样缺乏道义的基础与逻辑的合理性。

对此问题，来自欧洲的马腾思（Bertin Martens）等人的研究提出了前人没有涉足，或者不愿意涉足的假设：援助国内部由援助政策指定程序、援助官方机构和承包商制度所组成的整个输送系统，因为激励结构设计失败而严重影响甚至严重制约了援助效率的提升。[①] 马腾思等学者使用了新制度主义经济学的分析框架——包括交易成本、不完全契约和委托代理问题等基本概念——来分析从援助国纳税人开始到受援国受益群众结束为止的整个援助输送系统，认为援助机构和系统中的信息交互问题导致了低效的产生。

本研究借鉴了马腾思等人的研究框架，对于官方发展援助从援助国到受援国的整个输送流程进行了进一步的细化分析。图 2－2 展示了 ODA 援助资源从援助国的纳税人开始，到受援国的受益群众结束的整个系统。我们可以发现，这一系统内部出现了多重和多次代理现象，甚至跨越了主权和管辖权（juris diction）的边界，是一个异常复杂的多层次

① MARTENS B，MUMMERT U，etc. The institutional economics of foreign aid. Cambridge University Press，2001：17.

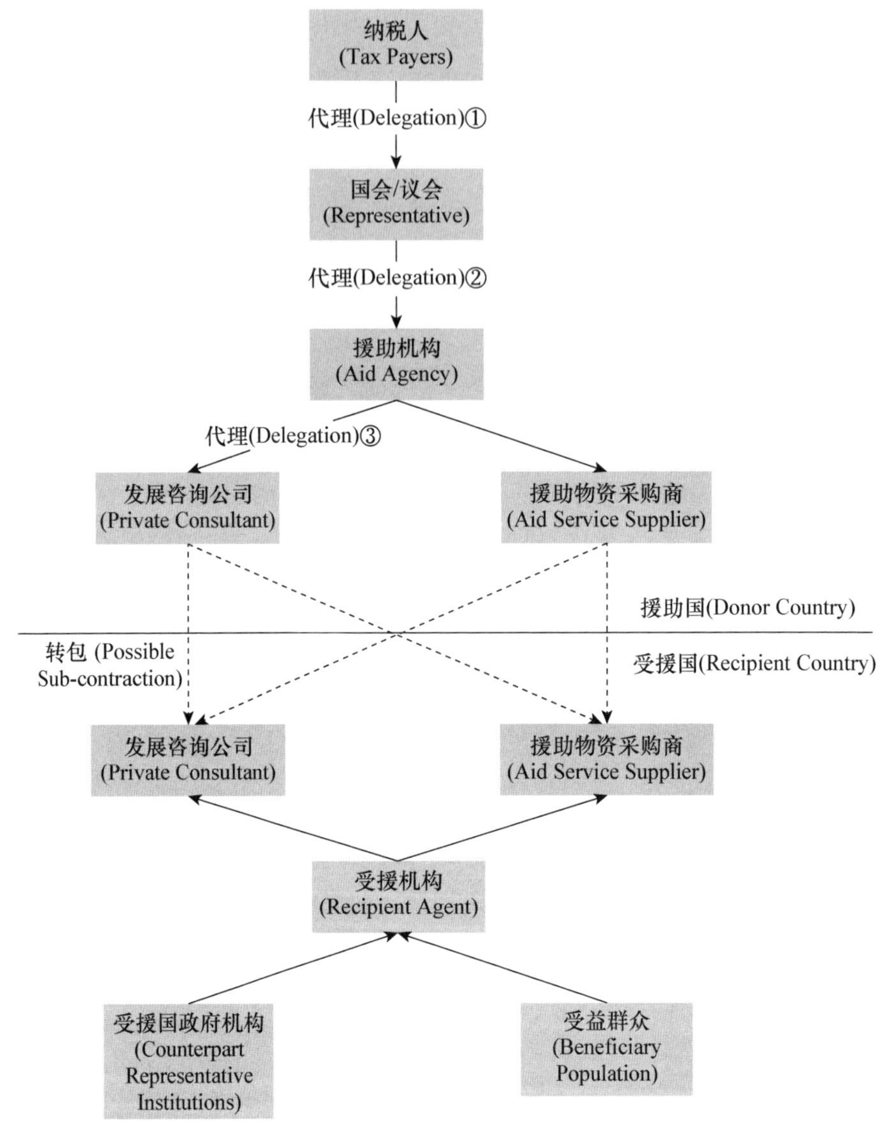

图 2-2　ODA 输送系统各层级及其问题

系统。而在这其中，“道德风险”“多重委托”“逆向选择”“交叉代理”这四种新制度经济学所指出的典型现象难以避免。在进入 ODA 系统的讨论之前，我们需要首先简单了解作为新制度经济学核心概念的“委托代理”（delegation）问题。任何一个现代的大型机构——不论是官僚系统还是私营企业——在其业务运行过程中，都难以避免地需要将至少一部分工作委托给某一个代理人或者机构，这就是代理现象。这一现象在现代社会非常普遍，其问题在于委托人（principle）不可能获知该代理人（delegate）日常行为的所有信息，并有针对性地进行有效的管理，这样就导致了两种难以避免的情况——“道德风险”（moral hazard）和“逆向选择”（adverse selection）的发生。“道德风险”指的是代理人在委托任务中可能会脱离委托人的指示，为了自身的利益而非委托人的利益采取行动，从而破坏了道德原则——代理人应该为委托人的利益而努力。“逆向选择”指的是在委托代理协议的商议过程中，代理人可能会利用自己掌握所有第一手信息的优势而选择性地向委托人提供信息，从而使得委托人可能达成有害于自己（即逆向）的合同。下面，我们将详细分析 ODA 输送系统中各个层级中出现的问题。

（1）图 2-2 中，发展援助 ODA 资金首先来源于援助国纳税人缴纳的税金，因而在第一重代理关系“代理（Delegation）①”中，援助国的纳税人（选民）就是委托人，他们将“转移自己缴纳的部分税金给受援国有需要的群众”这一初始的任务委托给了选举代表，比如议会成员和其他政治家等，后者就成为了代理人。但是，议会代表和政治家的利益诉求与纳税者是不尽相同的，因此初始的委托任务也就有极大的可能被代理人改变，以追求他们自己的利益，比如选区利益和选票分配等。这样，“道德风险”就出现了。

（2）而在第二重代理关系“代理（Delegation）②”中，议会代表们通过立法机构的监管职能来管理政府机构，比如审批下一年度的对外援助预算和上一年度的决算。这些选举代表在这一新的代理关系中改变了自己的身份，变成了新的委托人，将“同一个任务”转而委托给了援助国双边援助机构这一新的代理人，这就是委托任务的“多重委托”现象。此时，我们可以发现，不但初始的委托任务可能在第一重代理关系中就已经发生了改变，而且第二重代理关系很有可能进一步改变委托任务，因为议会代表和政府援助机构的利益诉求不尽相同，甚至很有可能彼此抵触，比如：议会代表希望让自己的选区出产的谷物参与粮食援助采购，而援助机构却希望为了减少人工投入而在受援国周边采购粮食。这种“多重委托”现象导致了多重代理人和委托人的出现，他们之间的利益难以完全一致，从而导致了委托任务存在被进一步修改的风险。

(3) 第三重代理关系“代理（Delegation）③”的出现是因为当代的西方ODA多是方案援助，而一个方案下设的不同援助项目在绝大多数情况下都是由援助机构进行公开招投标，转让给私营或公立的咨询机构和承包商的。以某援助国计划实施的对某受援国的农业发展方案援助为例：援助方案首先需要辨明受援国农业所存在的问题，这一项目可能由某大学或者科研机构的农业研究院承担；待援助方案形成之后，需要首先加强种子和化肥的供应，这一项目可能通过招标而由某种子化肥公司承担。其次，需要加强对于农民种植技术的培训，这一项目也将通过招标由某致力于提高欠发达地区农业生产水平的国际非政府组织承担。这里的科研院所、私人公司和非政府组织都是ODA的承包商。这样，原本上一级代理关系中的代理人——援助机构，在这一级代理关系中又转变成了委托人，将初始的任务委托给了援助承包商。由于存在着多重代理关系，不但初始的委托任务已经被多次改变，而且因为初始的委托人对于多层代理人的日常工作几乎失去了一切监管，无法防止代理人为自身而不是委托人的利益而行动，“道德风险”也出现了。此外，援助国承包商在执行援助项目的时候享有第一手的信息优势，因而在承包合同签订中，往往只会选择性地提供对己方有利的信息，从而导致其委托人——援助机构很有可能最终选择签订无法完全实现己方利益的契约。这样，“逆向选择”也出现了。

（4）示意图中横向的加粗实线表示国界线，上方为援助国，下方为受援国。随着ODA的日益复杂，所需要的资源投入的规模与长期性也与日俱增，援助国承包商出于成本收益考虑，往往选择把援助项目和方案分解后再次转包给受援国内部的社会组织和私立公司。这样，ODA的代理关系就跨越了国界，进入了受援国。而在受援国之内，这些受援国承包商的行为是受到受援国法律管理的，援助国纳税人、议会代表和援助机构已经彻底失去了司法管辖权这一最后的监管可能，对于援助项目的监管也就基本失去了控制。假设受援国承包商是诚实守信的行为体，他们在对援助国机构负责的同时，也理所当然地更需要对受援国人民负责并且接受受援国政府的项目管理。因此，这里的受援国承包商既是援助国承包商的代理人，也是受援国政府和人民的代理人，这样的关系就称为“交叉代理”现象。与“多重委托”现象类似，各行为体之间出现了显著的利益差异，激励结构无法有效建立起来，援助效率也大打折扣，而原初的委托任务早就被修改得面目全非了。

当代ODA输送从援助国纳税人开始，经历了援助国议会代表、双边援助机构、援助国承包商、受援国承包商和受援国机构之后，终于抵达了最终的受众——受援国有需求的群众。在这一过程当中出现了四个主要问题，严重制约了发展援助的效率。首先是委托代理问题。在这一过程中出现了多重委托代理关系，相应的“道德风险”和“逆向选择”也难以避免，最终导致“将援助国纳税人的部分收入转移给受援国有需要的群众”，这一初始的委托任务很有可能早已面目全非，被各级代理人出于自己的利益考虑而篡改。其次是资源浪费问题。我们可以发现，从援助国纳税人到受援国受众的整个援助输送过程中，存在多层次的承包和转包关系，从而导致大量的援助资源在这一过程中被层层剥削，到达最终受众的资源只占最初资源的一小部分，浪费触目惊心。世界银行的报告就发现，85％的西方援助都没有真正用于解决其初始拨付时针对的问题，也就是说，实际上只有 15％的 ODA 真正用于实现原本设计的目标，这一损耗比例可谓惊人。[①] 再次，是如马腾思称之为“中断的信息反馈圈”（broken information loop）[②] 问题。援助国选民和受援国群众作为初始委托任务的委托人和受益人，被地理上的距离和政治上的主权所区隔，都无法获知整个 ODA 输送系统的具体运行信息，更罔论对其进行监管，导致整个援助系统的大部分沦为监管盲区。最后，ODA 输送系统的机制安排还导致了影响更为深远的后果。仔细观察整个系统，我们可以发现，在第一和第二重委托代理关系中的所有行为体——纳税人、议会代表和援助机构——实际上都无法直接介入具体的援助项目，甚至无法发挥有效的政治影响。相对地，援助国承包商获得了别的行为体都没有的优势：因为他们是援助国 ODA 预算投入的最直接受益者，因而他们有着强烈的动机去努力影响援助政策的制定；援助国承包商因为直接操作援助项目而在整体 ODA 输送系统中居于信息垄断地位，基本可以决定其他层面可以获取什么样的信息；他们还可以通过议会代表和政治家为对己方有利的政策进行游说

---

① MOYO D. Dead aid：why aid is not working and how there is a better way for Africa. Farrar，Straus and Giroux. 2009：39.

② MARTENS B，MUMMERT U，etc. The institutional economics of foreign aid. Cambridge University Press，2001：19.

(lobby)，也就是影响政策的手段。具备了动机、条件和手段，援助国承包商成为整个ODA输送系统中最具影响力的行为体。这一理论分析的结果也与笔者的观察相一致：大量的援助承包商——包括发展咨询公司和国际非政府组织等——都在全世界发展援助的中心美国华盛顿特区设有办公室。这些机构不仅积极参与多边和双边援助项目的招投标，还投入大量资源，在美国国会援助预算审核时期大肆游说，形成了强大的利益集团，积极影响美国的对外援助政策制定。

当代ODA实践和理论普遍认为，通过第三方的评估能够有效地提高援助的效率，而如果使用新制度经济学关于信息不对等的理论来分析，这一点同样难以实现。这是因为，如果认为第三方的报告会损害自己的利益，援助国和受援国的机构就不会愿意为援助方案和项目的评估提供充分的信息和资源，其结果就是这些评估报告往往最终沦为援助机构与第三方评估机构之间妥协的产物，而由于后者的收入实际上还是由援助预算支付的，它们同样存在操纵报告结果来保障自己利益的强烈动机。除去多层级委托代理这一ODA输送系统的特殊问题之外，援助国机构同样面临着官僚机构共同性的内部激励结构问题（incentives structure）。总体来说，现代大型机构，特别是官僚机构的激励结构普遍存在两个主要问题：一是工作人员的绩效很难被具体测算，而且大多数公务人员的薪酬都是固定的；二是日常工作的实际产出很难衡量（比如人力资源管理等），而实际投入则比较容易衡量。[①] 既然援助机构内部的业绩激励是固定的，那么工作人员自然会缺乏改善自身效率的动机。同理，既然ODA的投入很容易计算，而且对于国内利益

① MARTENS B，MUMMERT U，etc. The institutional economics of foreign aid. Cambridge University Press，2001：18.

攸关方如政治家和援助国承包商至关重要，那么官员自然倾向于更加关注援助的投入侧而不是产出侧。相反，ODA 的产出侧，亦即援助的有效性，是很难测量的。比如，近年来几近成为 ODA 主流的机制与政策改革援助，其援助有效性或者说绩效就非常难以测量。李小云就此点评："西方发展援助已经形成了一个产业链，这个链条消化了很大一部分援助资金，而且这个系统以非政治化的面貌出现，不断生产各种各样的产品，如各种各样的评估、规划、社区驱动式发展、性别敏感化发展等等我们熟悉的概念，让发展援助系统越来越复杂，成本越来越高。"①

制度主义的视角揭示了 ODA 制度设计的自我限制和内在矛盾，这对于理解 ODA 60 年来的效率和有效性问题弥足珍贵。不仅如此，马腾思等人基于制度主义的角度，还对援助的条件性提出了质疑。虽然没有过多的分析，但是他们仍然通过 DAC 发展研究中心前主任斯特汀（Streeten）之口提出了问题："如果援助国提出的条件本就符合受援国的利益，那么援助国为什么还要给受援国提供援助来换取它们接受这些条件呢？而如果援助国的条件本就不符合受援国的利益，那么援助国不论是否接受援助都应该接受这些条件吗？"② 林毅夫和王燕认为，这一点指出了援助国和受援国在发展援助目的（动机）上的不匹配，而这正是为援助附加条件这一行为内在的根本矛盾。③

---

① 李小云．西方是如何制造全球公共产品的．凤凰参考，2015-08. http：//news. ifeng. com/opinion/bigstory/special/foreignaidwestandchina2/.

② 原文是"Why would a donor pay a recipient to do something that is anyway in his own interest? And if it is not in his own interest，why would the recipient do it anyway?" Martens，Uwe mummert，etc. The institutional economics of foreign aid，Cambridge University Press，2001：9.

③ LIN Yifu，WANG Y. China's contribution to development cooperation：ideas，opportunities and finances. FERDI Working Paper 119，Jan 2015，[2015-07-28]. http：//econpapers. repec. org/paper/fdiwpaper/1983. html.

二、ODA 实践对非洲的影响

ODA 输送系统在机制设计上存在着各种各样的问题，导致了低效现象的产生；而缺乏合理激励机制的援助机构，也没有提高效率的动机。这些都是存在于援助国范围内的问题。而在 ODA 进入受援国之后，更多具体实践上的失误进一步导致了发展效果的削弱，某些情况下甚至反而会破坏受援国的发展努力、恶化受援国的经济状况。综合历史与现实，ODA 对于以非洲为代表的发展中国家的消极影响主要如下：

1. 朝令夕改的国民经济发展政策

国际发展理论作为一门二战以后兴起的学科，自诞生以后经历了数次重大的理论变迁，不断发展更新，这对于学术本身不仅不是问题，反而是进步的标志。但是，如上一章第一节所述，国际发展研究并非纯粹的理论研究，而是非常具体的务实（pragmatic）研究，涉及大量的如何管理项目、如何处理与受援国各机构的关系等具体和微观的问题，其对于实践的指导意义非同一般，应用性也远远超过国际关系理论和外交学研究。上一章也具体谈到，作为国际发展研究中心问题的 ODA，在实践中已经成为一系列价值、规范和机制的结合体，成为发达国家处理南北方国家间关系的核心政策工具。这就导致在很多境况下所谓的国际发展研究的“成果”——有时仅仅是假说而已，却被当作发展中国家管理国民经济的金科玉律。不仅如此，大量的国际发展专家还会介入具体的 ODA 的设计和实践当中，直接将所学应用到实践当中；而他们培养的学生，也基本上垄断了援助国双边援助机构和多边发展组织的各个岗位。这样，国际发展的理论成果就和受援国的国家发展政策紧密地联系在了一起；而一旦理论成果有缺陷，其结果也会溢出到现实当中，甚至产生可怕的后果。而ODA的指导理论，数十年来几易其章，援助的重点朝令夕改，往往与现实脱节，这就给发展中国家造成了巨大的损失。这种恶果最为著名的例子来自拉美：20世纪80年代初，从著名的芝加哥大学经济系学成归来的几名智利籍经济学家，在担任后皮诺切特时代智利政府经济高官之后，大规模推进新自由主义的财政政策，却导致原本发展较好的国民经济短时间内急速恶化，终于在1982年经济走向彻底崩溃。在这些被称为“芝加哥小子”（Chicago Boys）的学院派官员黯然回到美国之后，智利政府不得不停止新自由主义的经济政策，重新将银行国有化，终于在80年代末让智利的人均收入回到了皮诺切特时代。[①]

从一开始关注基础设施建设和工业化的“大推进”理论，到关注结构调整和“善治”（good governance）的“IMF药方”，再到重视能力建设和受援国制度建设的反思主义兴起，理论的发展和变迁本身没有问题，但是实际中的经济发展却不能朝令夕改。无论哪一个经济领域的发展，都需要一个国家十几年甚至几十年持续不断的投入，绝非短短几年的援助投入就能够解决问题。因此，西方主导设计的ODA方案实际上干扰而不是帮助了发展中国家对于经济社会发展的自我思考。反过来看，肆虐非洲地区的传染病问题因为得到了世界各国数十年如一日的持续关注，以艾滋病和疟疾为代表的传染病在全洲范围内都得到了有效的控制。即使ODA产生了明显的积极效果，也一定是短期和部分的，因为长期的和全局性的经济改善已经超出了ODA的影响范围。速水佑次郎认为，以结构调整为代表的发展理论在多大程度上影响了经济发展虽然很难测量，但无论如何，对于应用新的发展理论成果应该更加慎重，不能一哄

① 张夏准．富国的伪善：自由贸易的迷思与资本主义秘史．严荣，译．北京：社会科学文献出版社，2009：14.

而上。[①]

2. 破败的基础设施

基础设施，顾名思义，对于经济和社会的正常运转提供了基础性的作用。进一步来说，“每一个产业结构阶段都要求相应的基础设施（既包括有形的，也包括无形的）来支持经济的运转和交易的完成”[②]。改善基础设施，也就能够通过降低市场交易的成本来提升经济的发展水平。对于这一点，中国人绝对不会陌生，“要想富，先修路”的观念早已深入人心。上一章已经介绍过，基础设施的建设在早期也的确是ODA的重点，比如赞比亚的卡里巴水电站等设施为非洲新独立国家的初期发展提供了有力的支持。然而，大量的基础设施建设耗资巨大，发展中国家自身无法提供资金和技术来修建，援助国也不可能以无偿援助的方式来支持动辄数亿美元的项目，于是大多数国家选择使用援助贷款来提供融资。这些基础设施贷款大多数采取主权担保形式，因此贷款偿还就推高了非洲国家的债务水平，造成了巨大的财政压力甚至债务危机，也进一步压制了援助国投入的兴趣。美国在小布什第二次当选总统以后愈加清楚地认识到非洲作为原油供应地之外的经济意义，并且选择了基础设施援助作为对非经济政策新工具，提出了“非洲基础设施计划”（African Infrastructure Plan，AIP）。该计划关注那些通过了可行性研究却没有投入实际建设的基础设施项目，先后投入援助资金约10亿美元，以美国国际开发

① 速水佑次郎．发展经济学：从贫困到富裕．李周，译．北京：社会科学文献出版社，2003：276.

② LIN Yifu，New structural economics：the framework to rethinking development. World Bank，Washington DC，2012：14.

署为主要负责机构，最终却因私人企业参与度低和投资重点的缺乏而收效甚微，最终草草收场。[①]

随着援助国自身的经济结构逐渐从第二产业主导向第三产业主导转变，其通过援助转移建工企业产能的动机不断削弱。[②] 自 20 世纪 70 年代中期以后，新自由主义逐渐成为主流的国际发展理论，提倡小政府和私人企业，西方传统援助国因此普遍将发展中国家的基础设施完全交给私人资本来投资。但实际上，由于发展中国家经济发展水平低，市场发展水平有限，而基础设施建设却耗资巨大，往往需要十几年甚至几十年才能够收回成本，私人资本对于这些国家的基建项目的投资兴趣并不强。政治稳定度低、政变和动乱频发的非洲地区，依赖私人资本投资基础设施更加不可能。前世界银行基建专家大卫·道勒（David Dollar）指出：长期以来，传统援助国一直认为私人投资足以支持发展中国家的基础设施建设需求，然而历史证明，除了电信行业以外，多数的基础设施行业，比如公路、铁路，因其不确定的收益前景而难以依靠私人公司来建立和维护。[③] 这些地区的基础设施长期处于赤字状态，尤其是电力供应不足，更加成为限制经济发展的最大瓶颈，这一局面直到 21 世纪初期中国大规模使用官方开发金融进入非洲基建市场才得到了改变。

3. 无望的工业化

工业对于一国的经济增长意义重大，世界上大多数的发达国家和新

---

① 详见美国国际开发署网页．［2013-05-16］. http：// www. usaid. org/ factsheet/africa-infrastructure-program。

② TAYLOR P. 访谈，美国驻加纳大使馆商务处参赞，2015 年 9 月 19 日，加纳阿克拉坎通木美国驻加纳大使馆餐厅咖啡馆。

③ DOLLAR D. Supply meets demand. World Bank Blog.（2008-07-10）［2014-05-12］. http// blogs. worldbank. Org//eastasiapacifi.

兴经济体都是通过工业化来转化生产率较低的农业经济，从而实现发展和大规模的减贫。[①] 上一章第一节已经提到，二战以后新独立的非洲国家当中，相当一部分都采取了进口替代和指令经济的策略来建立和保护民族工业，但是效果都不理想。总体来说，非洲国家的工业化基本上都是失败的。非洲早期的工业化，也曾经得到过 ODA 的支持。但随着非洲国家早期工业化的失败和西方 ODA 在 20 世纪 80 年代彻底转向社会与体制改革援助，这一进程不得不彻底终止，甚至“工业化”（industrialization）一词俨然成为某种发展研究的禁忌词汇。但是，林毅夫指出，经济发展过程的实质依然是“从低收入的农业经济到高收入的后工业化经济的过程”[②]。而自 20 世纪 80 年代以来，西方 ODA 就带有了强烈的新自由主义色彩，要求发展中国家完全开放市场，政府也不得保护本国工业。而实际上，新自由主义理论是对古典主义经济学研究成果的完全背离，扭曲了全球经济发展的历史，其所主张的经济政策并不是对发达国家经济发展历史的真实总结，无法为非洲建立和保护地区工业化成果提供有效的支持。[③] 随着经济全球化的日益发展，非洲地区日益被限制在原料产地和低端产品市场的困境中，本土工业完全无法参与国际竞争，非洲也因此失去了自我发展的能力，只能依赖外国援助来发展经济。

ODA 作为传统援助国的国家政策，不可能支持发展中国家的工业化，因为一国政策必然不能支持任何可能损害自身利益的外部活动：对

① LIN Yifu，New structural economics：the framework to rethinking development. World Bank，Washington DC，2012：13.

② 同①14.

③ 张夏准．富国的伪善：自由贸易的迷思与资本主义秘史．严荣，译．北京：社会科学文献出版社，2009：5-8.

于生产性领域的投资最终可能导致与援助国自身产品和服务的竞争。美国政府就有文件明确表明："（美国）所提供援助不得支持任何可能导致美国国内就业岗位大量丧失或者实质性替代美国产品的项目。"[①] 另外，ODA 源于发达国家的政府财政，作为公共资金难以直接投入私营生产领域。即使一些援助性投资，如世界银行国际金融公司（International Financial Corporation，IFC）可以通过受援国政府来投资，也难免与西方国家不支持国有企业的基本态度相违背。在 2008 年世界金融危机之后，发达国家内部就业和失业问题进一步政治化，这一类禁令在可预见的未来很难松禁。目前的主要援助国当中，只有中国出于国内经济结构调整的需求，近年来对于低端制造业的转移持积极态度，成为非洲工业化黯淡前景下为数不多的希望。

4. 援助依赖症：自我发展能力的侵蚀

赞比亚经济学家莫约在《援助的死亡》一书中专辟一章，将西方援助称为非洲经济增长"沉默的杀手"，认为长期的制度化援助助长了腐败，导致了严重的援助依赖，使得受援国忽视了出口创汇和国民税收的意义，忽视了中产阶级和私人企业对经济发展的作用，导致了和资源诅咒一样的"援助诅咒"[②]。实际上，对援助的依赖和受援国自我发展能力的丧失是一枚硬币的两面：一方面，长期以来，西方发展援助占各受援国 GDP 的平均比例达到 13%[③]，占总公共支出比例高达 10%，六七十年代部分国家政府收入的 60%以上来自西方援助。这种高比例

① Department of State & USAID. U. S. Foreign Assistance Guide (undated 2014): 17. [2015-09-13]. http://pdf. usaid. gov/pdf_docs/PNADC240. pdf.

② MOYO D. Dead aid: why aid is not working and how there is a better way for Africa. Farrar, Straus and Giroux. 2010: 48-67.

③ 同②65.

援助导致了受援国政府缺乏动机去扩大税基，提高政府财税收入。另一方面，发展援助机构对于受援国政府的行政能力产生了严重的侵蚀。大量的双边援助机构、国际组织和非政府组织在发展中国家内持续数十年的活动，貌似是对受援国政府职能的补充，实际上却部分取代了受援国政府的机能，侵蚀了其行政能力。某些实力弱小的国家内，援助机构实际上已经形成了政府以外的另一个“平行政府”，提供了从财政到公共卫生等各类公共产品。而受援国政府不仅失去了改善公共服务的动机，更由于财政和人力资源的弱势地位，也失去了改善的能力。早在 1964 年，周恩来总理在非洲访问的过程中就已经敏锐地观察到了非洲国家对于外援的严重依赖，以及部分非洲领导人对于援助依赖问题认识不够清楚。正因如此，才形成了中国对外经济技术合作“八项原则”第四点，即：中国援助立足于帮助非洲国家走上“自力更生、独立自主”的发展道路，而不是为了形成对中国的依赖。①

在世纪之交，世界银行的经济学家通过数据分析发现，援助对于经济增长的促进作用受到受援国政策机制的限制，亦即“Burnside-Dollar”效应：外部资本只有在国内政策有利（即“好政府”）的条件下才会对接受国经济产生正效应，否则不会。② 张夏准认为，所谓的“好政策”，就是符合新自由主义“华盛顿共识”的经济政策，亦即由西方发达援助国所认可的政策。③ 莫约更是一针见血地指出，面对经济凋敝、人民困苦

① 十四国访问报告提纲：20－22. 外交部开放档案．转引自：张浚．不附加条件的援助：中国对非援助政策的形成．外交评论，2010（5).

② BURNSIDE C，DOLLAR D. Aid，policies and growth. World Bank Policy Research Department，September 2000. ［2014－03－26］. http：//elibrary. worldbank. org/doi/pdf/10. 1596/1813－9450－1777.

③ 张夏准．富国的陷阱：发达国家为何踢开梯子？．肖炼，译．北京：社会科学文献出版社，2007：1.

的局面，西方援助国却将“民主视作非洲经济的救世主”①。国民经济的发展，其最终受益人是本国的人民，因而其经济政策的制定者理应是本国人民所选择的政府，而非千万里之外的发达国家或者国际机构。通过官方发展援助，以及其所附加的各种援助条件，援助国集团攫取了发展中国家的经济决策权，受援国则逐渐失去了自我发展的能力，造成了“大部分非洲国家在过去四分之一世纪里实际上是由世界银行和国际货币基金组织管理的”② 的荒谬局面。

自二战结束以来，西方发达援助国输送了大量的发展援助给非洲，不仅没有建立一个自立自足的大陆，反而造成了基础设施的破败、工业化的失败、对西方援助的高度依赖和非洲自我发展能力的丧失。而在这一实践的背后，一代又一代国际发展理论不仅始终没有为非洲指出一条正确的发展道路，朝令夕改的发展政策反而不断恶化了非洲的发展道路。西方的国际发展学者或许过高地估计了西方理论解决问题的能力，而又过低地估计了传统援助国利用 ODA 控制非洲国家的利益动机。或许正确的发展道路只能由非洲人民来选择，而其他国家只应该做真诚谦虚的伙伴，而不是霸道骄傲的师长。接下来，我们来看一看同样属于发展中国家的中国是如何建立一种更为平等的发展合作关系的。

---

① MOYO D. Dead aid：why aid is not working and how there is a better way for Africa. Farrar，Straus and Giroux. 2010：41.

② 张夏准．富国的伪善：自由贸易的迷思与资本主义秘史．严荣，译．北京：社会科学文献出版社，2009：12.

第三章　中非合作论坛：国际发展合作的全新平台

第一节　中非合作论坛的初建

中非合作论坛成立于千禧年，是中非友好合作关系发展到新世纪结出的丰硕果实，标志着中非合作发展到了新阶段。作为南南合作范畴的重要机制，中非合作论坛并非中国抑或非洲单方面建议的结果，而是在双方的共同需求及诸多因素的综合作用下应运而生的。著名学者李安山认为，就中非合作论坛的起源而言，“中非长期的友好合作为这一机制奠定了坚实的基础，中非关系在20世纪90年代的快速发展使这一机制的建立变得日益迫切，经济全球化为中非合作带来更好的机遇和更大的挑战，非洲方面的积极推动对论坛的建立起到了决定性作用，中国学者、企业和政府方面的共同努力使论坛的建立成为现实”[①]。

2000年是新世纪元年，也是中非合作论坛的成立年。这一年的10月10日，中非合作论坛首届部长级会议在北京举行，中国和44个非洲

---

① 李安山．论中非合作论坛的起源：兼谈对中国非洲战略的思考．外交评论，2012（3）：28.

国家的 80 余名部长、17 个国际和地区组织的代表及部分中非企业界人士出席了会议。会议的两个议题是“面向 21 世纪应如何推动建立国际政治经济新秩序”和“如何在新形势下进一步加强中非在经贸领域的合作”。会议开幕式上，时任国家主席江泽民发表了题为《中非携手合作，共迎新的世纪》的讲话。讲话明确指出：造成世界发展不平衡的根本原因在于，现行的国际政治经济秩序存在许多不公正、不合理的因素。“在人类即将跨入新世纪之际，建立公正合理的国际政治经济新秩序已成为时代发展的要求”，中非应当拿出智慧和勇气推动新秩序的建立。国际政治经济新秩序，应该保障各国享有主权平等和内政不受干涉的权利，应该保障各国享有平等参与国际事务的权利，应该保障各国享有平等的发展权利，应该保障各个民族和各种文明共同发展的权利。为此，中非应当加强团结，积极推动南南合作；促进对话，努力改善南北关系；积极进取，平等参与国际事务；面向未来，建立中非长期稳定、平等互利的新型伙伴关系。①

10 月 12 日的闭幕式上，会议通过了《中非合作论坛北京宣言》。双方高度赞赏数十年来中非关系的稳步发展，对合作前景充满信心，并就中非经贸合作作出十点宣示。双方决心进一步巩固和拓展中非在各层次、各领域的合作，在南南合作的框架内建立长期稳定、平等互利的新型伙伴关系，深化对话，扩大共识，在国际事务中继续协调立场，进一步相互支持，维护中非正当权益，推动中非新型伙伴关系的深入发展。双方决定在本次论坛会议通过的《北京宣言》和《中非经济和社会发展合作

① 中非携手合作，共迎新的世纪：江泽民主席在“中非合作论坛——北京 2000 年部长级会议”开幕式上的讲话．[2017－09－23]. http：//www.focac.org/chn/ltda/dyjbzjhy/zyjh12009/t155565.htm.

纲领》的原则基础上，大力推动中非在贸易和投资、工程及其他基础设施项目、金融、农业、医疗卫生、科技、文化、教育、人力资源开发、交通运输、环境、旅游等领域的合作，促进中非共同发展。《中非经济和社会发展合作纲领》指出，双方决心在平等和相互尊重的基础上，在各个领域，尤其是经济和社会发展领域进行合作，以振兴、发展并扩大中非在21世纪的合作；同意建立新型战略伙伴关系，重申中非平等互利、形式与内容多样化、注重实效、实现共同发展、以友好方式消除分歧的合作原则，在包括贸易、投资、工程和其他基础设施项目、金融合作、减免债务、农业合作、自然资源和能源开发利用、科技与文化合作、医疗卫生合作等在内的各方面开展合作。

中非合作论坛首届部长级会议的议题及通过的各项文件表明，中非合作论坛自诞生之日起就有自己独特的使命，它质疑现存国际政治经济秩序的合法性，平等、互利、共赢是其底色，"为中国这一世界上最大的发展中国家和非洲这一发展中国家最为集中的大陆的合作创造了一种新的模式，为解决全球贫困问题提供了一种新的思路和方式"①。在后续机制方面，《中非经济和社会发展合作纲领》明确规定，在各部长级别上成立中非合作论坛后续行动相应委员会，并且在各个级别上建立联合后续机制。在这一机制下，三年后举行部长级会议，评估纲领的实施情况；两年后举行高官会议；定期举行驻华使节会议。高官级会议和部长级会议将在中非合作论坛的框架内，在中国和非洲轮流举行。自此，一种常态化、制度化的中非交流合作长效机制建立起来。

2003年12月15日至16日，根据中非合作论坛首届部长级会议的决

① 李安山．论中非合作论坛的起源：兼谈对中国非洲战略的思考．外交评论，2012（3）：15.

定与部署，中非合作论坛第二届部长级会议在非洲埃塞俄比亚首都亚的斯亚贝巴如期举行，中国和44个非洲国家的70多名部长及部分国际和地区组织的代表参加会议。会议主题是“务实合作、面向行动”。距第一届部长级会议仅过了三年时间，中非合作的成效就已经初步显现。时任国务院总理温家宝在会议开幕式的讲话《继往开来，全面推进中非友好合作》中，回顾了双方三年来在各领域中的合作成果：在经贸合作方面，中非贸易以超过20%的速度增长，中国在非洲新设投资企业117家，双方在能源开发、高新技术等方面的合作起步；中国政府提前兑现承诺，减免了31个非洲国家105亿元人民币的债务。温家宝总理还提出了发展中非友好合作关系的四点建议：相互支持，推动传统友好关系继续发展；加强磋商，促进国际关系民主化；协调立场，共同应对全球化挑战；深化合作，开创中非友好关系新局面。①

会议通过了《中非合作论坛——亚的斯亚贝巴行动计划（2004—2006年）》，对接下来三年中非合作的开展作出了规划。中国政府在《行动计划》中承诺：继续将基础设施建设作为双方合作的重点领域，中国将对有助于缓解无出海口内陆国家困境的基础设施项目给予特别支持，鼓励中国企业积极参与非洲基础设施建设项目，扩大交通、通信、能源、供水、电力等领域的合作；开放市场，对非洲最不发达国家部分商品进入中国市场给予免关税待遇；进一步鼓励和支持有实力的各种所有制企业赴非洲投资，包括创办旨在鼓励技术转让、创造非洲国家就业机会的中非合资企业；在国际场合与非洲国家协调立场，呼吁国际社会特别是发达国家采取切实行动，加快实施“重债穷国减债倡议”方案，包括针

---

① 继往开来，全面推进中非友好合作：温家宝总理在中非合作论坛第二届部长级会议开幕式上的讲话．[2017-09-23]. http：//www.focac.org/chn/ltda/dejbzjhy/zyjh22009/t155584.htm.

对没有资格入选“重债穷国减债倡议”的中低收入国家的新措施，为非洲经济发展和振兴减轻负担；中国将根据自身财力和经济发展状况，继续向非洲国家提供不附加任何政治条件的经济援助，适当增加无偿援助，用于双方商定的项目。

第二届部长级会议期间，12月12日至17日，首届中非企业家大会召开。时任中国国务院总理温家宝等中非领导人会见了出席中非企业家大会的中国企业家代表团成员并作重要指示。500多名中非企业家出席大会并进行商务洽谈，签订了21项合作协议，总金额达10亿美元。此后，与每届部长级会议同步举办中非企业家大会也成为惯例。作为中非合作论坛部长级会议的平行活动，中非合作论坛中非企业家大会是在中非合作论坛框架下推动中非经贸关系全面发展的重要机制性平台，对加强中非企业经贸合作极具意义。

总的来说，这一时期是中非合作论坛的成立与初步发展时期。首届部长级会议和第二届部长级会议的召开，标志着第一次以三年为期的、中非轮流举办部长级会议的实践成功完成，中非合作论坛各个级别上的联合后续机制相继建立，相应的制度安排基本稳固下来。从《中非经济和社会发展合作纲领》到《中非合作论坛——亚的斯亚贝巴行动计划（2004—2006年）》，中非合作的领域进一步拓宽，后者增加了双方在政治事务及和平与安全方面的具体合作框架，双方在联合国和世贸组织等国际组织中相互支持与合作的具体领域得到明确，中非合作论坛机制与非洲联盟和“非洲发展新伙伴计划”（NEPAD）协调与支持的框架性规定出台。① 尽管上述发展有目共睹，但不可否认的是，中

① 薛琳．中非合作论坛的发展脉络、成就与未来方向．亚非纵横，2013（4）：35.

非双方在很多领域的合作尚处于起步阶段，在形式和内容方面仍有完善的空间。新生的中非合作论坛还需要经历更多的探索，从而焕发出更强的生命力。

第二节　世界瞩目的 2006 年北京峰会

2006 年是中非建交 50 周年，它在中非合作发展史上必将被记上浓墨重彩的一笔。该年年初，中国政府首次发表《中国对非洲政策文件》。《文件》全文近 5 000 字，除前言外，分为“非洲的地位和作用”“中国与非洲的关系”“中国对非洲政策”“加强中非全方位合作”“中非合作论坛及后续行动”“中国与非洲地区组织的关系”六部分。《文件》指出，加强同非洲国家的团结与合作，始终是中国独立自主和平外交政策的重要组成部分，中国对非政策的总体原则和目标是：真诚友好，平等相待；互利互惠，共同繁荣；相互支持，密切配合；相互学习，共谋发展。《文件》第一次清楚明确地宣示了中国对非政策的目标及措施，规划了今后一段时期双方在各领域的合作，有利于推动中非关系长期稳定发展、互利合作不断迈上新的台阶。

中非合作论坛机制建立 6 年来，中非高层交往越来越密切，中非领导人和外长互访多达 200 多次，其中，中国领导人访非 50 多次。2006 年 4 月和 6 月，时任国家主席胡锦涛和总理温家宝相继对非洲进行访问。中非经贸合作加速发展，2000 年，中非贸易额为 106 亿美元，2005 年已经达到 398 亿美元，每年保持了两位数的增长率。此外，截至 2005 年年底，中国对非投资已达 60 多亿美元，设立企业 800 多家。对非承包工程涉及房屋建筑、石化、电力等国民经济各领域。[①] 不论是领导人的频频互访，还是经贸领域的密切联系，都预示着中非深化合作的重要机遇已经来临，在此背景下，2006 年的中非合作论坛会议被提升为领导人峰会。11 月 3 日，中非合作论坛第三届部长级会议在北京召开，为北京峰会的召开作最后的准备。中国和 48 个非洲国家的外交部长、负责国际经济合作事务的部长或代表出席了会议，24 个国际和地区组织的代表作为观察员列席了会议开幕式。11 月 4 日至 5 日，首届“中非领导人峰会”暨第三次“中非合作论坛”隆重举行，48 个国家派代表团出席，42 个国家的代表团团长由国家元首或政府首脑担任，这次会议因而成为中非友好交往史上规模最大、级别最高、与会非洲国家领导人最多的一次盛会，并赢得了世界瞩目。

时任国家主席胡锦涛在中非合作论坛北京峰会开幕式上发表讲话。胡锦涛指出，中非关系能够经受考验的关键在于始终坚持真诚友好、平等相待、相互支持、共同发展的原则。讲话明确提出建立中非新型战略伙伴关系的倡议。为推动中非新型战略伙伴关系发展，中国政府将在援助、贷款、设立中非发展基金、援建非盟会议中心、投资、债务减免、开放市场、建立境外经济贸易合作区、人力资源开发合作等方面加强政策措施。[②]

11 月 5 日，会议通过《中非合作论坛北京峰会宣言》，郑重宣示中非建立政治上平等互信、经济上合作共赢、文化上交流互鉴的新型战略伙伴关系，“建立新型战略伙伴关系是中非双方的共同愿望和自主选择，

---

① 徐松．中非合作论坛，助推中非合作．新华每日电讯，2006-11-04.

② 胡锦涛主席在中非合作论坛北京峰会开幕式上的讲话．(2006-11-04) [2017-09-23]. http://www.focac.org/chn/ltda/bjfhbzjhy/zyjh32009/t584768.htm.

符合双方利益，有利于增进发展中国家的相互声援、团结互助和联合自强，也有利于促进世界的持久和平与和谐发展”。同日，会议通过《中非合作论坛——北京行动计划（2007—2009年）》，列出了在政治领域、经济领域、国际事务和社会发展领域的合作计划。在投资与企业合作及贸易领域，中国政府重视推动扩大对非投资，支持中国有关银行设立中非发展基金，逐步达到总额50亿美元，鼓励和支持有实力、有信誉的中国企业到非洲投资兴办有利于提高非洲国家技术水平、增加就业和促进当地经济社会可持续发展的项目；中国将在此后3年内支持有实力的中国企业在有条件的非洲国家建立3～5个境外经济贸易合作区；中方承诺进一步向非洲国家开放市场，将同中国有外交关系的非洲最不发达国家输华商品零关税待遇受惠商品由190个税目扩大到440多个税目。在发展援助与减债方面，中国政府决定：继续在力所能及的范围内向非洲国家提供发展援助，至2009年，将对非洲国家的援助规模在2006年的基础上增加1倍；此后3年内向非洲国家提供30亿美元的优惠贷款和20亿美元的优惠出口买方信贷，贷款条件进一步优惠，特别是对重债穷国和最不发达国家更加优惠；免除同中国有外交关系的非洲重债穷国和最不发达国家截至2005年年底对华到期的政府无息贷款债务；积极参加非洲战后重建、人道主义救援、减贫等方面的对非双边和多边援助计划。

以文件的形式确立“中非新型战略伙伴关系”是这次会议的关键点和最大亮点。建立和发展中非新型战略伙伴关系，是中非双方在新世纪、新形势下共同作出的战略选择，符合双方的根本和长远利益。11月4日至5日，北京峰会的平行活动——中非领导人与工商界代表高层对话暨第二届中非企业家大会在北京召开。大会共有12家中方企业及单位与非洲国家的政府和企业签署16项合作协议，金额共计近19亿美元。

2009年11月8日至9日，中非合作论坛第四届部长级会议在埃及沙姆沙伊赫举行。来自中国和49个非洲国家的外交部长和负责经济合作事务的部长出席了会议。会议以“深化中非新型战略伙伴关系，谋求可持续发展”为主题。11月8日，时任国务院总理温家宝在中非合作论坛第四届部长级会议开幕式上发表题为《全面推进中非新型战略伙伴关系》的讲话。温家宝指出，论坛北京峰会召开三年来，中非致力于共建政治上平等互信、经济上合作共赢、文化上交流互鉴的新型战略伙伴关系，开创了中非合作的新局面。2008年，中非贸易突破千亿美元，同中国有贸易往来的非洲国家增加到53个；中国在非洲开工建设6个经贸合作区，中国企业到非洲国家落户增加到近1 600家，直接投资存量达到78亿美元；工程承包和劳务合作规模不断扩大，金融合作方兴未艾。中国在遭受国际金融危机冲击、自身面临不少困难的情况下，信守诺言，全面落实北京峰会的承诺，对非援助规模翻了一番，免除33国168笔债务已近尾声，总计50亿美元的优惠性质贷款近期将全部到位，首期10亿美元的中非发展基金如期启动。温家宝还在讲话中提出了推进中非合作的八项新举措，其中包括：增加非洲融资能力，向非洲国家提供100亿美元优惠性质贷款；支持中国金融机构设立金额10亿美元的非洲中小企业发展专项贷款；对非洲与中国建交的重债穷国和最不发达国家，免除截至2009年年底对华到期未还的政府无息贷款债务；倡议建立中非应对气候变化伙伴关系，为非洲援建太阳能、沼气、小水电等100个清洁能源项目；扩大对非产品开放市场，逐步给予非洲与中国建交的最不发达国家95%的产品免关税待遇，2010年年内首先对60%的产品实施免关税。①

---

① 全面推进中非新型战略伙伴关系：温家宝总理在中非合作论坛第四届部长级会议开幕式上的讲话．[2009-09-23]．http：//www.focac.org/chn/ltda/dsjbzjhy/bzhyzyjh/t627094.htm.

11月9日，会议通过《中非合作论坛沙姆沙伊赫宣言》。《宣言》提出，中非双方将鼓励和促进相互贸易和投资，促进合作方式多样化，加强在减贫、环境保护、人力资源培训与能力建设、信息和通信技术等重点领域的合作，特别是在基础设施建设、农业与粮食安全等关键领域的合作。中方在《宣言》中承诺将在力所能及的范围内，继续增加对非援助、减免非洲国家债务，扩大对非投资、进一步开放市场，加强中非务实合作。与《宣言》一同通过的《中非合作论坛——沙姆沙伊赫行动计划（2010—2012年）》，依据“深化中非新型战略伙伴关系，谋求可持续发展”的宗旨，对此后3年中非在各领域的合作作出了详细规划。中方决定，将中非发展基金规模增加到30亿美元，支持中国企业扩大对非投资；向非洲国家提供100亿美元优惠性质贷款，主要用于基础设施项目和社会发展项目；进一步向非洲国家开放市场，逐步给予与中国有外交关系的非洲最不发达国家95%的产品免关税待遇，2010年年内首先对60%的产品实施免关税；支持中国金融机构设立10亿美元的非洲中小企业发展专项贷款，帮助非洲的中小企业发展；尽管受国际金融危机影响，中国经济发展遇到一些困难，但中方承诺将继续扩大对非援助规模，重点加强与非洲国家在农业、基础设施、医疗卫生、教育、人力资源开发、清洁能源、环境保护等民生领域的合作；免除非洲所有与中国有外交关系的重债穷国和最不发达国家截至2009年年底对华到期未还的政府无息贷款债务。

11月7日至8日，第三届中非合作论坛企业家大会在沙姆沙伊赫举行。时任中国国务院总理温家宝、埃及总理纳齐夫出席大会并发表演讲，1 000余名中非企业家参加了大会。大会围绕“携手前行，共同繁荣”的主题，通过全体会议、主题研讨、对口洽谈等多种形式，深入研讨推动中非在金融、贸易、投资、基础设施与新能源等领域的合作，签订项目合同共28.5亿美元。

2012年7月19日至20日，中非合作论坛第五届部长级会议在北京举行。来自中国和50个非洲国家的外交部长及负责国际经济合作事务的部长或代表以及非盟委员会主席让·平与会，部分国际和非洲地区组织代表分别以嘉宾和观察员身份列席开幕式和会议。会议主题为“继往开来，开创中非新型战略伙伴关系新局面”。7月19日，时任国家主席胡锦涛在中非合作论坛第五届部长级会议开幕式上发表题为《开创中非新型战略伙伴关系新局面》的讲话。讲话回顾了双方自上一届中非合作论坛北京峰会以来在合作交流上取得的成就，提出：国际形势发生了很大变化，不稳定不确定因素明显增多，国际金融危机影响犹存，国际和地区热点此起彼伏，不公正不合理的国际政治经济秩序依然影响和制约着世界和平与发展，要在新形势下努力开创中非新型战略伙伴关系新局面。讲话指出，中国政府将在5个重点领域支持非洲和平与发展事业，推进中非新型战略伙伴关系：第一，扩大投资和融资领域合作，为非洲可持续发展提供助力；第二，继续扩大对非援助，让发展成果惠及非洲民众；第三，支持非洲一体化建设，帮助非洲提高整体发展能力；第四，增进中非民间友好，为中非共同发展奠定坚实民意基础；第五，促进非洲和平稳定，为非洲发展创造安全环境。①

7月20日，会议通过《中非合作论坛第五届部长级会议北京宣言》。《宣言》表示，当前国际形势正在发生深刻复杂变化，和平、发展、合作成为时代潮流，国际力量对比朝着相对均衡的方向发展，发展中国家在国际事务中发挥着越来越重要的作用。双方主张推进国际体系、国际秩

① 开创中非新型战略伙伴关系新局面：在中非合作论坛第五届部长级会议开幕式上的讲话.(2012-07-19)［2017-09-23］. http://www.focac.org/chn/ltda/dwjbzzjh/zyjh/t953168.htm.

序变革，使之公正合理，以适应国际政治现实。强调非洲在国际舞台理应拥有合适的地位。双方重申将继续深化政治上平等互信、经济上合作共赢、文化上交流互鉴的中非新型战略伙伴关系。为此，将进一步加强政治磋商和战略对话、加强双方的交流与合作、加强中国与非盟及非洲次区域组织合作、深入挖掘并充分发挥彼此的比较优势、继续加强双方之间的人文交流与合作、进一步密切双方在国际事务中的合作。会议通过的《中非合作论坛第五届部长级会议——北京行动计划（2013—2015年）》提出，在经济合作和援助领域，中方将继续发挥中非发展基金的作用，逐步扩大到50亿美元的基金规模，进一步加强中非合作；实施“对非贸易专项计划”；进一步向非洲开放市场，在南南合作框架下，逐步给予与中国建交的非洲最不发达国家97%的税目的产品零关税待遇；扩大同非洲在投资和融资领域的合作，为非洲可持续发展提供助力，向非洲国家提供200亿美元贷款额度，重点支持非洲基础设施建设、农业、制造业和中小企业发展。

7月18日，时任国务院总理温家宝在第四届中非企业家大会开幕式上发表题为《深化务实合作，促进共同发展》的讲话，指出：2011年中非贸易额达到1 663亿美元，比2009年增长83%。其中，非洲对中国出口大幅增长，三年翻了一番，商品种类更加丰富；截至2012年6月，中国对非各类投资450亿美元，其中直接投资超过150亿美元，制造业、金融业和建筑业投资占60%，采矿业投资约占25%；目前，2 000多家各类中国企业在非洲50个国家生根，非洲员工比例超过85%；中非经贸合作园区建设顺利推进，带动了非洲工业发展。[①] 第四届中非企业家

---

① 深化务实合作，促进共同发展：在第四届中非企业家大会开幕式上的讲话．(2012-07-18)［2017-10-16］. http：//www.focac.org/chn/ltda/dwjbzzjh/zyjh/t952859.htm.

大会 19 日在北京闭幕，中非双方 20 余家合作单位在闭幕式上共签署 8 个投资和经济合作项目文件，总金额价值近 3.41 亿美元，合作项目涉及机构合作、金融、咨询规划设计、航空、家电制造、医药和农业等多个领域。

经历 2006 年、2009 年、2012 年这三届中非合作论坛的发展，中非合作论坛框架已经逐步走向成熟，成为中国同非洲国家开展集体对话、进行务实合作的有效机制。特别值得注意的是 2006 年这一关键年份，时任中国国家主席胡锦涛和总理温家宝先后访问非洲 10 国，创造了中国国家元首和政府总理一年内访非频次最多的纪录。该年举办的中非合作论坛北京峰会更是成为中非关系史上的历史性事件，在世界上也属罕见。整体来看，这一阶段具有承前启后的重要作用。

第三节　合作论坛的新议程：中非“十大合作计划”

2015 年正值中非合作论坛成立 15 周年。15 年来，中非经贸合作不断向更高水平迈进。2014 年，中非贸易额达到 2 220 亿美元，是 2000 年的 21 倍，中国连续六年稳居非洲第一大贸易伙伴国位置。中国对非洲直接投资年均增长 37%，投资存量超过 300 亿美元，是 2000 年的 60 倍以上。在中非经贸合作规模不断扩大的同时，双方合作领域和结构也不断拓宽和优化，工业、金融、旅游、电信、航空、广电等行业成为中非经贸合作新的亮点。①

2015 年 12 月 3 日至 5 日，中非合作论坛约翰内斯堡峰会暨第六届部

① 商务部．中非合作论坛成立以来中非经贸合作取得哪些重大进展．中国外资，2015（2）：12.

长级会议在南非召开。来自中国和50个非洲国家的国家元首、政府首脑、代表团团长、外交部长和负责经济合作事务的部长，以及非洲联盟委员会主席分别出席了峰会和部长会。峰会的主题是“中非携手并进：合作共赢、共同发展”。这是中非合作论坛时隔近10年再次举办的第二届峰会，也是论坛峰会首次亮相非洲。12月4日，国家主席习近平在峰会开幕式上的致辞《开启中非合作共赢、共同发展的新时代》中，肯定了中非合作论坛成立15周年来各领域务实合作的丰硕成果，提议将中非新型战略伙伴关系提升为政治上平等互信、经济上合作共赢、文明上交流互鉴、安全上守望相助、国际事务中团结协作的全面战略合作伙伴关系；提出中方愿在未来3年同非方重点实施“十大合作计划”，坚持政府指导、企业主体、市场运作、合作共赢的原则，着力支持非洲破解基础设施滞后、人才不足、资金短缺三大发展瓶颈，加快工业化和农业现代化进程，实现自主可持续发展。

这“十大合作计划”包括：

中非工业化合作计划。中方将积极推进中非产业对接和产能合作，鼓励支持中国企业赴非洲投资兴业，合作新建或升级一批工业园区，向非洲国家派遣政府高级专家顾问。设立一批区域职业教育中心和若干能力建设学院，为非洲培训20万名职业技术人才，提供4万个来华培训名额。

中非农业现代化合作计划。中方将同非洲分享农业发展经验，转让农业适用技术，鼓励中国企业在非洲开展大规模种植、畜牧养殖、粮食仓储和加工，增加当地就业和农民收入。中方将在非洲100个乡村实施“农业富民工程”，派遣30批农业专家组赴非洲，建立中非农业科研机构“10+10”合作机制。中方高度关注非洲多个国家受厄尔尼诺现象影响致粮食歉收，将向受灾国家提供 10 亿元人民币紧急粮食援助。

中非基础设施合作计划。中方将同非洲在基础设施规划、设计、建设、运营、维护等方面加强互利合作，支持中国企业积极参与非洲铁路、公路、区域航空、港口、电力、电信等基础设施建设，提升非洲可持续发展能力；支持非洲国家建设 5 所交通大学。

中非金融合作计划。中方将同非洲国家扩大人民币结算和本币互换业务规模，鼓励中国金融机构赴非洲设立更多分支机构，以多种方式扩大对非洲投融资合作，为非洲工业化和现代化提供金融支持和服务。

中非绿色发展合作计划。中方将支持非洲增强绿色、低碳、可持续发展能力，支持非洲实施 100 个清洁能源和野生动植物保护项目、环境友好型农业项目和智慧型城市建设项目。中非合作绝不以牺牲非洲生态环境和长远利益为代价。

中非贸易和投资便利化合作计划。中方将实施 50 个促进贸易援助项目，支持非洲改善内外贸易和投资软硬条件，愿同非洲国家和区域组织商谈包括货物贸易、服务贸易、投资合作等全面自由贸易协定，扩大非洲输华产品规模；支持非洲国家提高海关、质检、税务等执法能力，开展标准化和认证认可、电子商务等领域合作。

中非减贫惠民合作计划。中方将在加强自身减贫努力的同时，增加对非援助，在非洲实施 200 个“幸福生活工程”和以妇女儿童为主要受益者的减贫项目；免除非洲有关最不发达国家截至 2015 年年底到期未还的政府间无息贷款债务。

中非公共卫生合作计划。中方将参与非洲疾控中心等公共卫生防控体系和能力建设；支持中非各 20 所医院开展示范合作，加强专业科室建设，继续派遣医疗队员开展“光明行”、幼妇保健在内的医疗援助，为非洲提供一批复方青蒿素抗疟药品；鼓励支持中国企业赴非洲开展药品本地化生产，提高药品在非洲可及性。

中非人文合作计划。中方将为非洲援建 5 所文化中心，为非洲 1 万个村落实施收看卫星电视项目；为非洲提供 2 000 个学历学位教育名额和 3 万个政府奖学金名额；每年组织 200 名非洲学者访华和 500 名非洲青年研修；每年培训 1 000 名非洲新闻领域从业人员；支持开通更多中非直航航班，促进中非旅游合作。

中非和平与安全合作计划。中方将向非盟提供 6 000 万美元无偿援助，支持非洲常备军和危机应对快速反应部队建设和运作。中方将继续参与联合国在非洲维和行动；支持非洲国家加强国防、反恐、防暴、海关监管、移民管控等方面能力建设。①

12 月 5 日，峰会发布《中非合作论坛约翰内斯堡峰会宣言》。为加强现有集体对话，巩固传统友谊，深化战略合作，提升务实合作机制建设，双方同意将中非新型战略伙伴关系提升为全面战略合作伙伴关系。《宣言》敦促发达国家切实兑现对发展中国家特别是非洲国家的援助承诺，并指出南北发展失衡是阻碍世界经济强劲复苏和可持续增长的重要原因。中非双方郑重宣示，将本着真实亲诚的理念和正确义利观，致力于建立和发展政治上平等互信、经济上合作共赢、文明上交流互鉴、安全上守望相助、国际事务中团结协作的全面战略合作伙伴关系。《宣言》还提出，中非双方将积极开展产业对接和产能合作，共同推动非洲工业化和农业现代化进程。重点加强铁路、公路、区域航空、电力、供水、信息通信、机场、港口等基础设施项目合作和人力资源开发合作等能力

① 习近平在中非合作论坛约翰内斯堡峰会开幕式上的致辞．(2015-12-05)[2017-10-16]. http://www.focac.org/chn/ltda/dwjbzzjh_1/zyjh/t1321569.htm.

建设，优先推进农业和粮食安全、加工制造业、能源资源、海洋经济、旅游、投资、贸易、金融、技术转移等领域互利合作。积极探讨中方建设“丝绸之路经济带”和“21世纪海上丝绸之路”倡议与非洲经济一体化和实现可持续发展的对接。

在同一天通过的《中非合作论坛——约翰内斯堡行动计划（2016—2018年）》中，中方表示，将设立首批资金为100亿美元的“中非产能合作基金”，支持中非产业对接与产能合作；共同制定《中非铁路合作行动计划（2016—2020年）》，推进非洲铁路网建设；中方将扩大对非投资规模，力争到2020年中国对非直接投资存量由2014年的324亿美元增加到1 000亿美元；扩大贸易规模，力争到2020年中非贸易规模由2014年的2 200亿美元增加到4 000亿美元，保持贸易增长率，努力实现贸易平衡；中方将向非洲国家提供350亿美元的优惠性质贷款及出口信贷额度；中方将逐步为中非发展基金增资50亿美元，使其总规模扩至100亿美元；中方将逐步为非洲中小企业发展专项贷款增资50亿美元，使其总规模扩至60亿美元；中方将免除非洲有关最不发达国家、内陆发展中国家、小岛屿发展中国家截至2015年年底到期未还的政府间无息贷款债务。

12月4日，国家主席习近平在约翰内斯堡出席中非领导人与工商界代表高层对话会暨第五届中非企业家大会闭幕式并发表题为《携手共进，谱写中非合作新篇章》的重要讲话，就加强中非友好合作提出5点建议。第一，坚持互利共赢的平等合作，坚持义利并举原则，共同打造中非命运共同体。第二，坚持开放包容的多方合作，欢迎其他国家企业在互利共赢基础上加入到中非合作中来。第三，坚持能力导向的务实合作，中方愿毫无保留地同非方分享先进适用技术，深化产业合作，促进非洲劳动力素质提高，创造就业，增强非洲经济发展内生动力。第四，坚持绿色低碳可持续发展，中方将为非洲国家实施应对气候变化及生态保护项目，为非洲国家培训生态保护领域专业人才。第五，坚持基础优先的重点合作。[①] 会议期间，中非双方共签署 22 项合作协议，涉及基础设施、化工、金融等多个行业，总金额达到 134 亿美元。

12 月 4 日，中国政府发表了第二份对非政策文件。《中国对非洲政策文件》的发布正值中非合作论坛第二次峰会，这是中非峰会首次在非洲大陆举办，对于加强中非团结、引领中非合作具有里程碑意义。文件进一步明确了中国致力于发展对非友好合作关系的坚定决心和良好意愿，对部分国家在非洲散布“中国威胁论”和“新殖民主义论”作出了有力回应。文件全面阐述了新形势下中国对非洲政策新理念、新主张、新举措，对今后一段时期中非各领域交流与合作具有指导意义。文件的内容分为五部分：建立和发展中非全面战略合作伙伴关系，巩固和夯实中非命运共同体；坚持正确义利观，践行真实亲诚对非工作方针；推动中非合作全面发展；中非合作论坛机制建设及其后续行动；中国与非洲区域组织关系。对中非发展合作，文件提出了一系列具体举措，包括：鼓励和支持中国企业和金融机构扩大参与非洲基础设施建设，充分发挥政策性金融作用，创新投融资合作模式；充分发挥优惠贷款等政策性金融、中非发展基金、非洲中小企业专项贷款、非洲共同增长基金、中非产能合作基金、金砖国家新开发银行等投融资平台作用，创新中非金融合作；本着合作共赢、绿色、低碳和可持续发展的原则，扩大和深化中非资源

① 习近平出席中非领导人与工商界代表高层对话会暨第五届中非企业家大会闭幕式并发表重要讲话．(2015－12－05)［2017－11－01］．http：//www.focac.org/chn/ltda/dwjbzzjh _ 1/zyjh/t1321588.htm.

能源领域互利合作等。

从 2000 年成立至今，中非合作论坛已经走过了 18 年的风雨历程，它见证了辉煌的成就，也有不得不面对的困境和挑战。总体而言，中非合作论坛发展平稳，论坛的运作从原来比较松散的状态向更加制度化、规范化、系统化发展，配套的制度设置和框架构建逐渐完善。起初，中非合作论坛的建立动因是发展中非经贸关系。在实际发展过程中，中非合作的领域拓展深化，扩展到政治、安全、社会、生态等多个领域，形成了多层次的合作体系。在中非合作论坛的机制下，中非合作取得了长足进步。中非合作论坛为新时期的中非关系提供了方向和平台。论坛为非洲的发展提供了重要的动力和选择，是 2000 年以来推动非洲经济快速发展的重要外部力量。论坛推动南南合作从象征性合作转向实质性合作，带动了发展中国家地位的上升。论坛引领着发展中国家国际机制的构建，为发展中国家更好地参与全球治理和国际合作提供了制度经验。论坛的另一个特殊贡献在于其促使西方国家开始反思和改进传统的对非合作，从而推动一个更加公平、合理、完整的国际对非合作框架的形成。[①] 中非合作论坛更是已经成为一种模式，并开始为其他国家或经济体模仿。[②]

在当前我国大力推进“一带一路”倡议的背景下，加强中非合作也具有重要意义。非洲联盟的“2063 年愿景”和中国的“一带一路”倡议都在 2013 年提出，这一机缘巧合暗示着两者之间的内在契合。推进“一带一路”建设工作领导小组办公室发布的《共建“一带一路”：理念、实践与中国的贡献》强调了非洲在“一带一路”建设中的重要地位。文件

---

① 周玉渊．中非合作论坛 15 年：成就、挑战与展望．西亚非洲，2016（1）：5.

② 李安山．论中非合作论坛的运行机制及其与非洲一体化的关系．教学与研究，2012（6）：57.

明确指出，非洲是共建“一带一路”的关键伙伴。中非之间有着深厚的传统友谊，双多边关系密切。非洲部分地区曾经是海上丝绸之路的重要区域，经济繁荣、社会安定、文化发达。长期以来，中国从非洲各国的根本利益出发，为非洲经济社会发展作出了积极贡献。共建“一带一路”倡议为中非互利合作开辟了更为广阔的空间，并进一步将亚欧大陆和非洲紧紧联系在一起，促进亚欧非携手发展。同时，在国家发展改革委和国家海洋局关于《“一带一路”建设海上合作设想》的文件中，中国—印度洋—非洲—地中海蓝色经济通道是三条重点建设的蓝色经济通道之一。

实践证明，中非合作是建立在互相尊重、平等互利的基础上的。中非合作的探索与实践，不但能够传播中国的发展经验，促进中国和非洲的经济社会发展，而且能为其他国际合作模式提供借鉴。在“2063 年愿景”和“一带一路”倡议的共同推动下，中非双方的关系将提升到新的更高水平，而中非合作论坛必将继续作为双方沟通的平台，发挥增进理解、加强协调、促进合作的作用。

第四章　中非发展合作：与 ODA 不同的援助路径

中国无疑是发展经济学中一个令人激动人心的案例：它不仅通过 40 年的市场化改革让 7 亿多人口脱离贫困，实现了从低收入国家到高中等收入国家的历史性跨越，同时把自身从一个受援国转化成了全球发展资金的最主要提供国之一。然而，中国经济的爆发式发展并不是依靠外部援助取得的，而且中国在持续提供对外援助的同时，仍然坚持主要依靠国内资源发展国民经济的基本立场。随着中国逐渐成为世界领先的经济体以及大量中国企业“走出去”，中国不但在理论上对于“外国援助对经济发展至关重要”的基本假设提出了质疑，而且在实践中也开始对作为主流国际发展理论核心的官方发展援助（ODA）提出了挑战。与西方的官方发展援助严密的制度设计、精密的技术定义和扎实的理论基础不同，中国与非洲的发展合作更多的是“在干中学”，中国在对非援助的历史实践当中逐渐形成了自己的操作模式。根据中非发展合作数十年的经验和教训总结，结合西方的国际发展理论，中国的学者和发展合作从业人员也开始建立自己的理论框架，以此来解释中国对非援助和其他各种合作方式。

第一节　ODA与中非发展合作模式的差异

从改革开放以后中国开始尝试针对原有援助项目的市场化改革方案，到20世纪90年代以后中国对于对外援助体系的彻底变革，中国逐渐探索出了一条具有中国特色的对非援助与发展合作道路。中国自身的脱贫和长足发展有利于全人类的普遍发展，但是中国提供的对外援助是否支持所谓"主流"的发展理论——亦即所谓"中国模式"的普适性问题——却将国际发展问题政治化了。实事求是地说，中国提供对外援助和发展资源的方式，或者宽泛地说"中国特色官方开发金融"模式，与DAC所倡导和实践的官方发展援助模式之间存在着较大的差异。就中国和非洲总体经贸关系来看，国有资金亦即官方资金占据多数地位是最为显著的特征。仅仅比较中国和经合组织主要成员国对非洲的贷款类资金成分，就可以明显地发现：中国流往非洲地区的私人贷款占总贷款的比重可以忽略不计；而经合组织主要成员国的这一数据却在44％到67％之间。① 官方、国有资金在中非合作中的高比例是由中国国内国有经济的优势地位决定的，也得到了政策性银行等金融制度的强化，短时间内很难发生改变。就官方资金支持的项目来看，中国的对非发展合作与西方主导的官方发展援助方式也存在着非常大的差异。以相对比较成熟的ODA模式作为参照，中非发展合作的独特性主要体现在以下几点：

1. 援助国与受援国的关系

西方国家的ODA在援助国和受援国之间建立起了一种单向依赖的、

① BRAUTIGAM D. The dragon's gift：the true story of China in Africa. Oxford Press，2009：183，

具备等级和从属性质的关系；而建立在南南合作框架下的中非发展合作则力图在合作双方之间建立平等互利的合作关系。这一本质属性的差异在实践当中被无限放大，在具体项目/方案的各个层次都得到了体现，尤其是在项目/方案的制定和选择阶段。建立依赖、从属关系的 ODA 在日常操作中，往往是由援助国双边援助机构、多边开发机构和独立咨询专家就援助国的问题开出“药方”，并制定相应的援助方案。近年以来，虽然西方 ODA 一直在强调增强受援国的自主性（ownership），但实际上受援国难以加入这一决策机制当中，因而它们的意见并不能得到重视。前 DAC 发展合作中心主任斯特里滕（Streeten）就此提出了当代官方发展援助的核心矛盾：“假如说援助项目是为了受援国自身利益而制定，那么援助国为什么还需要通过提供资金支持来鼓励受援国接受这些项目呢?反过来看，如果援助项目不利于受援国自身利益，那么受援国又为什么应该接受援助国制定的这些项目呢?”[①] 相反，在中非发展合作当中，一般是由非洲合作方主动提出所需要的项目清单，中方则基于项目可行性、资金需求额和能否促进中国国内行业发展等角度来选定项目，然后在双边达成共识之后再签订合作协议。这种由受援国/合作方提出项目的模式也常见于日本对外援助和发展合作当中，被称为“要求为基础”模式（request-based model）。由此可见，中非发展合作的平等和互利特性并不停留在合作双方的宣传层面，而是由基于双方需求的决策机制决定的，根植于中非发展合作的核心。从效果来看：ODA 的项目选择机制具备较高的理论合理性，但是往往无法契合受援国的实际需求和现实条件，效

---

① “Why would a donor pay a recipient to do something that is anyway in his own interest? And if it is not in his own interest, why would the recipient do it anyway?” MARTENS B, MUMMERT U, etc. The institutional economics of foreign aid. Cambridge University Press, 2001: 9.

果大打折扣；而中非发展合作“要求为基础”的项目选择机制体现了平等互利的原则，能够较好地吸纳合作方的意见。不过，近年来也出现了中国援助承包商和受援国政府事先达成“桌面以下”的协议再争取中国政府资金的现象，造成了中国资金的浪费，也在一定程度上损害了援助项目的预期效果。可见，这一机制仍然难以避免受援国国内政治经济因素对于项目选择的偏好。

2. 统一的援助机构问题

西方国家的ODA模式大多由一个统一的国家援助机构来执行，如美国国际开发署和英国国际发展部等。这些双边援助机构与国家外交机构平行工作、相互支撑，研究项目和援助项目的人力资源等投入都比较充足。中非发展合作并没有统一的援助机构来执行，而是通过几个政府部门和政策性银行之间的协调机制来推进。囿于行政级别的限制，名义上主管外援工作的商务部外援司对于别的部门并无控制能力，因此中国的对非援助和发展合作项目往往受到传统外交部门的较多限制，人力投入极度不足，机构设计僵化，研究工作也极端落后。对比来看，美国国际开发署在全球拥有近8 000名员工，其中包括5 000多名驻在国当地员工，此外还有600多名非行政雇用的私人顾问（personal contracts）辅助工作[①]；在驻在发展中国家的美国大使馆中，多数都设立了半独立的美国国际开发署办公室，雇用了从十几名到几十名不等的工作人员，其中很多是当地人；日本国际协力机构也有近1 700名工作人员，同时在各国项目的当地办公室部署了多达3万名日本“青年海外队员”（志愿

① USAID. USAID Primer：what we do and how we do it. Washington DC. ［2014－04－05］. http：//pdf. usaid. gov/pdf _ docs/PDACG100. pdf.

者）来支持每个项目的运营。[①] 反观中国，商务部外援司仅有两百多名工作人员，即使加上经济合作司也不过数百名工作人员；在中国驻发展中国家的使馆当中，规模较大的会设立经济商务参赞处，安排几名工作人员，其中至多有两名专门负责援助工作，规模较小的中国使馆则往往不设立经商处，援助等事宜只能由商务参赞一把抓；中国援助和合作项目也基本上不会雇用当地人来支持项目运营。人力资源配置严重落后于项目规模的要求，中非发展合作项目执行尚且无力推进，更妄提研究工作的开展。

3. 援助与国际政治经济治理结构的关系

从表面看，ODA 只是对援助事宜的具体规范，实质上却是战后所形成的以西方为主导的国际政治经济结构不可分割的重要组成部分。ODA 以 DAC 为中心，以各传统援助国自己的双边援助机构为主力，两者彼此支持，体系完备。这一双边援助体系又得到了欧美所主导的世界银行、各大洲际开发银行和国际货币基金组织在多边援助方面的支持，早已经形成了一整套封闭的规范和范式。中非发展合作得到了广大发展中国家特别是新兴市场国家的支持，但因为游离于 ODA 体系和规范之外，自成一套，在国际上仍然处于弱势地位，往往只能被动地接受批评而难以提出系统性的反驳意见。事实上，日本在 20 世纪六七十年代的对外援助也受到了西方国际发展理论界的严厉批评，其境况与现在的中国十分类似。尽管日本做了大量解释工作，最终还是只能被动地加入 DAC，接受这些规范的制约。

4. 方案援助与项目援助之争

依靠各自援助机构强大的研究能力，传统援助国非常重视先期规划

① 日本国际协力协会网站．[2014-04-10]. http：// www. jica. go. jp / english /.

和各部门之间的协调，因此在ODA中方案（program）援助或领域（sector）援助占据绝对主导地位。一项援助方案大多包含着很多个细分的援助项目，力求在节约资源的条件下达到最优的发展效果。比如，对于某国农业领域的援助方案可能会包含土地产权关系的梳理项目、灌溉系统的改善项目、农村青年的就业培训工作和农民生活的改善项目等。这种方案援助的模式涵盖面广，即使设计科学，也难以避免因多层转包项目而产生的浪费。为了解决这种问题，西方传统援助国政府大多采取服务采购的方式，将一个方案中的各个项目分别承包给各自领域中能力较强的公司和部门。中非发展合作则侧重金融先导工作，多实行俗称为“一揽子”的模式来执行合作，具体来说，就是由中方拟定对某国一段时间内援助和合作项目总的资金支持额度，即“一揽子”，然后由非洲国家和中国承包商协调投入项目，列入“一揽子”当中，再争取双方政府的同意。这种相对比较粗放的合作模式以项目（project）援助占据绝对主导地位，往往一个单一项目难以产生辐射效果和维持连贯性，从而影响了发展的效果。实行这种以项目援助为主的合作模式主要是因为：一方面，中非发展合作运行的时间较短，缺乏合作经验，合作机制也不完善；另一方面，统一援助机构的缺位制约了援助方案的研究和设计能力，也阻碍了政府购买服务的推进。仍以前述农业方案援助为例，土地产权的梳理工作需要法律专业知识和经验，灌溉系统的改善需要农业开发能力和经验，农村青年的就业培训需要教育领域的能力和经验，而农民生活的改善工作则需要民政、社会工作和福利工作方面的综合知识。这种广泛的专业知识、能力和经验涵盖面，只有通过一个横跨多个国内部门的统一的援助机构才可能实现，现有的部门间协调机制难以满足全方位的要求。当代的西方ODA主要通过提供技术援助（technical assistance）

来提升受援国某方面的能力水平，一般不再使用援助资金投入基础设施建设，因此方案援助是一种较为适宜的方式；而基础设施仍然是中非发展合作的重点领域之一，这自然是由一个个具体项目组成的。项目援助的模式简单、操作简易，有利于集中资源投入重点项目，往往只需要某一个政府部门或者某一个公司来参与即可，同样也可以避免资源的浪费。

5. 对外援助和受援国政府的关系

虽然近年以来一直强调受援国的自主性，但是脱胎于支持殖民地发展的 ODA 仍然强调双边援助机构和非政府组织的作用，往往忽视受援国各级政府的作用。援助双方关系的不平等性是 ODA 的本质之一：援助国采取“有条件的援助方式”，要求受援国接受附加条件，在某些领域进行改革，这本身就隐含着对受援国政府的不信任。这些援助机构和非政府组织直接向受援国国民提供公共产品和服务，在教育、医疗和公共卫生等领域实际上形成了一套“平行政府”的公共服务系统。这种安排看起来可以克服部分受援国政府腐败和低效的弊端，长期来看却不利于受援国政府的能力建设，不利于受援国的长远发展。不仅如此，这些援助机构和非政府组织往往提供非常优厚的待遇和收入水平，吸引了大量原本就职于受援国政府机构的人员，导致受援国政府能力的进一步损失，助长了受援国对于国际援助的依赖。相反，中非发展合作强调双边政府的地位和作用，中国机构和公司大多不直接参与提供公共产品和服务，中国国际扶贫中心（IPRCC）和商务部等机构还为受援国政府提供了大量的学习和培训机会，加强他们治理和服务受援国人民的能力。

6. “软基建”与“硬基建”之争

如前所述，二战结束以后相当长的一段时间内，传统援助国为非洲各国援助建设了大量的基础设施，并提供了大量的相关贷款。但是，随着发展中国家债务危机的爆发和新自由主义对发展经济学的影响，ODA逐渐放弃了对于基础设施建设的投入，而仅靠积贫积弱的非洲地区自身也难以有效地提升基建水平。国际发展研究对于政府能力的重视、新自由主义的盛行和苏联解体以后转型国家问题[①]的出现，导致 ODA 开始重视软基础设施（soft infrastructure）的建设，转而将物质性基础设施建设的投资空白留给私人投资。所谓“软基建”，主要指的是如法律法规、商业规范和人力资源等非物质性的基础设施。发展经济学和国际发展研究都认为“软基建”和道路交通等“硬基建”同样为一国或地区的经济社会日常运转提供了基础性的支持作用。中非发展合作自 90 年代以来则一直将重点放在硬基础设施（hard infrastructure）的建设上，如道路交通和公共设施等，大量的中国基建资金和力量极大地提升了整个非洲的基建水平，促进了各国和地区的经济发展。中国对于非洲基础设施的改善作用在国际上颇受好评，已经成为中非发展合作的重要特点之一。

7. 援助与工业合作项目的关系

同对于基础设施建设的重视一样，传统援助国在早期也非常关注非洲地区生产性领域的建设，为地区内的国家建设了一些工厂，促进了经济增长。然而，随着经济全球化的逐渐推进，这些工厂因为管理机制不力和技术水平低下而逐渐失去竞争力，这一现象引发了国际发展研究的反思。近年来，欧美各国纷纷出台保护本国工业生产的援助政策——亦即不得使用本国财政支持可能导致本国纳税人失业和经济损失的政策，

---

① 转型国家（transitioning country）问题，主要指的是苏联解体之后从社会主义转型为“民主国家”的中东欧国家内部出现的经济、社会和政治转型问题。原有的计划经济和集权体制崩溃之后，如何在这些国家内部建立有效运转的经济政治体制成为国际发展研究的重要问题之一。

比如美国对外援助所必须遵从的“美国制造”（Made in America）原则，ODA 对于非洲国家实际生产领域的支持完全停止。当代的 ODA 模式基本没有针对生产性领域（productive areas）的投资性援助，而基础条件较差的非洲地区又无法吸引足够的私人投资，从而严重制约了 ODA 发展效果和受援国发展能力的提升。中非发展合作为非洲合作方提供了大量的生产性领域投资作为“工业援助”，如近期提出的国际产能合作项目，帮助非洲国家实现适合自身发展水平的工业化，促进了经济增长。这些“投资性援助”和产能合作项目大多并不采取传统的赠与性援助的方式，而是综合了优惠贷款、优惠出口信贷、合作工业园以及股权投资的方式，为合作项目提供启动资金与合适的中国企业合作方，帮助项目落地。这种发展合作方式取得了明显的发展效果，却因为不符合 ODA 的标准而很难被计入现有的 ODA 数据。

8. 对外援助的监管制度

为了对援助国政府预算的支出部分加以监管，以及防范出口信贷损害受援国债务可持续性，当代的 ODA 模式对于资金和项目透明度有着较高的要求，包含着严格的信息披露、汇报和定期的项目审核/监管制度。这些制度意在保证援助预算实现最优的发展效果，消化吸收项目运营中的经验和教训，以及防范受援国贪墨和挪用这些资金。但是，对于受援国政府而言，数十个多边/双边援助机构一年内往往会要求提供多达上百份详细的可行性研究、财务审核、项目监管等报告，造成了巨大的资源浪费，本来为了保证援助效率而建立的制度在实际运行的过程中反而沦为负担。目前来看，中非发展合作并没有建立起公开的信息披露制度，缺少第三方审核与监督机制，透明度较低。这一现状不仅不利于合作双方学习和传递原有项目中总结出来的经验与教训，还会引发对于中非合作各项目发展效果的疑问，更不符合中国对于财政预算的审计政策，亟待改善。

9. 捆绑问题

援助的捆绑（tied aid）是指援助国在对外援助物资与服务的采购过程中，使用行政手段要求受援国采购援助国国内产品的现象。由于国际经济发展的不平衡性，同样数额的援助预算所能采购到的发达国家（援助国）产品远远少于在发展中国家（受援国）所能够采购到的同类商品，因而捆绑比例是影响援助资金使用效率的重要因素。伴随着发达国家经济结构逐渐从主要依靠第一、第二产业（援助物资主要的生产领域）调整到以服务业为主导产业，传统援助国通过数十年的努力已经大规模降低了ODA资金的捆绑比例，北欧斯堪的纳维亚国家和英国等国都已经实现了对外援助“零捆绑”。尽管如此，ODA的各种规则仍然使得援助项目多被援助国承包商所获得。直至2007年，一些南欧国家的援助捆绑比例仍然较高，比如意大利的援助捆绑比例为36%，西班牙为30%；即使标榜无私援助的美国，其捆绑比例也竟然高达33%；连全球人均收入最高国家之一的奥地利，这一比例也达到了22%。[①] 中国为发展合作所提供的资金捆绑程度也处于较高水平：赠与和无息贷款采购捆绑了100%的中国产品，优惠贷款和优惠出口信贷则维持了从90%到70%不等的捆绑比例。这些捆绑条款一般都会在援助与合作项目资金协议中明文列出，获得双方的认可之后再在项目招投标中实现。近年来，随着非洲国家和中国之间经济实力差距的拉大，中国的捆绑政策遭到了

① Table 1，Implementation of the 2001 DAC Recommendation on Untying ODA to the LDCs：2009 Review，OECD-DCD/ DAC（2009）/REV2. ［2014－04－25］. http：//www. oecd. org/dac/43596009. pdf.

国际社会和非洲合作方的较多批评。在此背景下，中国政府开始尝试在中非发展合作项目中采购更多非洲的产品与服务，以满足降低捆绑比例的要求。

10. 援助的融资设计问题

从支持项目融资设计的角度看，除去技术援助以外，财政援助仍然是当代ODA的主要方式之一，亦即援助国直接为受援国政府提供财政支持，要求其在满足如民主、善治等要求的基础上将这些资金投入发展项目中去。虽然ODA为此设计了大量的监管制度（见第八点），但是对于援助资金的贪墨和挪用仍然屡见不鲜，刚果（金）前总统蒙博托就被曝出过贪污十几亿美元援助资金存入海外银行账户的丑闻。相比之下，中国在与非洲的基础设施建设合作项目中采取了“资源换基建”的融资设计，较好地控制了资金被贪污挪用的风险。

形而上地说，ODA与中非发展合作的差异从根本上说是不同的文明的差异。李小云认为，西方援助合法性的来源之一在于基督教，在于从“众人都是上帝的子民”所引申出来的“拯救”使命感，因而天生就决定了施恩者与被施恩者双方权利是不平等的；而中国人的价值观是建立在传统的“礼和关系建构”上，很难附加条件要求对方直接给予相应的优惠，因而中国的对外援助也就更为强调平等的地位。[①] 应该注意的是，以上十点是ODA模式与中非发展合作模式之间的差异，而不是差距。对比ODA模式，中非发展合作在很多方面都有着显著的优势，甚至代表着国际发展合作的未来发展趋势；同时，ODA模式当中也有着很多值得中国借鉴的地方。

① 李小云．如何看待中国的对外援助．中国发展简报，2017-02-28. http：//www. chinadevelopmentbrief. org. cn/news-19272. html.

虽然说两种发展合作方式——发展援助与南南合作——的最终目的都在于促进发展中国家经济的增长和社会福祉的改善，但是二者实现这一目的的手段和所选择的资源却大相径庭。造成这些差异的原因比较复杂，涉及不同国家的不同发展历程和由此形成的对于发展问题的不同看法，最为根本的原因在于中国对自己发展中国家身份的自我认定，以及对于国际关系中平等互利原则的坚持。这主要体现在两个方面：一方面，ODA 是一种受援国依赖援助国的不平等合作模式，关系双方的权利和义务不平衡；中非发展合作则是平等的合作方式，互利共赢是其本质属性。另一方面，本身作为发展中国家的中国虽然发展程度高于大多数非洲国家，但是仍然面临着严峻的自身发展任务，需要在国际合作中较多地顾及自身的利益诉求。近年来，虽然经合组织一直尝试劝说中国等新兴市场援助国加入传统援助国的集团，但是中国对此一直没有表现出明显的兴趣。中国对于加入 DAC 或者接受 ODA 模式的拒绝态度，不仅仅是出于保持自身独立性的考量，更是因为 ODA 从本质上就不符合中国方面对于非洲、对于发展问题的基本看法；如果应用其理论框架来理解中非发展合作，结果注定是水土不服。

第二节　ODA 的理论框架不适用于中非发展合作的现实

一、ODA 不符合中非合作的基本政策

总体来说，中国对传统援助国的 ODA 模式的初衷和实际效果都存疑，中国认为其出发点是维护援助国的利益，而非为了接受国人民的福

祉。中国一直没有加入 DAC，也不大可能会积极参与由其领导的各项活动[①]，因为中国已经找到了适合自己的双边及多边发展合作机制，即联合国系统和南南合作模式。

中国对于 ODA 的拒绝和对联合国南南合作模式的支持最为清晰地表述在其执行联合国“千年发展目标”的年度报告当中。《中国实施千年发展目标进展情况报告》（2008 版）中“目标八：建立全球发展伙伴关系”已经明确阐述：“中国是发展中国家，不承担目标八规定的对发展中国家援助义务，但中国始终把加强同发展中国家的合作作为对外政策的一个基本立足点。中国的南南合作形式多样，涉及贸易、投资、技术等广泛领域，是全球南南合作的重要组成部分。自上世纪五十年代起，中国就在南南合作框架内向其他发展中国家提供了发展援助。近年来，随着中国经济实力的提升，援助的规模和范围也逐步扩大。”[②] 这一对于中国官方立场的陈述在随后每年的年度报告中都作为“目标八”的开篇语而加以保留和重复。

2011 发布的《中国的对外援助》（白皮书）对于 ODA 作了这样的表述：“当前，国际发展援助总规模逐渐扩大，南南合作发展迅速，并成为南北合作有益、有效的补充。中国愿在南南合作的框架下，在尊重受援国意愿的基础上，与有关方开展优势互补、富有成效的三边和区域合作，共同推动全球减贫进程。”可以清楚地看到，中国政府把 ODA 作为南北

---

① 中国曾经派遣代表团参加过由经合组织主办的以“援助有效性”为主题的系列会议，但主要是以受援国而不是援助国的身份参加的。中央政府曾经组织了由相关学者和官员组成的“学习小组”来和 DAC 派遣的 ODA 专家相互学习，但是迄今尚未出现接受或者借鉴 DAC-ODA 汇报机制的进一步举措出现。部分非洲驻在国的中国大使馆，也会派员参与一般由传统援助国主持的“国家发展战略”协调会议，但是仅作为观察员参加，而不是正式参与方。

② 商务部．中国实施千年发展目标进展情况报告（2013）．[2014－04－17]．http：//www.fmprc.gov.cn/mfa_chn/zyxw_602251/P020130922680037847744.pdf.

合作框架下的援助活动，而把自己的援助活动置于南南合作的框架之下。而且“中国的对外援助以提供双边援助为主，同时在力所能及的前提下支持和参与联合国等多边机构的发展援助工作”[①]，2011 年的白皮书鲜明地表明了中国对于联合国系统发展援助工作的支持，而对于世界银行与DAC 这两大国际多边和双边 ODA 机构并没有提及，孰轻孰重一目了然；2014 年的白皮书延续了上述做法，即继续不提 DAC，对多边援助机构的叙述也以联合国为绝对中心。[②] 中国和联合国系统在发展领域内的具体合作突出地体现在中国国际扶贫中心（IPRCC）的建立和运营上。该中心于2005 年在联合国开发计划署的帮助下建立，此后，开发计划署一直支持该中心，并提供以减贫和农村发展为中心的中短期培训项目，致力于把中国的相关经验分享给发展中世界，尤其是非洲地区。现在，IPRCC 已经成为中非双方在发展合作，尤其是能力建设合作上的重要平台。

二、ODA 数据难以体现中国对非洲发展的支持力度

经过多年的实地调查和跟踪分析，按照经合组织的标准，黛博拉·布罗蒂加姆估计 2007 年中国对非洲的发展援助总额为 14 亿美元，并估计 2009 年可能超过了 25 亿美元。[③] 联合国开发计划署估计，2012 年中国政府除债务减免外，对非洲“对外援助”的预算大约略超 20 亿美元。[④]

---

① 国务院新闻办公室．中国的对外援助（2011）.（2011-04-21）[2014-04-27]. http://www. scio. gov. cn/zfbps/ndhf/2011/Document/896983/896983. htm.

② 国务院新闻办公室．中国的对外援助（2014）.（2014-07-10）[2014-07]. http://www. scio. gov. cn/zxbd/wz/Document/1374915/1374915. htm.

③ BRAUTIGAM D. The dragon's gift：the true story of China in Africa. Oxford Press. 2009：167.

④ 笔者根据 VARRALL M. China's aid flows and mechanisms. UNDP Issue Brief，June 2013 计算得出，不包含债务减免，尚不清楚是否包含省一级政府的对非援助预算。[2014-03-05]. http://www. cn. undp. org/content/china/en/home/library/south-south-cooperation/china _ s-aid-flows-and-mechanisms/.

根据《中国的对外援助（2014）》，2010—2012 年间仅包含无偿援助、无息贷款和优惠贷款三项内容的中国对非援助共计 75.9 亿美元，年均 25.3 亿美元，基本符合自 2007 年以来的增长趋势。[①] 然而，发展援助的数据却远远不能反映中国为中非发展合作提供资金的实际水平。以作为官方平台的中非合作论坛为例，自 2006 年北京峰会以来，中国官方之后每三年都会把对非洲的开发金融投入承诺翻一番：2006 年承诺提供 50 亿美元（其中，优惠贷款 30 亿美元，优惠出口信贷 20 亿美元），2009 年是 100 亿美元，到 2012 年已经高达 200 亿美元。2014 年 5 月，李克强总理出访非洲，在非洲联盟会议中心的讲话中宣布为非洲国家新增 100 亿美元的信贷额度，进一步将 2013—2015 年三年度的对非金融承诺增加到了 300 亿美元。[②] 2015 年年底，举世瞩目的中非合作论坛约翰内斯堡峰会上，习近平主席提出使用 600 亿美元资金支持十大中非合作项目，其中 50 亿美元为对外援助，350 亿美元为各种优惠性质贷款和出口信贷，余下的 200 亿美元则投入到几个对非投资政府性基金当中。[③] 从中非发展合作主要的官方资金提供方来看：早在 2006 年，标准普尔公司提供的对于中国进出口银行的财务报告中就显示，如果使用 DAC 标准计算，那么 ODA 援助类资金——主要指的是优惠贷款——仅占中国进出口银行资产表的 3%，而其他官方资金（OOF）——这里主要指的就是出口信贷——则占据了剩余的 97%。[④] 而对于（中国）国家开发银行而言，其针对

① 笔者根据《中国的对外援助（2014）》白皮书计算得出。

② 李克强在非盟会议中心的演讲：开创中非合作更加美好的未来．(2014-05-05)［2014-05-07］. http：//politics. people. com. cn/n/2014/0505/c1001-24977870. html.

③ 习近平在中非合作论坛约翰内斯堡峰会开幕书上的致辞（全文）．(2015-12-04)［2015-12-04］. http：//www. xinhuanet. com/world/2015-12/04/c _ 1117363197. htm.

④ BRAUTIGAM D. The dragon's gift：the true story of China in Africa. Oxford Press，2009：171.

非洲的两大优惠项目——中非发展基金和非洲中小企业特别贷款都没有被任何一方计入中国对非援助的数据当中。这些不匹配和不兼容——按照DAC标准测算的中国ODA数额和官方公布的对非ODF数额之间的巨大差距，以及中国政策性银行发展性资金的无法计入——已经充分说明经合组织对于ODA的定义无法有效反映中国对于非洲发展事业提供的金融支持。

三、ODA不适应南南合作的国际潮流

经过30余年的经济高速发展，2016年中国的居民人均收入已经达到了8 250美元，按照世界银行的标准早已经迈入了上中等收入国家的门槛。[①] 顺应国际上对于所谓“新兴施援国”问题的讨论日趋政治化的潮流，中国也开始尝试与其他新兴市场国家建立关于发展援助事宜的共识。“中等收入国家发展合作经验交流会议”于2013年1月在北京召开，由商务部国际经济贸易合作研究院和联合国国际开发署主办，来自巴西、俄罗斯、土耳其、卡塔尔、阿联酋、韩国等中等收入国家的对外援助实践者和专家与会。会议讨论了中等收入国家是否应该制定自己的援助定义和汇报标准，而不是使用DAC成员国的准则。参会人员指出了DAC关于ODA定义的局限，并认为南南合作这一概念并非仅限于此。此外，南南合作的双赢特性和需求导向也在会上得到了强调。会议达成共识，即中等收入国家、南南合作提供方应制定共同的对外发展援助标准。然而，一些讨论者也指出，这些国家可以借鉴发展援助委员会成员的准则

① 世界银行数据．[2017－12－30]. https://data.worldbank.org/country/china? view=chart.

来制定本国标准。[①]《会议报告》的这些表述表明中国的立场实际上得到了拥有共同背景而且面临相似挑战的“新兴施援国”的支持，从而南南合作框架下的援助活动与 OECD-DAC 框架下的 ODA 成为两种不同的援助模式。

2013 年以后，随着中国对外开放的程度逐渐加深以及国内改革的不断深入，中国以更加开放的姿态参与全球经济合作，与南方国家合作的积极性进一步加强，参与的方式也呈现更多元化的特征。

在具体的南南发展合作外交成果方面，“一带一路”倡议与金砖国家合作机制的制度化是中国与发展中国家合作的最新成果。2013 年“一带一路”倡议的提出，代表着中国致力于在现有北方国家主导的 ODA 模式之外，通过创建更加平等的新兴合作平台，来探寻更为公平合理的南南合作模式，为南南合作注入新的发展动力。在开拓新平台的同时，中国还积极巩固现有的南南合作成果。2015 年 7 月，经过中国与其他金砖国家三年多的合作协商，新兴的全球性开发金融机构——金砖国家新开发银行在上海落地运营，标志着在国际上发展中国家开发性金融的融资渠道更加多样化，同时也表明以南南合作为主要特征的金砖国家合作机制朝制度化、常态化和规范化方向发展迈出了重要一步。

除此之外，中国同时积极利用多边外交场合，向世界各国展示中国推动南南发展合作、打造双赢合作模式的决心与立场。2015 年 9 月，习近平主席出席联合国发展峰会并主持南南合作圆桌会，并在两次会议期

① UNDP. Report of the conference for development cooperation among middle income countries, 2013. [2014－04－21]. http://www.undp.org/content/dam/china/docs/Publications/UNDP-CH-PR-Publications-Conference-Report-Middle-Income-Contries-Development-Cooperation-Experience-Exchange.pdf.

间宣布一系列支持南南发展合作的政策承诺，如设立“南南合作援助基金”、向世界卫生组织提供现汇援助、“6 个 100”项目支持等。2017 年，中国成功举办了两场主场外交活动：“一带一路”高峰论坛和金砖国家领导人厦门会晤。在这两次会议中，中国均承诺将为发展中国家提供更多的资金支持，以推动中国和南方国家的合作向更紧密、更务实和更高水平的新阶段迈进。

综合来看，近几年中国对南南发展合作的支持主要表现在资金支持、项目合作和知识交流三个方面（见表 4 - 1）。庞大的外汇储备与强大的经济实力赋予了中国通过资金支持促进南南合作的能力，具体的合作方式有直接给予经济援助、免除无息贷款债务、向单边或多边开发性机构以及国际组织注资等。中国自改革开放以来积累的发展实践经验则通过一系列的项目合作转移至其他发展中国家，涵盖减贫开发、农业发展、生态保护、社会基础设施建设等与民生息息相关的重点领域，力图使发展中国家的发展朝着更加绿色、普惠、包容、共赢的方向演进。更令人欣喜的是，中国开始逐渐重视发展理论与知识的总结与传播。国际发展知识中心、南南合作与发展学院以及与“一带一路”相关的研究中心的建立，有助于中国的国际发展学派的壮大，凝练和总结出更加符合发展中国家国情与发展中国家人民需求的国际发展理论，以减少对新自由主义统御之下的西方发展理论的依赖。2017 年，南南合作与发展学院首届硕士毕业生完成学业，将回到发展中国家探索符合本国国情的可持续发展道路，成为各自国家改革发展的领导者。① 可以预见，在未来将会有更多了解中国南南发展合作经验的政策制定者活跃于发展中国家，努力

① 习近平给南南合作与发展学院首届硕士毕业生回信．(2017-10-18) [2018-02-03]. http://www.xinhuanet.com/2017-10/18/c_1121822665.htm.

实现各发展中国家的共同发展。

表 4-1　　中国在多边外交场合表明的对南南发展合作的支持

	资金支持	项目合作	知识交流
2015 联合国发展峰会	• 设立“南南合作援助基金”，首期提供 20 亿美元；免除对有关最不发达国家、内陆发展中国家、小岛屿发展中国家截至 2015 年年底到期未还的政府间无息贷款债务		• 设立国际发展知识中心
2015 南南合作圆桌会	• 向世界卫生组织提供 200 万美元的现汇援助	• 未来 5 年向发展中国家提供“6 个 100”项目支持，包括 100 个减贫项目、100 个农业合作项目、100 个促贸援助项目、100 个生态保护和应对气候变化项目、100 所医院和诊所、100 所学校和职业培训中心	• 设立南南合作与发展学院
2017“一带一路”高峰论坛	• 向丝路基金新增资金 1 000 亿元人民币 • 中国国家开发银行、进出口银行将分别提供 2 500 亿元和 1 300 亿元等值人民币专项贷款 • 在未来 3 年向参与“一带一路”建设的发展中国	• 启动“一带一路”科技创新行动计划，开展科技人文交流、共建联合实验室、科技园区合作、技术转移 4 项行动 • 在沿线国家实施 100 个“幸福家园”、100 个“爱心助困”、100 个	• 建立“一带一路”国际合作高峰论坛后续联络机制 • 成立“一带一路”财经发展研究中心、“一带一路”建设促进中心

续前表

	资金支持	项目合作	知识交流
2017“一带一路”高峰论坛	家和国际组织提供 600 亿元人民币援助 • 向“一带一路”沿线发展中国家提供 20 亿元人民币紧急粮食援助 • 向南南合作援助基金增资 10 亿美元， • 向有关国际组织提供 10 亿美元，落实一批惠及沿线国家的合作项目	“康复助医”等项目	
2017 金砖国家领导人厦门峰会	• 在南南合作援助基金项下提供 5 亿美元援助		

资料来源：笔者根据习近平主席在 2015 联合国发展峰会、2015 南南合作圆桌会、2017“一带一路”高峰论坛和 2017 金砖国家领导人厦门峰会上的演讲整理得到。外交部．习近平在联合国发展峰会上的讲话．(2015-09-27)．http：//www.fmprc.gov.cn/web/ziliao_674904/zyjh_674906/t1300882.shtml；外交部．习近平在南南合作圆桌会上发表讲话，阐述新时期南南合作倡议，强调要把南南合作事业推向更高水平．(2015-09-27)．http：//www.fmprc.gov.cn/web/ziliao_674904/zyjh_674906/t1300907.shtml；外交部．携手推进“一带一路”建设：习近平在“一带一路”国际合作高峰论坛开幕式上的演讲．(2017-05-14)．http：//www.fmprc.gov.cn/web/ziliao_674904/zyjh_674906/t1461394.shtml；外交部．习近平在新兴市场国家与发展中国家对话会上的发言．(2017-09-05).http：//www.fmprc.gov.cn/web/ziliao_674904/zyjh_674906/t1490105.shtml.

中国为南南合作所做的贡献赢得了世界主要国际和区域组织的赞赏。联合国秘书长古特雷斯在 2017 年 8 月中国国际发展知识中心成立之际称赞“中国是促进南南合作的真正领导者”①。在《南南合作情况——秘书长的报告》中，古特雷斯秘书长赞许中国的“一带一路”倡议将为包括南南合作在内的国际合作提供新的机遇和动力。中国参与建立的亚洲基

① 国务院新闻办公室．联合国秘书长：中国是促进南南合作的真正领导者．(2017-08-22)[2018-02-03]. http：//www.scio.gov.cn/zhzc/2/32764/Document/1561497/1561497.htm.

础设施投资银行（亚投行）和新开发银行，都为南南合作开辟了重要途径，而且在各自议程中优先考虑可持续性和包容性增长。他还在报告中提及 2016 年联合国开发计划署与北京大学的新结构经济学研究中心联合举办的关于经济转型和南南合作的特别活动，强调这一合作在推进经济结构转型研究方面的重要作用。①

联合国经济和社会理事会下属的亚洲及太平洋经济社会委员会在《亚洲及太平洋加强区域经济合作和一体化》报告中指出，本区域经济合作和一体化的一个特别重要的新的驱动力是由中国政府提出的"一带一路"倡议。"一带一路"倡议与区域经济合作和一体化之间存在巨大的潜在协同增效，而且应当讨论如何将这两项倡议加以落实，从而使二者之间以最有效的方式实现互补。②

世界银行副行长马哈茂德·穆希丁（Mahmoud Mohieldin）在第二届"一带一路"倡议大会（The 2nd BRI Event）的讲话中将"一带一路"倡议视为帮助沿线国家在就业、减贫、基础设施与城市建设等方面实现"可持续发展目标"的重要推动力之一，并表示世界银行已经为"一带一路"沿线国家提供大量资金援助和政策咨询服务，以支持"一带一路"倡议在世界范围内撬动更多的投资与贸易，从而促进人类的繁荣。③

---

① 联合国大会．南南合作情况：秘书长的报告．（2017-08-07）［2018-02-05］. http：//www. un. org/en/ga/search/view _ doc. asp? symbol = A/72/297&referer = http：//www. un. org/zh/documents/index. html&Lang=C.

② 联合国经济和社会理事会．亚洲及太平洋加强区域经济合作和一体化：秘书处的说明．2017-03.

③ MOHIELDIN M. Belt and toad initiative：a global effort for local impact. Connecting cities for inclusive and sustainable development. September，2017.［2018-02-05］. http：//www. worldbank. org/en/news/feature/2017/09/26/bridge-for-cities-speech-by-mahmoud-mohieldin.

国际货币基金组织在2017年的《地区经济展望》中分析了“一带一路”倡议给亚洲尤其是中亚和中东地区国家带来的利好，如能源供应的增加、互联互通水平的改善、科技成果的转移、贸易的畅通等。通过全球价值链的升级、吸引私人投资的加入以及推动生产、出口、附加值和就业的增长，“一带一路”倡议将极大地促进地区资金融通、贸易融合以及发展成果共享。①

作为“一带一路”沿线重要的国际组织，东南亚国家联盟在与中国的联合声明中表示将继续利用“一带一路”倡议提供的契机，探索《东盟2025互联互通方案》与“一带一路”倡议协同发展的可能性②，支持中国在缩小东盟与其在发展程度上的差异、加强东盟内部互联互通水平等方面继续发挥建设性作用。③

四、ODA不符合中国发展中国家的身份定位

中国人对于“援助”一词的使用十分谨慎。作为受援国的历史经验（主要是针对原苏联）使得中国不愿强调其对非ODF的“援助”性质。官方总是使用“经济与技术合作”来指代中国在非洲的援助活动和发展资金，强调其“平等和互利”的性质。这既是为了避免非洲国家人民产生和“援助国—受援国”关系（专门用于形容西方和非洲的从属甚至是施舍关系）类似的负面联想，也是为了在中非双边谈判当中保持一个平

① IMF. Regional economic outlook：Middle East and Central Asia，October，2017. ［2018-02-05］. http：//www. imf. org/en/publications/reo/meca/issues/2017/10/17/mreo1017.

② ASEAN. Joint statement between ASEAN and China on further deepening the cooperation on infrastructure connectivity，November，2017. ［2018-02-05］. http：//asean. org/storage/2017/11/China-and-ASEAN-on-Cooperation-Connectivity-CN-ASEAN _ adopted. pdf.

③ ASEAN. Joint statement of the 19th ASEAN-China Summit to commemorate the 25th anniversary of ASEAN-China dialogue relations，September，2016. ［2018-02-05］. http：//asean. org/storage/2016/09/Joint-Statement-of-ASEAN-China-Commemorative-Summit-Final. pdf.

等合作者而不是慷慨借款人的形象。贺文萍还发现，中国官方文件当中从来没有使用过诸如“贫困”“内战”“腐败”“欠发展”等词汇来形容任何一个非洲国家，而这些词汇在任何西方政府的对非文件当中都是常见的。① 瑞典发展援助专家潘尼·戴维斯（Penny Davis）认为：“南南合作反映了中国（在中非合作中）把自己视作一个平等的伙伴，非洲则是自己在双赢合作下的一个发展机会，而不仅仅是受援国，或者经济上的负担”②。不仅如此，2006 年《中国的非洲政策》（白皮书）当中还专门把“相互学习，共同发展”列出，作为第四点中非合作指导方针，这一点对于西方中心主义统御的传统国际发展界来说是不可想象的。③

中国作为发展中国家，仍然面临着贫困人口数量大、地区间经济水平不均衡等重大挑战，因此促进中国自身的发展是中国政府的第一要务，这一点是具备合理性的。而对外援助作为一种国家政策工具，使用的资源来自国家财政，援助国使用它来争取本国的经济利益也具备充足的合法性。综观 ODA 的历史，我们同样可以发现，传统援助国在援助他国的同时，也追求自己的国家利益。不同之处在于，坚持不干涉别国内政的中国只会通过对外援助追求经济利益，而没有进行意识形态输出和政治干涉的利益需要。中国自身的发展、贫困人口的减少为全球的发展努力作出了最为卓越的贡献，这一点得到了联合国等国际组织的充分认可。④

ODA 和 ODF 都是西方国际发展界基于几十年的援助经验而形成的

---

① 贺文萍．中国援助非洲：发展特点、作用及面临的挑战．西亚非洲，2010－10：12－19.

② DAVIS P. China and the end of poverty in Africa-towards mutual benefit? . Sundbyberg (Sweden)，2007，Diakonia.

③ 外交部．中国的非洲政策．（2006－04）［2014－05－11］. http：//www. fmprc. gov. cn/mfa _ chn/ziliao _ 611306/tytj _ 611312/zcwj _ 611316/t230612. shtml.

④ 中国实施千年发展目标进展情况报告（2013）.（2013－09－22）［2014－04－20］. http：//www. gov. cn/gzdt/2013－09/22/content _ 2492602. htm.

重要概念，对于该研究领域的发展作出了不可磨灭的贡献，但是假如将它们应用于中非发展合作的研究，却会导致显著的不匹配性。定义狭窄的ODA无法体现中国资金投入的性质，更罔论对其规模的准确计算；定义较宽泛的ODF仍然不脱ODA的窠臼，难以体现中国发展资金对生产性领域的投资支持。寻找一个合适的框架来解释中国对非洲发展的支持，已经成为诸多国际发展学者和实践者的重要问题。在这一问题上，西方学者走在了前面，却普遍无法跳出ODA发展援助理论的限制；而一些中国学者和实践者却逐渐崭露头角，从新中国自成立以来所具有的受援国和援助国双重身份的角度，提出了更为合理的理论框架。

第三节 中国国际发展合作理论初探

一、中国在国际发展中的双重身份

从身份认同的角度来说，中国与西方传统援助国的最大不同在于：中国在21世纪初成为全球重要的援助国之前，一直是一个国际受援国。中国在发展的历程中，不仅接受了大量的援助，还以受援国身份参加了多次联合国发展融资大会。甚至在中国已经不再接受外国援助，转而大量提供对外援助的2012年，中国还是以受援国身份参加了釜山发展融资会议。中国接受的援助在新中国成立初期主要来自苏联，在中苏关系破裂之后又主要来自日本，一直延续到2006年左右。[①] 改革开放伊始，中国和其他欠发达地区一样面临着资本积累的难题，在难以吸引足够的外

① 根据对土居建市的访谈，日本国际协力协会（JICA）驻北京办公室，北京亮马桥北京发展大厦。

国直接投资的情况下，中国也大胆地使用了不少外国援助。自 20 世纪 70 年代开始，日本对中国的贷款援助和技术援助帮助中国建设了多条铁路干线，还支持了许多农业和医疗等项目。同时，中国在改革开放以后还接受了以世界银行和亚洲开发银行为主的多边开发机构的发展援助，其中不仅有资金援助，还有大量的技术援助，比如技术支持小浪底和三峡水利工程等。在中国与 DAC 学习小组的报告中，中外双方均承认，中国的成功发展“大部分应归因于内部因素的支持”，但是国际援助对于中国发展与减贫的支持作用也同样不可忽视。①

黛博拉·布罗蒂加姆在《龙的礼物：中国在非洲的真实故事》当中对此专门进行了分析，认为中国在接受和使用外国发展援助的过程中，积累了大量的知识，并且将此应用于后期的对外援助实践当中。其中最具典型意义的，就是自 20 世纪 70 年代起实施的中日“资源换贷款”合作，这种合作方式后来直接被应用于中国在非洲的援助实践，也即“资源换基建”。自 20 世纪 70 年代末起，中国使用石油和铁矿石等自然资源作为担保和偿还方式，向日本换取了价值 100 亿美元的商业贷款，并且由日本公司参与帮助建设大型基础设施或者提供先进技术转移。② 唐晓阳指出，1979—1985 年，第一批日元贷款总额达到了 15 亿美元，而同期中国外汇储备仅为 1.67 亿美元。通过贷款，中国获得了急需的外汇资金，日本获得了稳定的能源供应，这是互惠互利的合作方式。唐晓阳认为，这笔资金虽然也帮助日本企业获得了 30%～40%的贷款资助项目，

① 中国发展援助委员会研究小组．促进中国与非洲各国分享增长与减贫的经验．中国国际扶贫中心，2010-09-19.

② BRAUTIGAM D. Africa's eastern promise. Foreign Affairs，Jan 5，2010. [2014-05-17]. https：//www. foreignaffairs. com/articles/africa/2010-01-05/africa-s-eastern-promise.

还扩大了日本对华出口，但是由于优惠度较高，仍旧具备援助的性质。[①]黛博拉·布罗蒂加姆教授的畅销著作《龙的礼物：中国在非洲的真实故事》无疑是迄今为止学界公认的研究中国与非洲发展合作最为权威的著作。除此之外，黛博拉·布罗蒂加姆在 2011 年又发表了论文《“中国特色”的援助：中国对外援助和开发金融遭遇经合组织发展援助委员会机制》（Aid “with Chinese Characteristics”：Chinese foreign aid and development finance meet the OECD-DAC aid regime），在《龙的礼物：中国在非洲的真实故事》之后进一步系统性地比较了中国对非洲发展的各项支持与西方 ODA 体制之间的差异，却无法彻底突破 ODA 的理论范式来看待中非发展合作，没有进一步给出解决方案，也没有提出弥合中国与传统国际发展理论界裂痕的途径。[②]

我们还可以发现中国将某些国内发展经验运用于对外开发援助事务的痕迹。比如，中国在处理不同发展水平的地区间协同问题，尤其是少数民族聚居地区的发展问题上，经历了从“输血型”援助到“造血型”援助的转型。中国政府发现，输血型的国内援助，比如各种财政补贴和财政转移支付手段的使用，长期以来造成了欠发达地区对于中央财政资源再分配政策倾斜的依赖，实际上无助于这些地区提升自身发展能力。相反，市场导向的改革措施，以及地方政府行政能力的提升，却有助于吸纳更多的国内投资，从而为这些欠发达地区的发展提供“造血”引擎。因此，中国政府将相当一部分国内援助，或者说财政补贴，转化为贷款

① 唐晓阳．中非经济外交及其对全球产业链的启示，北京：世界知识出版社，2014：26.

② BRAUTIGAM D. Aid “with Chinese Characteristics”：Chinese foreign aid and development finance meet the OECD-DAC aid regime. Journal of International Development，23（2011）：752－764. 此文对于本研究提供了最初的启发。

项目来促进贫困地区的发展，取得了较好的效果。[①] 对此观点，不少中外学者都分享了类似的观点，认为中国在非洲发展项目的实施上采取了与国内发展项目极为类似的手段，比如在一些计划经济时代的对非合作项目中实施“债转股”或者债务转为贷款等改革手段。[②] 李小云认为：“中国的对外援助是一个技术优先的现代性扩张，这来源于中国自身发展经验的总结和思考。从洋务运动开始强调技术，现代发展中一直讲科技兴国，因此，在中国对外援助中，技术理性成为核心要素。”[③] 曾经的受援国身份，使得中国在对待援助问题上和非洲受援国“感同身受”，更加注意援助“义与利”的结合；而在发展问题上，中国对于外国援助的作用有着较为清醒的认识，在使用外援上更为谨慎。这些无疑都被结合到中国自己作为援助国身份而执行的对外发展合作当中去了。

二、改革开放的经验总结：国际发展研究中国学派的形成

理论研究需要素材，既包括对有关理论文献——往往需要上溯到更为基础性的研究层次，如政治学相对于国际政治学——的批判性解读，也包括对足够的经验事实的总结与分析。从这一角度来说，中国的国际发展研究存在突破的可能，其根本原因在于：一方面，中国通过改革开放积累了大量的发展经验和教训，对于外国援助与本国发展之间的关系，以及更为本质的发展道路问题形成了独到的认识；另一方面，新中国成

---

① FREEMAN C. From “blood transfusion” to “harmonious development”: the political economy of fiscal allocations to China’s ethnic regions. Journal of Current Chinese Affairs. 41 (2012): 11-14.

② 李若谷．正确认识发展中国家的债务可持续问题．世界经济与政治，2007（4）：63-72.

③ 李小云．如何看待中国的对外援助．中国发展简报，2017-02-28. http://www.chinadevelopmentbrief.org.cn/news-19272.html.

立以来，在发展中地区执行了60年的援助和发展项目，积累了大量的经验事实素材。因此，进入21世纪以后，中国学者逐渐实现了突破，在国际发展研究领域已经形成了一支中国学派。如前所述，既然国际发展研究与经济学和政治学研究息息相关，如果想要构建中国自己的国际发展理论，首先需要寻找到对于中国自身发展过程的合理叙述和正确分析，特别是改革开放以来形成的30多年经济高速增长的原因。

“改革开放”成为中国纲领性的国家发展战略已近40年，其观点早已深入人心，并且成为了各级党委和政府机构的行为指南，从而促使中国在社会和经济层面逐渐转型。中国作为一个人口基数庞大、经济效率低下而且公有制占据主导地位的大国，各级政府在改革开放中采取渐进式的改革方针，往往先选取一个较小的地区作为“改革试点”，等到改革措施产生了积极效果之后再逐步地扩大改革规模，直至成为全国性的政策。在不断地执行这种“可控的试错法”的基础上[①]，中国各级政府得以寻找到对于本地区本行业较为有利的政策和时间，30多年来循序渐进地铸成了“中国奇迹”。虽然存在多次的反复和危机，中国数十年来改革开放的总方向仍然是在强调党和政府领导的基础上，通过强大的各级政府来建设和完善一种有效的市场机制，比如疏解被数十年计划经济所扭曲的市场要素和价格机制等，以此来促进各种资源投入由资源禀赋所决定的具备“比较优势”的产业中，提升国民经济的全要素生产率。[②] 林毅夫将这一改革路径称为“有效的市场和有为的政府”[③]。随着摆脱计划

① 林毅夫，蔡昉，李周．中国的奇迹：发展战略与经济改革．上海：上海三联书店，1994：173-178.

② 同①188-192.

③ 同①118-123.

枷锁的经济的快速发展，自 20 世纪 90 年代开始，中国开始融入全球经济，并且在全球供应链和价值链上迅速攀登。然而，与此同时，两种新的现象逐渐出现，并且开始对经济的可持续发展呈现负面的影响。第一种现象是：随着劳动密集型和高污染、高耗能工业的快速兴起，中国国内的资源禀赋开始不堪重负。第二种现象是：由第二产业高速发展引发的生产要素价格的上升和个别产业内企业数量的极速增加，导致缺乏技术创新能力的中国公司的利润率迅速降低，实际利润水平不仅难以吸引新的投资，甚至难以维持原有企业的生存。面临这种状况，中央政府开始采取各种手段来鼓励具备较强实力的中国企业积极参与国际竞争，从而提高技术能力和管理水平，进入新的外国市场。最为典型的案例就是中国石油化工企业积极开拓外国市场，或者学习先进的远海、深海钻探技术，或者积极购买、并购国外优秀资产。而针对在国内已经逐渐失去竞争能力的企业，或者说资源禀赋已经不再具备比较优势的夕阳产业，中国政府则希望它们中的一部分能够迁移海外，寻求资源禀赋更为合适的地区落地生产并开拓新的市场，从而避免支付高昂的“创造性破坏”（creative destruction）的成本。这两类企业的海外经营热潮及其相应的政策，就是中国企业的“走出去”。

“走出去”可以理解为中国企业对外扩展业务的商业行为、中国政府各项配套的支持政策和中国国家的中长期发展战略的三位一体。“引进来”和“走出去”的根本目的在于加强中国和外部世界的联系往来，使之深刻地融入世界经济中去，在这一过程中逐步扩大中国的经济影响力，直至塑造对中国发展更为有利的、更加公平合理的世界经济秩序，塑造相互依赖、共同发展、对抗和冲突减少的发展环境。“走出去”不仅是对外投资，还包含进出口、对外援助、对外融资、承包承建（服务贸易）

和技术合作等多维度的对外经济合作；从具体政策工具来说，金融支持、政策导向、商务服务，甚至对于重特大项目的外交支持，都可以交叉使用。各个发达经济体在不同的时期都曾使用类似的政策，典型的例子就是日本在东南亚的“援助引导投资”政策。“走出去”既针对发达世界，也针对发展中世界。针对发达世界的“走出去”以进出口为主，投资、承包承建和技术合作为辅，水平相对较低，但是发展迅速，典型案例是中国海洋石油总公司以148亿美元收购加拿大尼克森公司100%股权项目，创迄今中国企业海外并购金额之最。针对发展中世界的“走出去”，将进出口、对外融资和承包承建并举，投资增长极为迅速，典型案例是中国安哥拉“贷款换基建”和东非铁路项目。然而，甫一出海的中国企业面临着大量的问题，尤其是在中国加入世界贸易组织之后，遭遇了更多的困难。作为一个新兴的经济体，中国与20世纪五六十年代的日本和七八十年代的韩国一样遭遇了大量的贸易保护主义，包括简单的关税歧视性政策和复杂的以反倾销、反补贴调查为代表的非关税保护。但是，中国在企业“走出去”的时候，尚未达到日韩两国曾经的发展水平；中国公司在国际化经营和现代企业制度方面与日韩同行的差距更加明显，实际上不具备直接参与国际竞争的能力。[①] 而中国自身在经济总体量和社会制度方面与同行的差异，更加使得企业的海外经营往往会在驻在国引发与商业无关的政治和安全争议。

为了克服这些挑战，中国政府学习“东亚发展型国家”（East Asian developmental states）的经验，开始使用国家力量来支持中国企业“走

① 即使现在，中国跨国公司仍然主要体现为“大而不强”。中国企业联合会发布的报告显示，2014年中国100大跨国公司的入围门槛只有21亿元，而2014年世界100大跨国公司的入围门槛高达2 101.25亿元、发展中国家100大跨国公司的入围门槛也达到233.11亿元。

出去”。中央政府尝试使用经过多年贸易入超和高储蓄率所建立起来的庞大的外汇储备，给中国企业——主要是国有企业——提供金融支持。反过来，这种支持如果要产生积极的效果，同样要求对于原有的对外经贸关系管理体制进行改革。在1995年，中央首先针对对外援助和对外经济技术合作的体制进行创新，随后又成立了中国进出口银行和国家开发银行，试图将援助资金（这里还包含其他对外合作资金）作为“互利合作的润滑剂”①。自此，中国官方提供的优惠资金开始大量出现，尤其开始大量进入非洲，以支持和促进中国企业在非洲的经营业务。唐晓阳指出，中国的对非政策从以“慷慨施舍和政治目的”到以“经济互惠”为目标的转移，是和整个中国改革开放依赖“以经济建设为中心”的主导方针一致的。②

随着中国在非洲利益的日益多元化和中企在非洲的快速发展，中国的经济学者把握了国际上对于中国在非洲活动的关注，将他们对于国内经济改革的思考应用于国际发展领域，国际发展研究的中国学派终于诞生。

谈到国际发展研究，李小云等学者领导下的中国农业大学发展研究团队无疑是这方面的先行者和领导者。李小云团队采取先进的发展学研究方法，重点关注中国对非农业援助和非洲农业农村问题的解决途径，在2010年以后逐渐引发了各国学界的关注。李小云提出的中非之间“发展经验平行转移”理论，同样从中国受援国和援助国双重身份的角度出发，是中国学者对于发展理论的重大贡献。③李小云认为，主流的发展理

① BRAUTIGAM D. The dragon's gift：the true story of China in Africa. Oxford Press，2009：104.

② 唐晓阳．中非经济外交及其对全球产业链的启示．北京：世界知识出版社，2014：14.

③ 来自李小云在上海“复旦大学国际发展合作研讨会”上的讲话和笔者的访谈，会议时间2016年5月27日。

论是西方国家在实现发展之后100多年的时间里逐渐总结出来的，是丰富的知识再生产的产物，与发展中国家的现实和发达国家的历史经验实际上都出现了断裂。而中国因为发展经验比较接近当下，发展基础和条件也比较接近其他不发达地区，因而我们的发展经验可以较好地在这些地区落地。这种“平行分享”，或者说转移，是理解中国援助历史的关键：“在改革开放之前，中国对外援助分享与转移的是中国的革命和建设经验…… 同时还分享中国在建国后的经济建设经验，如农业上的学大寨模式和八字宪法；改革开放以后，中国经济改革中所使用的承包经营、租赁经营、合作经营等国内经济制度改革和调整的方式也运用到当时中国对早期援助项目的改建和调整上”[①]。在实践层面，李小云团队还长期扎根非洲和中国农村，实际运营助贫项目，为中国农业示范中心提供技术支持。因数十年来在中国发展研究理论和实践上的贡献，李小云也被誉为“中国发展学之父”[②]。

2012年卸任世界银行首席经济学家、重返讲坛的林毅夫教授在原有理论的基础上提出了“新结构主义”，掀起了战后发展经济学的第三次浪潮[③]，反思了二战以来的发展经济学在国家发展战略和政策上的失误，而且把中国的经济结构调整与非洲的发展联系在了一起。他认为，从全球范围来看，非洲拥有着丰富的自然资源禀赋、日益改善的基础设施，以及最为重要的因素：一个总规模相当于越南和马来西亚等东南亚国家

① 李小云．如何看待中国的对外援助．中国发展简报，2017-02-28. http：//www. chinadevelopmentbrief. org. cn/news-19272. html.

② 李小云．西方是如何制造全球公共产品的．凤凰参考，2015-08. http：//news. ifeng. com/opinion/bigstory/special/foreignaidwestandchina2/.

③ 前两次浪潮分别是五六十年代的“结构主义”和70年代开始兴盛、现在仍然是主流的新自由主义发展经济学学派。

联合在一起的适龄劳动力人口，因此非洲是唯一拥有潜在的可能去接受并吸收从中国逐渐转移出来的低端制造业的地区。[①] 这些制造业从中国转移到非洲，不仅帮助中国避免了支付“创造性摧毁”的成本，还可能会为产品获得关税的减免（如欧盟和美国对于非洲产品的优惠对待），而且为非洲当地带来了税收、出口收入以及大批的就业。中国特色官方开发金融的作用就在于保证转移双方的政府努力帮助企业降低和分担这种前瞻性产业转移——林毅夫称之为“潜在比较优势”——的成本，其积极作用是双向的。

三、对于债务问题的思考：债务可持续问题的中国思路

如林毅夫所指出的，在全球化时代，政府对于国民经济的发展不仅担负着领路人和保护者的双重责任，还需要恰当地运用政府财政进行投资，主要是基础设施投资，来降低交易成本，促进经济增长。在使用政府财政投资的过程中，一个难以避免的问题就是债务，特别是外债问题。前面提到了中国进出口银行前行长李若谷先生2007年的长文《正确认识发展中国家的债务可持续问题》，这是有关中国对外援助和开发金融方面最为优秀的学术研究之一，其基本思想深刻切中了国际发展研究的核心，展现了中国国际发展实践者对于发展问题的根本立场。

李若谷首先回顾了自20世纪50年代至今发生在发展中国家的多次债务危机，指出危机开始于二战以后发达国家“诱使”发展中国家举借大量外债并且宣传“国家不会破产”的观念，而后不公正的国际

① 林毅夫．新结构经济下的新路径：中国产业与非洲产业的结合．2013年7月于“第五届世界鞋业大会”上的讲话．［2014-04-20］．http：//www.huajian.com/news/shownews.asp？id=483.

金融秩序和贸易“剪刀差”不断恶化发展中国家的债务状况，最终在1982—1983年引发了席卷亚非拉的债务危机。此次危机之前的1980年，整个发展中世界的外债总额约为4 230亿美元，而由于不公正的贷款条件和剪刀差对于发展中国家出口创汇能力的破坏，到了1986年，发展中世界的外债水平已经超过了惊人的11 200亿美元。所谓的发展援助和“软贷款”几乎摧毁了发展中世界的经济，其不良后果一直延续至今。

发达国家成立了旨在解决阿根廷国际债务违约问题的“巴黎俱乐部”(Paris Club)①，然而这一非正式的国际机制并没有有效控制债务和解决违约问题，发展中国家外债问题逐渐从拉美国家扩散到了非洲，直至全球的南方国家。为了应对80年代初开始愈演愈烈的国际债务危机，发达国家以世界银行和国际货币基金组织为主要协调方，实施了大量的减债方案：“重债穷国计划”（Heavily Indebted Poor Countries）和“多边减债计划”（Multinational Debt Reduction Initiative)，建立了“债务可持续性分析框架”（Debt Sustainability Analytical Framework)，以严格限制发展中国家的财政扩张水平，防止它们通过国际借贷来发展公用事业。随着来自发达国家的贷款造成发展中国家发展困境的情况逐渐为西方普通民众所了解，以及东非（主要是埃塞俄比亚）持续饥荒所推动的国际

① 巴黎俱乐部（Paris Club）是发达经济体财政官员和金融机构领导人每六周在巴黎法国财政部非正式会面的机制，为债务国和债权国提供在债券、债务重组和减免方面的金融咨询服务。该非正式的会晤机制为处理1956年阿根廷债务危机而建立，其核心成员是经济与合作组织的十个最发达的工业国，因此也称“十国集团”(Group-10)。参与者除了主要的西方发达工业国政府及其主要金融机构以外，还包括国际上各大型私人银行和非银行金融机构。自80年代初以来，巴黎俱乐部为解决发展中国家债务问题，同广大发展中国家政府进行了积极广泛的合作，达成了数十项的债务重新安排协议，并为债务国提供新的资金援助，被认为是最具影响力的半官方全球金融合作机制。国际货币基金组织的“核准”（sign-off)，同时也是“巴黎俱乐部”批准任何贷款的前提条件。也就是说，没有IMF的批准，不只各国官方不得贷款给受援国，就连私人金融机构也不得贷款给受援国。

民间运动的兴盛，围绕着发展中国家的债务问题逐渐形成了国际共识和一股强大的公民社会力量，从而帮助“重债穷国”和“多边减债”方案取得了较好的效果。特别是在非洲地区，其债务总体水平自 90 年代中期开始逐渐得以趋向平稳甚至降低，国际支付困境得到了缓解。然而，债务问题的稳定和缓解并不意味着国民经济的发展。相反，由于巴黎俱乐部、世界银行和国际货币基金组织对于非洲国家债务状况的严格监控，极大地限制了这些国家政府吸纳资金改善基础设施、促进工业化和信息化的能力，造成了 90 年代非洲发展的极端低下，2000 年的《经济学人》将非洲称为“无望的大陆”。

就发展中国家债务问题，李若谷以中国银行家的身份提出了不同于主流国际发展理论的观点。第一，李若谷指出，发展中国家对于将外部资金流作为发展资金的依赖程度较高，而贷款类资金是这一类资金流的重要组成部分。理论上，以“哈罗德-多马”模型为代表的经济学思考都指出经济增长率本质上取决于资本累计率；在实践中，二战以后的日本和韩国都使用了大量的外债而不是直接投资来发展经济，并且都取得了相当程度的成功。第二，李若谷坚持邓小平提出的“发展是硬道理”的原则，指出债务可持续的目的是发展可持续性。李若谷反对西方国家针对发展中借款国提出的僵硬的“债务可持续”标准，认为发达国家这样做是本末倒置，很可能引发“限制债务增长—限制发展能力增长—发展不可持续—债务不可持续”的恶性循环。李若谷认为，债务可持续性不等于低债务水平，发展中国家应该努力促进经济，特别是税收的增长，增强国家的发展能力，从而提高债务容纳能力（debt tolerance）和支付能力，形成“减债—发展可持续—债务可持续”的良性循环。第三，李若谷批评“重债穷国”和“多边减债”方案忽视了受援国的主动性，反而增加大量无关经济发展的要求，比如将人权、反腐和民主作为减债条件等。第四，李若谷批评西方传统援助国所汇报的ODA数据包含了大量的债务减免数额。这些债务原本就作为援助计入了贷款拨付当年的ODA数据，而债务减免计入ODA就意味着这些贷款被二次计入了援助数额。李若谷同意国际非政府组织“乐施会”（Oxfam）报告的观点，认为八国集团于2005年设定的到2010年将全球ODA数额按照2004年标准增加500亿美元的目标根本就不可能实现，而蒙特雷共识中的“债务减免不得取代其他类型ODA”的原则被传统援助国完全抛弃。[①] 第五，李若谷提出，债务可持续性应当以具体融资项目的可行性和资金回报率为标准，而不是以国别债务水平为标准，应该执行“动态债务可持续性”而不是僵化的国别债务可持续性标准，避免对受援国的发展能力造成伤害。李若谷进一步区分了两种使用外债的项目，提出经济和财务回报率降低的社会福利项目应该使用赠与或者其他高优惠性资金来建设；而具备可靠经济回报前景和财务可行性的项目则可以使用优惠性较低的ODF来建设；在ODF缺乏的情况下，甚至可以使用商业贷款。

作为中国对外援助唯一的金融机构的领导者，李若谷从经验出发，批评传统援助国将非洲视作自己的后院，处处针对中国，防备中国向非洲提供发展金融和援助。对于媒体上针对中国对非开发金融优惠度太低的批评，李若谷指出，大量中国资金使用人民币计价，因而缺少合适的贴现率参考，而参考国际货币基金组织特别提款权汇率的利率标准则大

① 该报告指出，2005年全球对非ODA增长量中的80%，或者说210亿美元都来自债务减免，而实际ODA仅仅增长了50亿美元。Oxfam International. The View from the Summit-Gleneagles G8 One Year on，June 9，2006.

大降低了人民币贷款的优惠程度。李若谷建议，以五年期人民币央行贷款利息为贴现率，并且认为这样计算的话，绝大多数的中国对非融资都可以达到优惠程度，从而被计算为对非援助。

自二战结束以来，发展援助的实践明确地以当时的发展经济学和国际发展理论为支撑，而援助实践又反过来促进了这两个学科的发展。这样形成的官方发展援助体系具备完整的理论框架和较强的说服力，而主流的国际发展研究也由西方学者和学派所统御。甚至不发达地区的学者在使用诸如“援助”“发展”“优惠度”等概念时，也不可避免地受到西方主流发展理论的影响，很难形成独立的思想体系，更妄提理论的建构。而中非发展合作的理论背景只是中非双方对于各自发展经验教训的简单总结，缺乏一个完整的理论体系作为支撑，难以在观念层次上影响发展实践。虽然中国等新兴援助国已经意识到了这一问题的严重性，开始了建构“新南南合作”国际发展理论的工作，但是起步太晚，短时间内还难以提出具有竞争力的理论体系。中国国际发展学者和实践者对于中国发展经验的总结和对非发展合作问题的理论梳理起步较晚，基本上与本书成文属于同一时期，却已经因为其独特的中国特色而引起了世界的关注。同时，我们应当理性地看到，发展研究的中国学派仍然处于比较早期、相对原始的阶段，缺乏实践的验证，更缺乏足够的人力和其他资源投入。这需要中国快速建立起自己的国际发展学科，并且借鉴西方经验，将理论研究与发展实践相结合，实现相互促进的良性互动，才可能实现中国在国际发展学科上的突破。

第五章 “造血金融”：中国特色官方开发金融

之前的章节，我们先后了解了官方发展援助的主要理论、中非发展合作的历史以及理论成果，分析了制度上的设计缺陷为何导致 ODA 在促进欠发达地区发展问题上难以奏效。习近平主席在 2015 年中非合作论坛约翰内斯堡峰会上提出，要为中非“十大合作计划”提供 600 亿美元的支持资金，再次将中非关系置于全球主要媒体的头版要闻。这些资金当中，50 亿美元是传统的无偿援助和无息贷款；350 亿美元属于优惠性质贷款和出口信贷额度，并提高优贷优惠程度；为中非发展基金和非洲中小企业发展专项贷款各增资 50 亿美元；新设首批资金 100 亿美元的中非产能合作基金。如何认识这 600 亿美元的资金承诺呢？假如我们沿用传统的官方开发金融的分析框架，那么这些资金只能区分为可以作为 ODA 的 50 亿美元和只能作为 OOF 的 550 亿美元，这种分析不但大大低估了中国对非洲发展支持的规模，而且人为地曲解了这些原本就服务于中非“合作共赢，共同发展”这一唯一目标的资金的性质。本书提出中国特色官方开发金融，亦即“造血金融”这一全新的概念，希望运用其基本框架可以较为清晰合理地分析中国对于非洲发展和中非合作的支持力度。

第一节 什么是中国特色官方开发金融

一、中国特色官方开发金融的定义与内涵

为了正确而全面地理解中国对非洲发展事业和中非合作所提供的官方支持，我们需要从传统的ODA和ODF概念中提取三个核心要素来重新定义中国向非洲提供的发展类资金，它们分别是官方性（officiality）、发展性（development oriented）和优惠性（concessionality），只有同时满足这三个条件的中国资金流才可以被认定为中国特色官方开发金融（ODF）。（1）官方性：资金来自中国政府，或者中国国有政策性银行——不论该资金来自银行自有资产还是通过国际和国内金融市场筹措；（2）发展性：资金用途应当是发展性项目，旨在提高对象国国民生活水平、促进社会福祉和经济增长；（3）优惠性：对于贷款类资金，接受国偿还总额应该低于中国提供资金的总成本，亦即资金必须包含一定的“赠与成分”。总结来看，中国特色ODF是一种由中国官方提供的、面向广大发展中国家的、具备较高优惠成分的、高度依赖各种金融信贷工具的“南南”发展合作模式。该模式突破了传统的代表“施援国—受援国”关系的ODA发展援助模式，不是由富国援助穷国，而是发展中国家间在发展问题上平等合作、互利共赢。相比传统ODA模式，中国特色ODF充分利用了中国经过多年经济发展所积累的强大金融能力，高度依赖贷款、信贷、担保、保险等现代金融工具来确保资金的输送和安全。中国特色ODF与西方ODA的差异主要在于两点：

首先，中国特色ODF不附加任何政治条件。中国政府明确规定，对

外援助和各项贷款除了对于“一个中国”原则的坚持以外，不附加任何政治条件。[①] 这是由中国特色 ODF 的性质决定的：虽然带有政策工具的性质，但既然是南方国家之间的平等合作，那么自然不会就此类事宜干涉别国内政。但是，不附加任何政治条件不等于“不附加任何条件”，事实上，为了保证发展金融资金的安全和用于发展目的的需要，每一项中国对外发展资金都自然带有项目用途和还款时限等正常的管理要求。

其次，ODF 资金优惠方式更为灵活。ODA 类资金对于“优惠程度”有着非常严格的要求，认为只有达到 25％赠与成分的贷款才可以被认定为双边 ODA 援助，而只有达到 35％的赠与成分才可以被认定为是多边 ODA 援助。但是，从中国的发展经验出发，发展资金的优惠程度并不能够保证资金的发展效果，相反，往往纯粹逐利性质的外国投资反而会带来最具活力的经济增长。因此，中国特色 ODF 对于资金的优惠度没有具体的要求，而是坚持在综合了贷款利息、财政贴息、还款期、免息期和其他费用的基础上，如果贷款类资金仍然可以自我维系，即可以被认定为具备优惠性。在某些情况下，中国甚至主动放弃资方提供中国特色 ODF 的盈利可能，而只保证资金的安全性即可，以此来保证不发达国家能够获得中国的资金支持。但是，ODF 对于发展性的追求并不是单纯追求高优惠程度，而是要求在综合考虑免息期、还款期、贴现率和经济回报率（ERR）的基础上，使资金输入国所付出的融资成本低于市场融资

① 国务院新闻中心．中国的对外援助白皮书 2011.（2011－04－21）［2015－06－09］. http：//www.scio.gov.cn/zfbps/wjbps/2011/Document/896986/896986.html. 国务院新闻中心．中国的对外援助白皮书 2014.（2014－07－10）［2015－06－09］. http：//www.fmprc.gov.cn/ce/cohk/chn/xwdt/jzzh/t1173111.html.

的成本。中国特色 ODF 框架认为不能仅仅从资金提供方或者使用方任何一方的单边收益着眼来衡量发展类资金的发展效果，而是要综合考虑资金的输出和输入双方收益，实现共同的发展和可持续性的资金流动，这也就是 ODF 的“发展性”。

中国特色 ODF 主要包含以下几种资金形式：无偿援助、无息贷款、优惠贷款、优惠出口信贷和投资类开发金融。其中，无偿援助（赠与）主要支持中小型社会福利型项目，如饮水系统和医院学校等；无息贷款主要支持经济发展较好的发展中国家建设社会公共设施和民生项目，期限为 20 年，一般规模较小；而优惠贷款主要支持兼具社会和经济效益的中大型基础设施，或者工业生产项目的建设，期限同样是 20 年；而优惠性质的贷款项目和生产领域投资类开发金融项目则是赋予这些 ODF 资金“中国特色”的原因所在。

二、开发金融造血“一带一路”

1. 政策性开发银行

中国积极履行国际责任，为全球基础设施建设提供新的融资渠道，推动了全球基础设施投资的金融创新。1995 年成立的国家开发银行和中国进出口银行专注于为中国和发展中世界各国具备经济和社会效益的基础设施项目提供优惠的长期开发金融服务。经过 20 多年的发展，这两家中国政策性开发金融机构已经成长为全球最具竞争力和市场影响力的金融机构。除此之外，成立于 1994 年的中国农业发展银行长期深耕中国的农业和农村经济发展，致力于为脱贫攻坚、农业现代化、城乡一体化等领域提供开发性金融支持，同时积极参与国际农业合作。国家开发银行、中国进出口银行和中国农业发展银行共同构成中国政策性开发金融机构的三大支柱。

由于大型基础设施建设周期长、投资回报慢，加之许多“一带一路”沿线国家金融市场不完善、市场投资基础薄弱，私人资本往往对此望而却步，因而，在“一带一路”建设的初期，服务于国家政策的国家级开发金融机构应当率先造血“一带一路”，撬动私人投资，吸引商业性金融流入“一带一路”建设项目。国家开发银行和中国进出口银行因其庞大的资产储备，成为“一带一路”沿线国家基础设施建设的贷款资金来源。截至 2017 年 6 月底，国家开发银行向沿线国家累计发放贷款超过 1 700 亿美元，余额超过 1 100 亿美元[①]，其中在 2015 年和 2016 年分别向“一带一路”沿线国家发放 126 亿美元和 149 亿美元贷款，以支持重大基础设施项目在目标国家落地建设。中国进出口银行的“两优”贷款——援外优惠贷款和优惠出口信贷，以及保本微利的开发性质贷款，也是“一带一路”基础设施建设项目的重要资金来源之一。截至 2017 年中旬，中国进出口银行支持“一带一路”建设项目超过 1 200 个，分布于 50 多个国家，贷款余额超过 6 700 亿元。[②] 截至 2017 年 9 月末，中国的三大政策性银行国家开发银行、中国进出口银行、中国农业发展银行共支持“一带一路”建设贷款 1.42 万亿元，占贷款余额的 8.2%。[③]

在此基础上，2017 年中国国家开发银行许诺设立“一带一路”基础

① 国开行服务“一带一路”建设向沿线国家发放贷款 1 789 亿美元．(2017-11-03) [2017-12-17]. https://www.yidaiyilu.gov.cn/xwzx/gnxw/32806.htm.

② 进出口银行支持“一带一路”项目超过 1 200 个贷款余额超 6 700 亿．(2017-07-26) [2017-12-17]. https://www.yidaiyilu.gov.cn/xwzx/gnxw/20959.htm.

③ 专家：“一带一路”融资亟需引入市场机制 激励更多民间资本参与．(2017-12-18) [2017-12-24]. https://www.yidaiyilu.gov.cn/ghsl/gnzjgd/39959.htm.

设施专项贷款（1 000 亿元等值人民币）、“一带一路”产能合作专项贷款（1 000 亿元等值人民币）、“一带一路”金融合作专项贷款（500 亿元等值人民币）。同时，中国进出口银行许诺设立“一带一路”专项贷款（1 000 亿元等值人民币）、“一带一路”基础设施专项贷款（300 亿元等值人民币）。①

2. 政策性保险公司

成立于 2001 年的中国出口信用保险公司（简称“中国信保”）是中国从事出口保险业务的政策性保险公司。自“一带一路”倡议提出以来，中国信保大力支持“一带一路”建设，累计承保企业面向“一带一路”国家出口、投资 5 098.5 亿美元，覆盖了“一带一路”沿线所有国家；承保“一带一路”沿线国家项目 1 274 个，涉及交通运输、石油装备、电力工程、房屋建设、通信设备等多个领域，重点承保了肯尼亚蒙内（蒙巴萨至内罗毕）标准轨铁路、老挝南瓯江流域梯级水电站、巴基斯坦萨希瓦尔燃煤电站等一大批具有重大战略意义的示范性项目；累计向企业和银行支付赔款 18.5 亿美元，帮助企业应对和化解了业务风险。②

2017 年 5 月，中国信保继续拓展与“一带一路”相关业务，同白俄罗斯、塞尔维亚、波兰、斯里兰卡、埃及等国同业机构签署合作协议，与埃及投资和国际合作部、老挝财政部、柬埔寨财政部、印尼投资协调委员会、波兰投资贸易局、肯尼亚财政部、伊朗中央银行、伊朗财政与

① “一带一路”国际合作高峰论坛成果清单（全文）.（2017－05－16）［2017－12－24］. http://www.beltandroadforum.org/n100/2017/0516/c24－422.html.

② 中国出口信用保险公司官网.［2017－12－24］. http://www.sinosure.com.cn/sinosure/xwzx/xbdt/173226.html.

经济事务部等有关国家政府部门及沙特阿拉伯发展基金、土耳其实业银行、土耳其担保银行、巴基斯坦联合银行等有关国家金融机构签署框架合作协议。①

3. 新兴国际金融机构

“一带一路”倡议提出以后，中国还主导设立了亚洲基础设施投资银行和丝路基金这两大新兴金融机构，为亚洲地区基础设施建设进行融资，惠及各地区几十亿民众。亚洲基础设施投资银行开业第一年即2016 年，即为 9 个项目提供了 17.3 亿美元的贷款，项目类型涵盖了能源、交通和城市基础设施，为当地经济发展和民生的改善提供了金融支持。2017 年，亚洲基础设施投资银行向 15 个项目提供约 24 亿美元的资金支持，在原有项目类型上新增水利与水资源管理、通信、股权投资等项目，项目类型更加丰富、多元。值得一提的是，亚洲基础设施投资银行批准提供融资的 24 个项目中有 16 个是与现有的多边开发银行，如世界银行、亚洲开发银行和欧洲复兴开发银行合作，充分表明了中国倡议建设的亚洲基础设施投资银行是现有多边金融体系的合作者和建设者。

与亚投行同时期成立的还有专注于中长期股权投资的丝路基金。丝路基金旨在通过小比例的股权资本支持，撬动更多资金投入。2017 年 5 月，中国政府宣布向丝路基金再增资 1 000 亿元人民币，以增强其为“一带一路”提供多币种和可持续资金支持的能力。截至 2017 年年底，丝路基金已签约 17 个项目，承诺投资约 70 亿美元，支持项目涉及总投

① “一带一路”国际合作高峰论坛成果清单（全文）.（2017-05-16）[2017-12-24]. http：//www.beltandroadforum.org/n100/2017/0516/c24-422.html.

资金额达 800 亿美元。[①] 2017 年 11 月，丝路基金与通用电气旗下 GE 能源金融服务在北京签署《成立能源基础设施联合投资平台合作协议》，共同投资包括“一带一路”国家和地区的电力电网、新能源、油气等领域基础设施项目。[②]

中国主要政策性开发金融机构对“一带一路”建设项目提供的贷款，如表 5－1 所示。

表 5－1　中国主要政策性开发金融机构对“一带一路”建设项目贷款情况一览

机构名称	年份	贷款总额	重点项目
国家开发银行（CDB）	2017	不详	广西东盟“一带一路”系列基金、埃及基础设施与产能合作（2.6 亿元人民币专项贷款及 4 000 万美元非洲中小企业专项贷款）、保加利亚金融同业合作项目（8 000 万欧元）、印尼雅加达至万隆高速铁路（45 亿美元）、斯里兰卡科伦坡港口城基础设施项目、老挝万象环网项目
	2016	126 亿美元	希腊比雷埃夫斯港（2.15 亿欧元）、中兴能源巴基斯坦 QA 光伏发电项目（0.626 亿美元）
	2015	149 亿美元	斯里兰卡科伦坡集装箱码头南港项目（累计发放 3.3 亿美元）
	2014	不详	印尼巴厘岛一期 3×142MW 燃煤电厂项目（共 24.73 亿美元，已发放 3.67 亿美元）、赞比亚曼萨—陆温谷 205 公里道路升级项目（共 1.75 亿美元，已发放 6 467 万美元）、斯里兰卡莫拉格哈坎达灌溉项目（2.14 亿美元）

① 丝路基金已签约 17 个项目 涉及总投资额 800 亿美元．(2017－12－08) [2017－12－24]. https://www.yidaiyilu.gov.cn/xwzx/gnxw/38973.htm.

② 丝路基金与通用电气成立能源基础设施联合投资平台．(2017－11－10) [2017－12－30]. https://www.yidaiyilu.gov.cn/xwzx/gnxw/33956.htm.

续前表

机构名称	年份	贷款总额	重点项目
中国进出口银行（EXIMBC）	2017	不详	塔吉克斯坦塔直属中央区500千伏输变电项目，埃塞俄比亚工业园区电力设施建设项目，中俄亚马尔天然气项目，波黑图兹拉火电站项目，东南非贸易与开发银行出口买方信贷流动资金贷款（2.5亿美元），赤道几内亚米高梅森—伯格洛公路项目以及吉布劳新城建设项目（9亿美元），菲律宾赤口河灌溉项目和卡利瓦大坝项目，越南河内轻轨二号线，柬埔寨菩萨省3号和5号水坝发展项目（二期）、11号公路建设项目，柬埔寨斯登特朗—格罗奇马湄公河大桥项目，老挝班哈至色空输变电项目，匈塞铁路塞尔维亚贝尔格莱德至旧帕佐瓦段，肯尼亚内罗毕北部和西部城区配电网改造，孟加拉国帕亚拉PAYRA2×660MW超超临界燃煤电站项目，埃塞俄比亚阿伊萨风电、莫焦—阿瓦萨高速公路（内盖莱—阿瓦萨段），缅甸仰光机场扩改建项目，塞尔维亚电信固网现代化升级改造项目
	2016	不详	巴基斯坦卡洛特水电站项目、巴基斯坦喀喇昆仑公路二期项目（赫韦利扬—塔科特段）、塔吉克斯坦杜尚别二号火电站二期项目、柬埔寨76号公路延长线扩建项目、厄瓜多尔科卡科多—辛克雷水电站项目、亚的斯亚贝巴至吉布提铁路项目、孟加拉国帕亚拉超超临界燃煤电站项目
	2015	不详	几内亚卡雷塔水电站项目、埃塞俄比亚阿达玛风电项目、巴基斯坦卡西姆港燃煤应急电站项目、孟加拉国希拉甘杰220MW联合循环电站、白俄罗斯电力机车出口和铁路电气化改造项目
	2014	不详	肯尼亚蒙巴萨至内罗毕铁路项目、塔吉克斯坦杜尚别2号热电厂二期建设项目、塞尔维亚泽蒙—博尔察大桥项目

续前表

机构名称	年份	贷款总额	重点项目
亚洲基础设施投资银行（AIIB）	2017	约 24 亿美元	能源：中国北京空气质量改善与煤炭替代项目（2.5 亿美元）、印度输电网增强项目（1 亿美元，与亚洲开发银行合作）、埃及光伏项目（0.175 亿～0.19 亿美元，与国际金融公司合作）、塔吉克斯坦努列克水电站修复项目（0.6 亿美元，与世界银行以及欧亚开发银行合作）、印度安得拉邦电力项目（1.6 亿美元，与世界银行合作）、孟加拉国天然气基础设施与效能提升项目（0.6 亿美元，与亚洲开发银行合作）
			交通：印度班加罗尔地铁项目（3.35 亿美元，与欧洲投资银行合作）、印度古吉拉特邦农村公路项目（3.29 亿美元）、格鲁吉亚巴统公路项目（1.14 亿美元，与亚洲开发银行合作）
			大坝与水资源管理：印度尼西亚大坝运转与安全提升项目（1.25 亿美元，与国际复兴开发银行合作）
			洪水治理：菲律宾马尼拉洪水治理项目（2.076 亿美元，与世界银行合作）
			通信：阿曼宽带基础设施项目（2.39 亿美元）
			基金投资：国际金融公司新兴亚洲基金（1.5 亿美元，与国际金融公司合作）、印度基础设施基金（1.5 亿美元）、印度尼西亚地区基础设施开发基金（1 亿美元）
	2016	17.3 亿美元	能源：孟加拉国配电系统升级（1.65 亿美元）、巴基斯坦塔贝拉水电站（3 亿美元，与世界银行合作）、缅甸敏建水电站（0.2 亿美元，与亚洲开发银行和国际金融公司合作）、阿塞拜疆跨安纳托利亚天然气项目（6 亿美元，与世界银行合作）
			交通：塔吉克斯坦与乌兹别克斯坦边境公路改造（0.275 亿美元，与欧洲复兴开发银行合作）、巴基斯坦国家公路 M-4（1 亿美元，与亚洲开发银行合作）、阿曼 Dugm 港（2.65 亿美元）、阿曼铁路系统项目（0.36 亿美元）
			城市：印度尼西亚国家贫民窟改造（2.165 亿美元，与世界银行合作）

资料来源：笔者根据国家开发银行、中国进出口银行和亚洲基础设施投资银行各年年报及官网信息整理得到。

第二节　中国特色官方开发金融的使用：无偿援助和低息贷款

如前所述，无偿援助和低息贷款都属于中国政府明确认定的中国对外援助。对此，2011 版和 2014 版《中国的对外援助》（白皮书）无疑是最为基础性的政府文件。[①] 尤其是 2011 版白皮书，自 1964 年周恩来宣布《中国政府对外经济技术援助的八项原则》（又称“中国对外援助八项原则”）之后，第一次明确规定了中国在对外援助事务上的管理体制、基本政策、方式方法和资源来源，是一份纲领性的文件。

通过仔细研读 2011 版白皮书可以发现，虽然中国和 DAC 在 2009 年成立了学习小组，研究双方在援助事务方面的合作可能，但是中国并没有接受西方的 ODA 概念，更不可能接受 ODA 的汇报制度。总体来说，中国认为自己是发展中国家，因此对外援助活动都是在南南合作框架下进行的，与南北合作框架下的 ODA 不可相提并论。中国对援助与发展之间的关系的看法也与西方不同，坚持主要利用国内资源和探索自己的道路来解决发展中的难题，而援助只能起辅助性的作用。同时，中国坦率地承认其对外援助追求的是共同发展而不是单向的利益输送。中国强调援助关系双方的平等性，因而中国除去“一个中国”原则之外，对其援助不附加任何政治条件。在具体操作层面，中国没有像美国国际开发

① 国务院新闻中心．中国的对外援助白皮书 2011.（2011-04-21）[2015-06-09]. http://www.scio.gov.cn/zfbps/wjbps/2011/Document/896986/896986.html. 国务院新闻中心．中国的对外援助白皮书 2014.（2014-07-10）[2015-06-09]. http://www.fmprc.gov.cn/ce/cohk/chn/xwdt/jzzh/t1173111.html.

署、英国国际发展部和日本国际协力协会这样的统一援助机构，中国的援助管理依赖各个不同的部委、政策性银行和驻在国使领馆之间的协作来实现。白皮书中，中国提出了五项基本政策：坚持帮助受援国提高自主发展能力；坚持不附加任何政治条件；坚持平等护理、共同发展；坚持量力而行、尽力而为；坚持与时俱进、改革创新。

中国对外援助的资金来自两个方面：政府预算提供的无偿援助和无息贷款，以及中国进出口银行提供的中长期优惠贷款。其中，无偿援助（赠与）主要支持中小型社会福利型项目，如打井饮水和医院、学校等；无息贷款主要支持经济发展较好的发展中国家建设社会公共设施和民生项目，期限为 20 年；而优惠贷款主要支持兼具社会和经济效益的中大型基础设施，或者工业生产项目的建设，期限同样是 20 年。需要注意的是，对于大型基础设施和工业项目的援助是中国对外援助的特色，也是西方 ODA 长期忽视的领域。中国认为，南南合作框架下的援助将会成为南北合作的有益补充。

2014 版《中国的对外援助》（白皮书）发布于李克强总理对非洲四国的访问以及 2014 年 5 月 5 日在非盟发表演讲两个月之后，是关于中国对外援助现状的最新的官方解释。虽然 2014 版白皮书采取了更为国际化的阐述口吻，尤其强调经济增长和社会福祉改善，不过仍然没有提供按照国别划分的中国对外援助数据。但是，2014 版白皮书的发布也许说明中国政府已经形成了每三年公布其援助事宜相关信息的机制。

2014 版白皮书当中有几点需要特别关注：（1）中国坚持南南合作是与南北合作，或者说与 ODA 不同的援助方式。（2）中国对于贸易援助，或者说工业援助的支持，依旧是中国援助的最大特色之一。这一点同中国对于自主发展、自力更生的坚持是一致的。中国认为，通过发展工业能力来增加出口创汇才是发展中国家提高自力更生能力最为重要的手段。(3) 基础设施援助自 2011 版白皮书之后再次得到了强调，也是中国对外援助与众不同的另一点，中国的相关援助也持续增加。(4) 中国试图通过提供援助，在发展中国家之间建立起在一系列重大国际问题上的共识，比如说针对不公正的国际贸易规则和气候变化问题等。(5) 最不发达国家获得的中国援助进一步增加，尤其是非洲地区获得的援助所占比例从 2011 版白皮书的 45.7%提高到了 2014 版白皮书的 51.8%，体现了非洲地区在中国对外援助事务中的重要性不断加强。

第三节　中国特色官方开发金融的使用：优惠性质贷款项目

从中国特色 ODF 的资金组成上来看，“赠与”所占比例较小，大多数都是以贷款形式发放的。国家会为这些贷款提供补贴，来抹平按照协议商定利息贷款与银行实际贷款成本之间的差额，这一差额就是这些贷款优惠性质的来源。事实上，中国政府所列支的“对外援助”预算，只包括这一部分政府补贴，亦即政府真实的支出成本；而 DAC 成员国所汇报的 ODA 数据，都是包含贷款全部票面价值总额的。中国特色 ODF 的优惠性质贷款项目主要包含两种方式：“优惠贷款”和“优惠出口买方信贷”。“优惠贷款”以美元发放，一般符合 ODA 的优惠标准，使用财政部对外援助预算提供补贴，并由商务部对外援助司审批并监管；“优惠出口买方信贷”以人民币发放，一般不符合 ODA 的优惠标准，使用商务部“对外经济合作专项基金”提供补贴，由商务部对外投资和经济合作司审批并监管。这两种金融工具都由中国进出口银行专门负责发放，被称作“两优贷款项目”。与“优惠出口买方信贷”类似的另一种金融支持工具是出口卖方信贷，发放权力不局限于政策性银行，以提供给中国企业来促进它们的出口为目的，不具备“发展性”，也不应该被视作中国特色 ODF。

以贷款为发放形式的中国特色 ODF 在非洲的主要投入领域是基础设施建设，这也是最为非洲国家欢迎的合作领域。世界银行前基建专家大卫·道勒指出：长期以来，传统援助国一直认为私人投资足以支持发展中国家的基础设施需求，然而历史已经充分地证明，除了电信行业以外，多数的基础设施行业，比如公路、铁路，因其不确定的收益前景而难以依靠私人公司来建立和维护。[①] 而中国特色 ODF 进入非洲，不仅给非洲国家提供了急需的基建资金，还带来了服务质优价廉的建筑工程承包商来建设这些项目。一系列中非基建合作成功的案例的出现，促使西方传统援助国也重新开始提供基建援助和贷款，最为典型的就是美国 2012 年起实施的“电力非洲倡议”(Power Africa Initiative)[②]，开始大规模使用官方资金投入非洲电力基础设施的建设。

一、优惠性质贷款对于非洲基建的意义：以电力基建为例

人口超过十亿的非洲大陆积贫积弱，经济和社会发展长期以来受到

① DOLLAR D. Supply Meets Demand. World Bank Blog.（2008-07-10）[2014-05-12]. http// blogs. worldbank. Org//eastasiapacifi.

② 2013 年 6 月，时任美国总统奥巴马在南非发布了“电力非洲倡议”，作为其“非洲新战略”的经济核心。通过该倡议，美国明确宣告了将会大举支持本国企业进入非洲基础设施建设和运营领域，攫取非洲经济高速发展所带来的市场机会。“电力非洲倡议”宣布美国政府的 12 个相关部门将在 5 年内为撒哈拉以南非洲地区的电力基础设施提供总额为 70 亿美元（后增加为 82 亿美元）的官方资金支持，争取以此动员超过 90 亿美元的私人投资，最终目标是为该地区增加 10 000 兆瓦（百万瓦特）的清洁可再生能源发电装机容量，从而将现有的 2 000 万拥有电力接入服务的非洲家庭和小商户数量增加一倍。

基础设施匮乏和与之相应的公共服务低下的严重限制，而电力无疑是其中最为稀缺的基础设施资源。电力入户接入率虽然自21世纪初以来获得了一定的提升，但是仍然仅达到32%；城市地区略好，农村和偏远地区甚至低于12%。这一比例不仅在发达世界不可想象，与其他发展中地区相比也显著落后。据世界银行和非洲开发银行测算，总人口达到10亿左右的40多个撒哈拉以南非洲国家2013年的总发电量竟然与人口仅为不到5 000万的西班牙基本持平。[①] 与此同时，这一长期欠缺电力供应的地区，自20世纪90年代中期以来却维持了20年5%左右的经济增长率。2012年，四分之一的非洲国家经济增长速度超过了7%；安哥拉、尼日利亚、埃塞俄比亚和莫桑比克等部分国家甚至实现了超过10%的增长率。[②] 在这种发展速度下，非洲整体经济体量自2000年以来已经翻了三番，以至于撒哈拉以南非洲将成为未来全球经济增长引擎的观念已经在发展经济学界达成了共识，被称为“非洲复兴”（Africa Renaissance）浪潮。然而，现阶段基础设施尤其是电力基础设施的不足将整个撒哈拉以南非洲地区的经济增长率拖累了至少两个百分点，并且削减了四成的企业生产力。[③] 自2010年以来，加纳、埃塞俄比亚等近期经济发展较好的国家频频爆发电荒，导致工厂停工和外资撤出等严重后果。国际货币基金组织在2014年发布的《撒哈拉以南非洲地区经济展望》中将基础设施问题独立成篇，列为该地区发展的最大动力同时也是最大挑战，并且明确指出电力基建的缺乏是最大的基建赤字。[④] 据世界银行测算，弥补非

---

① IMF. Regional economic outlook：sub-Sahara Africa，Oct 2014.

② 张宏明．非洲黄皮书：非洲发展报告2013—2014. 北京：社会科学文献出版社，2014：302.

③ 同②328.

④ IMF. Regional economic outlook：sub-Sahara Africa，Oct 2014.

洲经济社会发展所需要的基础设施赤字大约需要每年度930亿美元的投资，可以换算为撒哈拉以南非洲地区总GDP的15%，而其中高达408亿美元都需要投入电力/能源领域。[①] 非洲基建特别是电力基建的需求之大、对于经济社会发展的重要性之高，可见一斑。

在基础设施的供给端，技术和资金都不足的非洲本土企业尚处于绝对弱势，且未来相当一段时间内很难成长起来，而来自原殖民宗主国的欧洲企业在这一市场内长期占据统治性地位。业内权威的美国《工程新闻纪录》每年都会统计全球最强的225家（2012年起调整为250家）工程承包商名录，其中绝大多数工程巨头都来自美欧日等发达国家，只有近几年才有来自印度、中国和土耳其等少数新兴市场国家的承包商崭露头角，而来自非洲的建筑公司仍然没有出现在榜单上。单就非洲市场来说，中国建筑承包商自改革开放以后，深度挖掘自20世纪50年代以来对非援建业务中积累起来的合作经验和品牌效应，自21世纪初起开始高速发展，大约从2006年开始超越了法国，之后一直稳居第一。中国主要国际承包商在撒哈拉以南非洲所完成的订单额和新获订单量在2012年占据了世界250强在非洲营业额的44.8%；欧洲和美国则不断下降，分别降至31.6%和4.7%。[②] 通过需求端和供给端的分析，我们可以发现：非洲的基础设施，尤其是电力基础设施的需求巨大，而在这一潜力巨大的市场上，欧洲是传统势力，中国是后起之秀。同时，非洲国家较低的经济发展水平和政府治理能力却极大地限制了对于投资风险和回报率更为

① FOSTER V. Africa's infrastructure: a time for transformation. World Bank Press, 2010: 6. [2014-05-12]. http://siteresources.worldbank.org/INTAFRICA/Resources/aicd_overview_english_no-embargo.pdf.

② 张宏明．非洲黄皮书：非洲发展报告2013—2014．北京：社会科学文献出版社，2014：324.

敏感的美国企业在非洲发展。

基础设施为一国的经济社会发展提供了最为基础性的支撑作用；电力作为一种准公共产品，则具备了相当的国家天然垄断性质。世界各国的电力产业多数为国有企业所垄断，或者部分垄断，而私人投资的参与是比较晚近的现象，直到1982年智利才进行了世界上第一次现代意义上的电力系统私有化改革。而对私有化和非传统能源发电的政策倾斜正是美国所提出的非洲电力系统改革方案的核心要件，也是理解“电力非洲倡议”的核心问题。

电力基建技术要求高，资金投入大，但是一旦并网（投产）即可以产生稳定的收入流，投资回报不但有保障，而且还款周期相对较短；尤其是跨国电力基建，还因为可以带动本国的装备制造业和安装、维护等高端服务业的出口，得到了各国政府和国际承包商的广泛关注。私人投资者为了保证盈利，往往希望不但能够参与建设，而且可以采取如“建设—运营—移交”（Build-Operate-Transfer，BOT）等 PPPs① 模式来介入电力基础设施的运营。这最为显著地体现在：美国等发达国家的先进承包商已经纷纷开始转化为开发商，提供了从咨询、设计、采购、建设、运营到维护的全过程基建开发模式，而 PPPs 模式已经占据了他们利润的40%至50%，且这一比例仍然在上升当中。② 但是，动辄十几年乃至数十年的运营阶段往往包含着较大的风险，对于所在国政府的管理能力

① PPPs，即 public private partnerships，意为“公私合作经营”，或者“特许权转移”，是近年来国际上最为推崇的基础设施融资模式。采取 PPPs 模式，私人建筑企业带资承建基础设施；完工后获得特许权，在一段时间内运营该设施并获得收入，以此来偿付建设成本；特许权结束之后，项目所有权即移交给政府。现在较流行的 PPPs 模式主要有 BOT、BOOT（建设—运营—拥有—移交）和 ROT（修复—运营—移交）等。

② 中国国际承包商会．中国对外承包工程发展报告 2005—2006．2006-03-28.

和法制体系皆有着较高的要求。出于这些原因，中国承包商在非洲承揽项目基本上不采取 PPPs 模式，虽然在一定程度上规避了风险，但是也限制了利润水平和投标范围。为了降低运营阶段可能发生的风险，美国和首批 6 个“电力非洲倡议”参与国政府在签订对私人投资开放电力领域的协议之外，还要求它们承诺接受美国的指导来进行电力系统的体制改革。2014 年底，加纳政府已经宣布准备出售国家电力公司，并接受美国千年发展公司的电力系统改革方案。① 长期来看，私有化改革对于提高非洲国家电力领域的运营效率和改善投资环境也许会产生积极的效果。然而，在撒哈拉以南非洲这一大背景之下，电力基建的巨大资金需求实际上很难由规模较小的本地投资者来提供，而主要将由来自美欧发达国家的私人投资来满足。作为国民经济和民生基础的电力部门，如果被私人投资甚至外国企业所控制，显然存在着一定的国家安全风险；而如何在民生和效率之间维持平衡，在未来更将是参与“电力非洲倡议”各国政府的难解之题。②

除了私有化的改革方案，“电力非洲倡议”对于非传统能源发电和不并网分布式发电的支持，以及对于传统发电模式和一体化电网模式的抵制，也体现了美国在非洲电力能源领域影响更为深远的战略布局。这一政策立场表面上有着充足的理由：水电和火电，特别是大型项目存在着环境损害风险，不应该受到鼓励；不并网分布式发电，则有助于以较低的成本来解决人口分散居住程度较高地区的电力匮乏问题。然而，从目前多国家

---

① Millennium challenge corporation. Ghana Power Compact. [2014－05－21]. http://www.mcc.gov/pages/countries/program/ghana-power-compact.

② KESSIDES I N. Electricity reform, World Bank site resource. [2015－01－16]. http://siteresources.worldbank.org/EXTFINANCIALSECTOR/Resources/282884－1303327122200/VP332－Electricity-Reforms.pdf.

竞争撒哈拉以南非洲电力领域的现实出发，我们却可以为这一政策倾斜给出另一个解释：为了最大限度地发挥美欧企业的优势，并且规避甚至限制其他竞争者的优势。事实上，发达国家和大多数中等收入国家对于水电和火电等传统能源的开发程度都是极高的。而撒哈拉以南非洲占据全球水电资源第一的宝库，多年来却只开发了其8%的水电资源潜力，这一清洁能源的开发理应得到加强。[①] 传统能源发电，技术成熟、电量稳定、发电周期长、维护方便，集中供电具备显著的规模经济效应。相比较而言，新能源的单位生产成本不但高于传统能源，而且面临供电不稳定的问题，比如风能和太阳能的季节性波动问题迄今仍然是业界难题。

而对于分布式发电方案来说，分散的发电设备需要大量具备较高技术水平的专业维护人员，而这一问题在撒哈拉以南非洲短时间内很难得到解决。此外，知名智库全球发展中心的专家还通过田野调查发现，仅“电力非洲倡议”的五个参与国家（埃塞俄比亚除外）就有8%～47%不等的未接入电力家庭实际上生活在电网覆盖范围内，总计约9 500万人口（见图5-1）。限制这些家庭接入电网的因素主要是两个：稳定的发电能力和变电（增压和降压）设备的不足。也就是说，仅仅在电力供给端解决这两个问题，就可以通过一体化电网方案将这些国家的电力接入率迅速提高一至四成不等，因而不并网分布式发电方案在非洲并不应该享有如此的优先度。全球发展中心的专家就此批评奥巴马政府：“跳过一体化电网方案的激进论调实际上反映的是（西方）意识形态的野心，而不是大规模提升电力接入率的现实考量。”对于清洁可再生能源和不并网分布式发电的支持正体现了美国“电力非洲倡议”的长期目标：将中国

① DIOP M. Powering up Africa's renewable energy revolution. World Bank Blog. (2014-03-08) [2014-09-24]. http://blogs. worldbank. org/nasikiliza.

等新兴援助国限制在该倡议乃至非洲电力领域未来的发展格局之外。

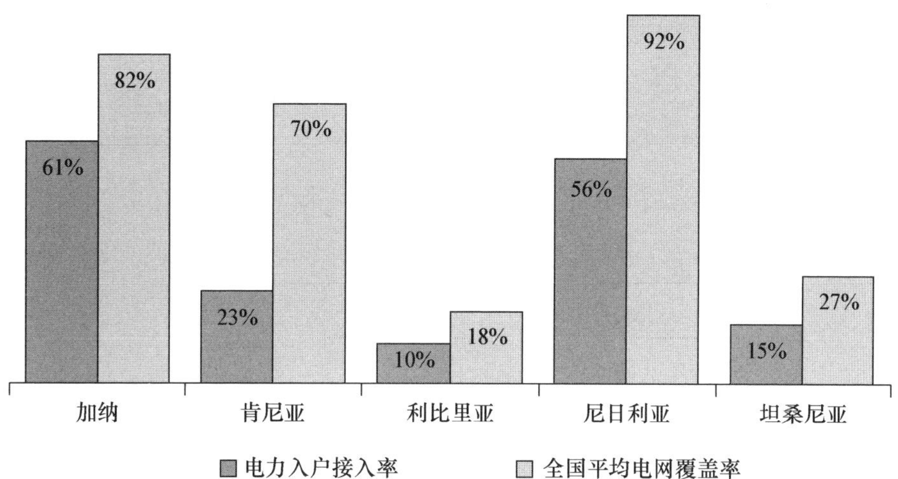

图 5-1 "电力非洲倡议"中加纳、肯尼亚、利比里亚、尼日利亚和坦桑尼亚五国电力入户接入率和全国平均电网覆盖率对比

资料来源：全球发展中心 DHS 数据库；LEO B，RAMANCHANDRAN V. Shedding new lights on the off-grid debate in the power Africa countries. Center for Global Development. http：//www. cgdev. org/blog/shedding-new-light-grid-debate-power-africa-countries.

按照"美国方案"完成改革的非洲各国，其电力领域将由美欧私人企业占据相当的份额，大量的电力官员和技术人员都将由美欧培养。在这种情况下，很难想象这些受援国在未来的电力建设项目招投标中会不带任何偏向地看待各国公司。西方媒体长期以来鼓吹中国在非洲执行"新殖民主义"，其实"电力非洲倡议"一旦计划实现，非洲国家的电力领域将会为美欧企业所把持，这才是真正的"新殖民主义"威胁。

二、优惠性质贷款的使用："一揽子"模式

在发展合作实践的过程当中，中非双方逐渐形成了在国内被称为"一揽子"、而在国外被称为"资源换基建"的合作模式。在这种模式中，

中方首先与将展开合作的非洲国家商定一段时间内可以使用的发展资金上限，然后由非洲合作伙伴国自行提出建议合作的项目清单，项目所需金额总和不得超过商定的资金上限。非方提出的项目清单送交中国之后，中国将结合项目的可行性、对合作方的发展促进作用和能够促进互利共赢的考虑来选择合适的项目。在中非合作双方同意的前提下，双方签署合作框架协议。这一合作框架包含了中国提出的资金限额和非方需要的项目清单，因而被称为“一揽子”模式。

在合作框架签订之后，中非双方还会签订合作项目和贷款协议。之后，中方将为非洲国家提供以其某种自然资源作为偿还担保的贷款，并且由中国政策性银行设立合作双方都可以监管的平行账户。之后，非洲国家进行项目招投标，自主选择合适的中国企业作为项目承包方，并提供一定比例的配套经费，以便项目开工。在项目承建过程中，承包方按照工程安排和工程完工量向非洲合作方提供发票和开销报告；开销报告经过项目合作方核准之后，中国进出口银行的平行账户将按照开销报告直接向中国承包商支付项目款。而在还款过程中，非洲合作方将按照项目协议规定的价格（或者双方议定以实时市场价格为准），将一定数量的自然资源产品销售收入打入平行账户中，以此来冲抵中方提供的贷款。这种“一揽子”合作模式也因此而得名“资源换基建”模式。这种优惠性质的贷款的利息一般低于国际市场同等条件下的融资利息，而中国政府将利用国家援助预算来为这一利息差提供补贴，以弥补中国进出口银行可能的损失和风险。图 5－2 即为中非“一揽子”合作模式的资金流动示意图。

中国在对非援助与发展合作的过程中，吸收了自身利用外国援助的经验，特别是改革开放之初使用自然资源换取日本巨额优惠贷款的

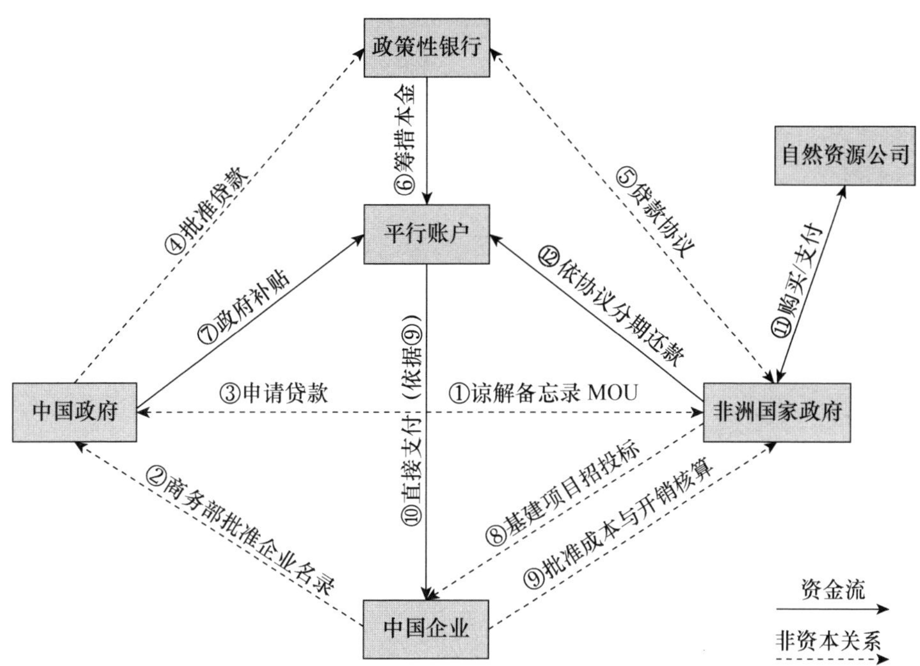

图 5-2　中国特色官方开发金融："资源换基建"贷款的资金流动图

经验。"一揽子"就是这一经验吸取的成果：让非洲国家可以利用本国的自然资源换取中国的优惠贷款，同时推进中国建工产业与非洲本地基建需求的结合，实现互利共赢、共同发展。然而，这一合作模式往往要求非洲合作伙伴在进行主权担保的同时，还要提供资源出口作为担保，因而被西方诟病为是中国在非洲攫取资源。但是，使用石油等大宗商品作为担保，本来就是国际上对于主权评级较低的国家所使用的常见贷款条件。[①] 而且，中国对于额外担保的要求主要是为了资金安全，也不仅仅是为了追求石油和矿产等贵重资源，同样接受多种担保形式。早在"遥远"的 1984 年，中国企业在与马里皮革厂的技术合作

① CORKIN L. Uneasy allies: China's evolving relation with Angola. Journal of Contemporary African Studies, 29 (2011): 169-180.

中，就接受了马里牛皮出口作为贷款偿付保证的形式。除去石油作保以外，中国还在与加纳的“一揽子”中接受可可豆作为担保物，在与埃塞俄比亚的合作中接受芝麻作为担保物，在与坦桑尼亚的合作中接受腰果作为支付方式，在与塞拉利昂的合作中接受可可和咖啡豆作为支付方式，等等。[①] 可见，中国接受担保货品的标准主要是商业价值和能否方便国际交易，而不是为了攫取自然资源。相反，“一揽子”的资源换基建模式，因为并没有一分钱转入非洲政府账户，还可以防止常见于西方发展援助的公共资金贪墨与腐败问题，让非洲的资源和中国的资金真正转化到经济和社会都可以切实受益的基础设施建设当中去。[②]

“一揽子”合作模式，往往又被称为“安哥拉模式”。接下来，我们将用一个典型案例来展示中非“一揽子”合作的全貌。

三、2004年安哥拉特别国家贷款“一揽子”

背景：2002年，安哥拉终于结束了持续40余年的内战，开始了国家重建的过程。多年的内战不但使得安哥拉经济凋敝，而且全国的基础设施和公共服务基本瘫痪。早已深陷外债泥潭多年的安哥拉政府无力负担重建这些设施所需的数百亿美元资金，只能转向国际金融机构寻求帮助。然而，国际货币基金组织对于安哥拉政府的贷款要求提出了基于“华盛顿共识”的各种附加条款（conditions），主要包括：减少政府开支；提高进口税；贸易自由化；增加石油开支的透明度；将海关管理权移交给英国“皇家代理”（Crown Agents）公司监管；国有企业私有化；

① 唐晓阳．中非经济外交及其对全球产业链的启示．北京：世界知识出版社，2014：28.

② 同①299.

等等。[①] 这些条件的满足不仅是安方得到国际货币基金组织多边贷款的前提条件，也是在双边发展资金协调机制“巴黎俱乐部”得到其他发达国家资金支持包括 ODA 的前提条件。不可否认，国际货币基金组织的改革方案存在合理性，但是对于百废待兴的安哥拉，却是“远水难解近渴”。短期内大量减少财政开支意味着冻结基础设施的重建计划，而无法尽快满足安哥拉人民对于基本公共服务的迫切需求，无疑会让刚刚实现稳定的新政府承担巨大的政治风险。面对这种局面，安方只得在数年艰苦谈判的同时，转向国际私人金融市场：仅在 2001 年 10 月之前的一年之内，安方就从西方私人银行财团借款 35.5 亿美元，不但成本高昂，而且都以安方石油出口作为担保。[②] 就是在这种情况下，中国特色 ODF 进入了安哥拉。

贷款协议：在 2003 年中安两国政府签署框架协议（framework agreement）之后，中国进出口银行与安哥拉财政部随后签署了最终贷款协议（final loan agreement），于 2004 年起向安方提供了第一笔 20 亿美元的贷款，全部用于安哥拉国内基础建设，贷款利率为 LIBOR[③] 上浮 1.5%，还款期（maturity）17 年，其中 5 年宽限期（grace period，即还款期内不偿还本金，仅偿还利息的时期）。虽然石油资源丰富，但是安哥拉作为深陷外债泥潭的低信用度国家，在国际市场上借款代价高昂，一般利息都达到 LIBOR 上浮 2.5%，还款期一般 5 年，无宽限期，而且大多要求石油担保。相比来说，中国进出口银行的贷款是“高度优惠”

---

①② BRAUTIGAM D. The dragor's gift: the true story of China in Africa. Oxford Press, 2009: 275.

③ LIBOR（London interbank offered rate）：伦敦同业拆借利率，是一种针对低风险借款人的高优惠利率，通常作为高风险借贷的基准利率，在 LIBOR 基础上浮几百基点（即 Basis Point，简称 BP。100 BP= 1% 或者 1 BP = 0.01%）不等。

(deeply concessional)的。

优惠度(concessionality):和所有的中国对非洲提供的发展资金一样,关于这笔贷款的"赠与程度"(grant element)争议很大。世界银行在认定该贷款"有一定优惠度,但是显著低于一般的ODA类贷款"的同时[①],又在2008年的一份报告中指出该笔贷款"赠与程度"高达50.3%[②],远超25%的DAC发展援助标准。黛博拉·布罗蒂加姆则指出,虽然一些DAC专家认为这笔贷款"无疑是发展援助ODA",但是美国进出口银行提供的一些商业性质的出口信贷服务都会提供类似甚至低一些的利息。[③] 黛博拉·布罗蒂加姆没有指出美国进出口银行的低利息信贷是否会像此笔贷款一样拥有漫长的还款期限和宽限期。

资金用途与循环:这笔贷款按照协议全部用于基础设施建设等公共事业建设,其中:公路建设2.11亿美元;农业灌溉系统和农机进口1.15亿美元;卢安达(首都)电力系统重建0.45亿美元;五所初中使用了0.26亿美元;其他则分别用于医院和技校建设等。[④] 依据协议,使用该贷款的建设项目中,70%的项目应该由经过中国商务部核准的35家企业来竞标承包[⑤];承建过程中及完成之后,由承包企业向安哥拉政府提供费用清单和凭据,在安政府核准之后,由中国进出口银行直接支付这些承包企业,相应款项从为该贷款而设立的第三方保管账户(escrow account)里支出。通过这种资金"国内循环"的方式,中国进出

① CORKIN L. Uneasy allies: China's evolving relation with Angola. Journal of Contemporary African Studies, 29 (2011): 169-180.

② FOSTER V. Building bridges: China's growing role as infrastructure financier for sub-Sahara Africa (EXECUTIVE SUMMARY). World Bank, 2008: 46.

③④ BRAUTIGAM D. Aid "with Chinese characteristics": Chinese foreign aid and development finance meet the OECD-DAC aid regime. Journal of International Development, 23 (2011).

⑤ 同①.

口银行有效遏制了贷款在行政能力相对低下的国家里被挪用和贪墨的可能。

贷款偿付与担保：该笔贷款以安哥拉石油出口来支付。安哥拉问题专家露西·科尔金（Lucy Corkin）认为，安方以直接出口原油给中国的形式来偿还贷款；黛博拉·布罗蒂加姆则认为，安方从每日原油产量中拨付部分在国际市场出售，其收入打入第三方保管账户，用于支付贷款。安方为支付贷款所出售石油的具体产量不明，国际报道中从 1 000 bbl/d 到 120 000 bbl/d 不等，安方原油总产量为 2 000 000bbl/d。① 根据露西·科尔金的研究，中国进出口银行开始时不接受安哥拉提供的主权担保（sovereign guarantee），而要求安方在协议利息之外另支出 1%的利息作为保险，后来在中国外交部的介入下才取消了这一要求。②

对安哥拉外债脆弱性（debt vulnerability）的影响："搭便车"（free riding）是常见的对于中国对非融资的批评。有人认为，经历了 20 世纪 80 年代末到 90 年代末的拉美、非洲债务危机，发达国家通过一系列的减债重组计划终于降低了两大地区的总体债务水平，而此时中国进入非洲大量提供借款，将会破坏西方的努力，可能会让非洲国家重陷债务泥潭。安哥拉贷款项目有力地驳斥了这一观点。实际上，负债多年的安哥拉政府在使用中国贷款不久之后的 2007 年，就第一次偿还了欠"巴黎俱乐部"国家的 23 亿美元双边债务。③ 经合组织发展研究中心 2008 年的一份报告系统分析了此笔贷款对安哥拉债务水平的整体影响，认为利用高

① bbl/d 为国际原油产量单位"英制桶每日"。

② CORKIN L. Uneasy allies：China's evolving relation with Angola. Journal of Contemporary African Studies，29（2011）：169-180.

③ REISEN H. Is China helping improve debt sustainability in Africa. OECD-DAC G-24 Policy Brief，No. 9，2008. [2013-09-21]. http：//www. oecd. org/dev/39628269. pdf.

优惠度贷款来重建基础设施有力地提升了安哥拉吸引投资的能力，从而促进了安哥拉的经济增长以及出口，因此，这样大额的债务增长不仅没有恶化安哥拉的债务脆弱性，反而从负债率（债务与国民生产总值比率）和偿债率（债务与出口比率）等方面显著降低了安哥拉的整体外债水平。

发展效果：安哥拉政府在十分困难的情况下，利用珍贵的中国官方开发金融（ODF），迅速重建了大量基础设施和生产性项目；利用“贷款换资源”的信贷模式，把本国的自然资源真正投入到经济和人民福利增长中去，发展十分迅速，2012 年人均 GDP 已经超过 4 000 美元。不仅如此，来自中国的发展资金还刺激了来自西方传统援助国的发展资金，2009 年上半年德国和葡萄牙就为安哥拉提供了 17 亿美元和 5 亿美元的信贷资金，美国和英国也先后提供了 1.2 亿美元和 7 000 万美元的出口信贷。[①] 从另一方面来看，安哥拉配合国际大宗商品价格的“超级周期”（super cycle）而大力发展石油出口工业也有利于中国的经济发展。现在，安哥拉已经是中国在非洲最大的贸易伙伴，中国则是安哥拉产石油的最大进口国。2012 年，中国从安哥拉进口的原油达到每日 630 万桶，安哥拉居中国原油进口来源国第二位。[②]

遵循类似的贷款模式和可能更高的优惠程度（2007 年贷款利息为 LIBOR 上浮 1.25%），中国进出口银行又于 2007 年和 2010 年分别向安方提供了 25 亿美元和 60 亿美元的长期低息优惠信贷，这一系列共计超过 100 亿美元的混合信贷方案被黛博拉·布罗蒂加姆称为“安哥拉特别

---

① CORKIN L. Uneasy allies：China's evolving relation with Angola. Journal of Contemporary African Studies，29（2011）：169－180.

② WANG B，LEITICIA A. China-Africa political and economic relation in the 21st century：an analysis of China's new involvement into Africa，Doctoral dissertation，Jilin University.

国家贷款”（special state loans）。

第四节 中国特色官方开发金融的使用：股权投资类开发金融项目

除去对基础设施建设的忽视以外，ODA 另一个广受诟病的地方就是对非洲生产性领域投资的缺失。改善基建的必要性经过中非合作项目的正名之后逐渐取得了国际共识，但是对于生产性领域的投入缺失在短时间内很难得到改变。其根本原因在于，传统援助国的 ODA 作为国家政策，不可能支持任何可能损害自身利益的外国活动，而对于生产性领域的投资最终可能导致与援助国自身产品和服务的竞争。美国政府早在数十年前就提出了著名的“美国生产原则”（principle of made-in-America），即“（美国）所提供援助不得支持任何可能导致美国国内就业岗位大量丧失，或者实质性替代美国产品的项目”①。2008 年世界金融危机爆发之后，发达国家内部就业和失业问题进一步政治化，这一类禁令在可预见的未来很难得到豁免；而中国出于国内经济结构调整的需求，近年来对于低端制造业和富余产能的转移一直保持支持态度，中国特色 ODF 也对这些活动予以支持。

一、中国为非洲生产性领域提供的投资类开发金融

与中国进出口银行为非洲基建领域提供的大量优惠性质的贷款不同，国家开发银行的经营特色在于积极地为非洲生产性领域提供各种金融支

① Department of State & USAID. U. S. foreign assistance guide (undated 2014): 17. [2014-05-20]. http://pdf. usaid. gov/pdf _ docs/PNADC240. pdf.

持，通过官方资金的投入来引导中国企业投资非洲，尤其是非洲制造业和农业，此类代表性业务是中非发展基金和“非洲中小企业特别贷款”。中非发展基金成立于2007年，通过股权注资来为中非企业开业建厂和扩展业务分担风险，投资的最低标准为500万美元，最高持股比例不超过50%，投资之后不介入项目的运营管理。截至2016年一季度，中非发展基金已累计对36个非洲国家85个项目决策投资超过33亿美元，可带动中国企业对非投资超过160亿美元。这85个项目形成了四个主要的产业板块：基础设施、装备制造、农业民生、能源矿产。基金所投资的项目可增加非洲当地出口约20亿美元、税收约10亿美元，直接惠及100多万当地雇员、家庭和项目所在地社区民众。① 除了为当地工业化带来贡献以外，这些项目还提供了相当可观的社会效应。中非发展基金既为中国企业进入非洲提供各种咨询服务，也为非洲企业寻找在华股权投资机会。与中非发展基金投资500万美元的大型项目不同，“非洲中小企业特别贷款”关注的是中小型企业。它通过非洲当地合作银行发布2万美元以上的单个项目转贷贷款，或者100万美元以上的直接贷款，获资项目多为非洲出口加工和农业加工领域内的初创中小企业。

以上这两个中国特色ODF的支持项目，往往还和中非合作的另一项倡议——特别经济区相结合，利用中国官方资金引导合适的（制造业）企业投资非洲，在基础设施和政务服务条件都较为优越的开发区设立工厂，其中最为典型和成功的案例就是引发国际媒体和发展机构大为赞誉的埃塞俄比亚“华坚鞋城”项目。来自中国东莞的华坚集团是全球最大的女鞋生产商，主要开展贴牌加工业务。2012年年初，在中非发展合作

① 王勇．在“江苏—南部非洲投资与发展高层论坛”上的讲话．江苏省人大友促会．2016-05-23.

基金的注资下（具体规模未见报道），该集团投资600万美元在埃塞俄比亚首都亚的斯亚贝巴郊区的东方工业园内建设“华坚鞋城”，拥有两条世界先进的鞋类生产线。截至2013年年底，该工厂的当地雇佣工人数已经从600人增加到了2 500人，月工资约50美元（当地平均水平），并提供充分的技术培训。华坚埃塞俄比亚分公司2012年已经成为埃塞俄比亚全国出口冠军企业，占当年埃塞俄比亚皮制品（埃塞俄比亚最主要的出口产品）出口量的57%。[①] 埃塞俄比亚政府预计，未来数年内，“华坚鞋城”项目将为当地带来40亿美元的出口收入和数万个就业机会。[②]

二、中国特色ODF对于中企在非洲投资的促进：以加纳为例[③]

加纳共和国地处西非，1957年脱离英国殖民统治而独立，独立以后沿用了英国的法律制度和政府结构，与中国一直保持着良好的关系，也是最初投票支持新中国夺回联合国合法席位的国家之一。加纳在建国早期曾经采取过指令经济和进口替代的工业化过程，但是由于种种原因遭到失败，并最终沦为高度依赖西方的受援国。不同于其他非洲国家的是，加纳一直维持相对的政治稳定，从而成为西方援助非洲的“金童”之一。特别是20世纪90年代实行民主化改革以来，加纳一直被认为是非洲发展最好的国家之一，国民生产总值一直呈现高速增长态势（见图5-3）。加纳的社会发展水平也较高，其2014年人类发展指数（human develop-

① 卢峰．从“华坚现象”看中国对非投资类型转变．国际经济评论．[2014-04-20]. http://ejournal.iwep.org.cn/home/details/324.htm.

② “Huajian of China's Ethiopian Export Zone May Generate ＄4 bln”, Ethiopian Embassy in Beijing, Mar 23, 2013. [2014-04-20]. http://www.ethiopiaemb.org.cn/pdf/323_HuajianofChinasEthiopianexportzonemaygeneratebln.pdf.

③ 本节内容来自笔者于2015年7—9月在加纳的实地田野调查，在此感谢霍普金斯大学中非研究倡议为此次调查提供资金支持。

ment index indicator)[①] 为0.579，全球排名140位，属于非洲最好的几个国家之一。[②]

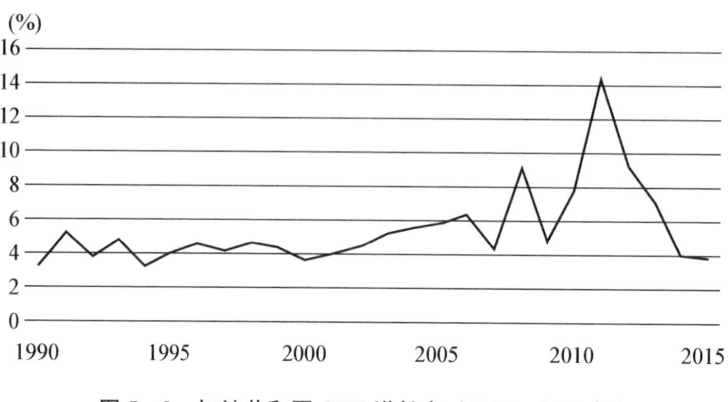

图5-3 加纳共和国GDP增长率（1990—2015年）

资料来源：World Bank Data，World Development Indicators-Ghana. http：//data. worldbank. org/indicator/NY. GDP. MKTP. KD. ZG? locations=GA.

限制加纳经济发展的最大瓶颈就是电力供应。1961年，加纳政府自筹9 800万美元，又从美英两国和世界银行借贷了相同数目的资金，耗资近2亿美元修建了阿科松博水电站。[③] 水电站原本用于给加纳最大的工厂凯撒电解铝厂供电，占据加纳国内发电量的40%以上，但是自2000年起，由于气候变化，降水急剧减少，水电站发电量也急剧减少；再加上发电机组年久失修，现在该水电站基本上已停止发电。[④]

1. “一揽子”合作时期

为了解决电力危机，加纳决定修建另一座水电站，并寻求中国的资

---

① 人类发展指数，是联合国开发署（UNDP）使用的衡量国家发展程度的指数，主要衡量人均寿命、受教育程度、性别平等。

② UNDP. Human development report 2015：briefing note for countries on the 2015 human development report. [2014-04-20]. http：//www. hdr. undp. org/sites/all/themes/hdr _ theme/country-notes/GHA. pdf.

③ 唐晓阳．中非经济外交及其对全球产业链的启示．北京：世界知识出版社，2014：73.

④ 根据对海德（美国国际开发署驻加纳办公室能源顾问）的访谈，阿克拉美国大使馆国际开发署大楼3层，2015年9月17日。

金和技术支持。2007 年，中国进出口银行与加纳财政部签署贷款协议，为布维（Bui）水电站项目提供了一笔价值 2.92 亿美元的出口信贷，采用商业利息，另外还有一笔 2.7 亿美元的优惠贷款，利息为固定利率 2%，资金使用加纳最大的出口物资可可豆作为担保，加纳方面每年将固定比例的可可豆销售收入打入平行监管账户来支付中国贷款。[①] 而在实际项目融资安排中，为了资金使用方便，采取加纳方面 10%项目预付款，加上中国政府 45%优惠贷款和 45%商业贷款（出口信贷）的“10+45+45”融资模式筹措资金。2011 年，布维项目申请增加了 1.684 亿美元补充项目经费，仍然采取“10+45+45”的融资结构。[②] 布维水电站项目已经于 2014 年顺利并网发电，204 兆瓦的电力供应缓解了加纳的电力紧张（见图 5-4）。但是，由于季节性来水和降雨问题，加纳的电力问题仍然未得到解决。

图 5-4 笔者在中水电加纳布维水电站工地，2015 年 8 月

2007 年，KOSMOS 石油公司在加纳海岸发现了朱比利（Jubilee）油气田，加纳正式加入非洲产油国行列。2010 年，中加两国政府签订框架协议，中国决定为加纳提供 30 亿美元信贷，支持加纳国内基础设施建设和工业化发展。如前所述，这 30 亿美元“一揽子”协议使用加纳石油出口收入作为担保，

---

① BRAUTIGAM D. The dragon's gift：the true story of China in Africa. Oxford Press，2009：175.

② 根据对寇志勋（水电八局布维项目部商务部副经理）的访谈，加纳布朗阿哈弗省布维水电站营地，2015 年 8 月 14 日。

而资助的项目则由中加两国协商决定。2012 年，双方协议由中国华为技术公司加纳分公司承建加纳政府安全网络建设项目，项目资金为 1.76 亿美元，于 2015 年年初完工并交付使用。[①] 2012 年年初，30 亿美元“一揽子”支持的另一个更为重要的项目——阿图阿博（Atuabo）天然气处理设施——也正式开工建设（见图 5－5），国家开发银行为该项目提供了 8.5 亿美元的贷款支持。该项目是西非第一个天然气处理设施，用来处理朱比利油气田的天然气，生产的液化天然气用于发电，而凝析油和液化石油气则用于其他工业与民用设施。中国石化（Sinopec）承建了该项目，不仅在短短三年内就实现了项目供气，还为加纳天然气公司（GNGC）培训了第一批技术工人。[②]

图 5－5　笔者在中石化阿图阿博天然气处理厂，2015 年 9 月

然而，中加 30 亿美元“一揽子”合作经历了初期的发展高潮之后，自 2015 年开始逐渐遇到了一些困难，除去华为网络项目和中石化天然气

① 根据对李晨晖［华为科技南非（加纳）分公司公共与政府事务部主任］的访谈，阿克拉华为办公大楼，2015 年 9 月 14 日。

② 根据对范龙贤（中石化加纳公司商务部副主任）的访谈，加纳中部省阿图阿博天然气处理设施营地，2015 年 9 月 3 日至 5 日。

项目使用的10亿美元之外，其他项目已经基本停止或者取消。造成这一结果的原因主要有：首先，由于2008年金融危机以及后危机时代全球石油需求的减少，世界市场上的石油价格自2014年以后一路剧跌，而加纳为30亿美元“一揽子”提供的石油担保也随之贬值，后续项目的资金安全难以保证。其次，中非“一揽子”合作模式中，中企大多数作为建设承包商承建项目，很少介入项目运营，利润率低下，在国内经济增长、人工成本快速上升的情况下，对于此类项目兴趣下降。再次，2000年以来，非洲兴建了大量的基础设施，与此同时，也积累了较高水平的政府债务，在国际货币基金组织和世界银行等国际机构的压力下，难以继续采取债务融资形式来搞基建。最后，非洲各国也发现，外国直接投资和开发性项目可以提供更多就业、增加税收、便利本国吸纳新的技术和管理水平，因此更加倾向于投资项目。①

2. 开发性股权投资时期

来自中国的深圳能源是国内上市企业，在了解了加纳的电力建设需求后，于2007年6月注册成立深圳能源（加纳）分公司，并决定投资特马（Tema）建设的安所固（Ansogli）电站项目一期，总资金需求为2亿美元。深圳能源使用自有资产投资了6 000万美元，向国家开发银行申请了1亿美元项目融资贷款（出口信贷），又争取了中非发展基金4 000万美元的股权投资，充实了项目资金所需。② 2008年，安所固项目破土动工，采取了业主自建和业主负责制的方式建设了电站，并将6套原位于深圳的发电机组运往加

① 根据对孙保红（中华人民共和国驻加纳特命全权大使）的访谈，阿克拉坎通木中国驻加纳大使馆老馆区，2015年8月25日；根据对楚顺堂（中非发展基金加纳总代表）的访谈，加纳阿克拉世界贸易中心中非基金办公室，2015年8月9日；根据对田华（中石化集团国际石油工程有限公司西非分公司副总裁）的访谈，加纳阿克拉中石化办公室，2015年8月12日。

② 根据对国家开发银行驻加纳办公室的访谈，加纳阿克拉保利公关国开行办公室，2015年9月15日。

纳装备新电站。安所固电站一期为天然气电站，使用西非天然气管道供气；设计发电装机容量为200兆瓦，实际发电装机容量为180兆瓦。电站于2010年10月实现了机组试运行，并于2011年1月正式并网发电运行；5年来，除受到天然气断气影响外，实现了无间断发电，极大地缓解了加纳的电力紧张局面，得到了加纳政府的多次嘉奖。① 鉴于安所固电站一期项目的良好效果，目前设计为400兆瓦的电站二期项目已经接近投产，并再次获得了国家开发银行和中非发展基金的融资支持。除了深圳能源电站项目以外，中非发展基金还联合海南航空公司在加纳推进了全非航空公司（Africa World Airlines，AWA）项目。该项目由加纳SAS金融集团发起，中非发展基金、海南航空控股股份有限公司、加纳社会保障与国民保险基金共同出资，在加纳首都阿克拉成立。海南航空由海航集团全资拥有，是其在航空领域的投资管理平台，在本项目中持股42%，为第一大股东；其余股份分别由中非发展基金（28%）、SAS（20%）和SSNIT（加纳国家社保信托）（10%）持有。本项目总投资3 129万美元，基金出资986万美元。全非航空的多条国内航线涵盖加纳各主要城市，国际航线遍布临近的西非各国，各航线平均上座率超过了70%。全非航空加强了西非各经济体的互联互通，增强了地区经济一体化，特别是通过开设阿克拉至拉各斯航线加强了加纳和尼日利亚这两个非洲重要经济体之间的联系，在获得良好经济回报的同时取得了极佳的发展效果。②

有关中国和加纳发展合作的两个时期的项目情况如表5-2所示。

---

① 根据对孙宁［深能安所固电力（加纳）有限公司财务主管］的访谈，加纳特马市安所固电站，2015年8月26日。

② 根据对楚顺堂（中非发展基金加纳总代表）的访谈，加纳阿克拉世界贸易中心中非基金办公室，2015年8月9日。

表 5-2　中加发展合作的两个时期的项目情况

	“一揽子”合作时期		开发性股权投资时期	
项目	布维（Bui）水电站	加纳政府网络安全建设项目；阿图阿博（Atuabo）天然气处理设施	安所固（Ansogli）电站项目一期	全非航空公司（Africa World Airlines）
融资方	中国进出口银行、加纳财政部	（中）国家开发银行	深圳能源、中非发展基金	海南航空、中非发展基金、SAS、SSNIT
承建方	中国水电	中国华为技术公司、中国石化	深圳能源	海南航空公司
业主	布维电力局	加纳政府、加纳天然气公司	深圳能源	海航控股
项目总资金	7.304亿美元（2.92＋2.7＋1.684）	30亿美元	2亿美元	3 129万美元
融资结构	“10＋45＋45模式”：加纳方面10%的项目预付款，加上中国政府45%的优惠贷款和45%的商业贷款(出口信贷)，以可可豆为担保	中国政府提供商业信贷，以石油为担保。实际拨付10亿美元	自有资产6 000万美元，国开行项目融资贷款1亿美元，中非发展基金股权投资4 000万美元	海航42%、中非发展基金28%、SAS（加）20%、SSNIT（加）10%
商业模式	EPC	EPC	业主自建、业主负责	业主自建、业主负责
项目效果	缓解了加纳的电力紧张，但是由于季节性来水和降雨问题，并未彻底解决加纳的电力问题	在实现项目供气的同时，实际上帮助建立了加纳天然气公司（GNGC），并培训了第一批技术和管理人员	5年来，除受到天然气断气影响外，实现了无间断发电，极大地缓解了加纳的电力紧张局面	国内航线涵盖加纳各主要城市，国际航线遍布临近的西非各国，加强西非各经济体的互联互通，增强地区经济一体化

资料来源：笔者根据相关资料整理而来。

如果没有中非发展基金的战略性股权投资，以上两个项目可能都很难在加纳落地发展。实际上，援助先导、进出口和投资跟进的多种政策的复合使用正是企业“走出去”战略在发展中世界的优势所在。它既可以解决发展中国家资金缺口的问题，又可以为中国企业和产品打开市场，往往还可以为中国国内发展输送紧缺资源，可谓互利多赢的典范。从未来的趋势来看，中非发展合作的“一揽子”/“资源换基建”模式的继续大规模推广遇到了瓶颈[①]，中非合作逐渐从单纯依赖中国国有资金和企业，转向在官方开发金融引导下私营企业的大举进入，比如加纳案例中的深圳能源和海南航空。与此同时，传统的援助模式并未退出历史舞台，布维水电站项目和新世纪职业培训学校等项目仍然占据了非常重要的地位。

第五节　中国特色官方开发金融的影响评估

一、中国特色 ODF 对中国经济的影响

进入新世纪以来，中非贸易额以惊人的速度增长。2013 年，中非贸易额已达 2 102 亿美元，是 1960 年的 2 000 多倍。[②] 李克强总理在非盟总部的讲话里还提出，预计到 2020 年以前，中非贸易额将会达到 4 000 亿美元。[③] 图 5 - 6 显示了撒哈拉以南非洲各国的 GDP 变动与世界上几个重要经济体（地区）GDP 变动的“同步”程度。从中可以明显地看出，撒

---

① 根据对孙保红（中华人民共和国驻加纳特命全权大使）的访谈，阿克拉坎通木中国驻加纳大使馆老馆区，2015 年 8 月 25 日。

② 商务部．中国与非洲的经贸合作 2013.（2013 - 09 - 03）[2014 - 05 - 14]. http://www.mofcom.gov.cn/article/i/jyjl/m/201309/20130900283312.shtml.

③ 李克强在非盟会议中心的演讲：开创中非合作更加美好的未来.(2014-05-05)[2014-05-10]. http://politics.people.com.cn/n/2014/0505/c1001-24977870.html.

哈拉以南非洲的经济发展和中国的同步性最高，到 2000—2008 年时段已经超过了 50%，且还在上升；与欧盟地区的同步性其次，在 2000—2008 年时段落后较多，而在 2009—2013 年时段有所提升，落后中国约 5 个百分点。非洲各国 GDP 与以美日两国为主的“除欧盟外其他发达经济体”的同步性最低，2000 年以后已不足 30%。数据显示，同期中国对非直接投资也开始快速增长，2009—2012 年四年间年均增长 20.5%，投资流量由 14.4 亿美元增至 25.2 亿美元。① 事实上，早在 2009 年，中国就已经取代美国成为非洲最大的贸易伙伴；2012—2016 年，中国连续五年蝉联非洲第一大贸易伙伴国，中非经贸合作有着巨大的发展潜力。

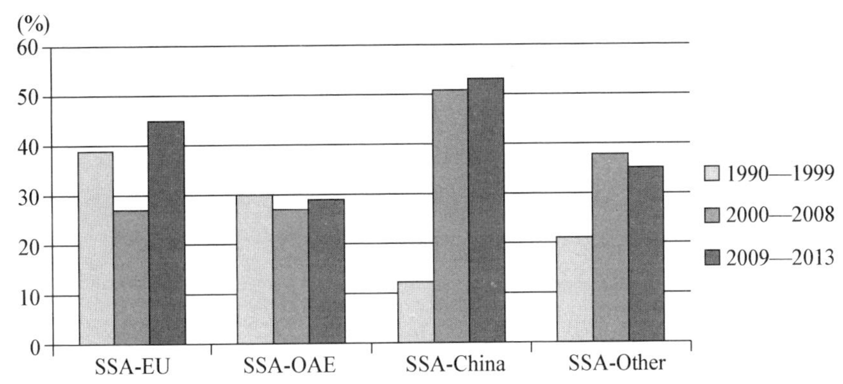

图 5-6 撒哈拉以南非洲与其他主要经济体（地区）GDP 增长同步程度：1990—2013 年

注：1. SSA=撒哈拉以南非洲，EU=欧盟，OAE=除欧盟外其他发达经济体，China=中国，Other=除上述国家以外的其他国际货币基金组织成员国。

2. GDP 互动超过 0.5 相关性的国家比例，按百分比记。

资料来源：国际货币基金组织《世界经济展望数据库》，由国际货币基金组织专家统计得出。

2013 年 3 月 24 日至 30 日的短短 7 天内，习近平主席访问了坦桑尼亚、南非和刚果共和国，他在坦桑尼亚尼雷尔国际会议中心的演讲中指

① 中非经贸合作 2013. 中华人民共和国国务院新闻办公室，2013-08.

出：“当前，中非关系正站在新的历史起点上，具备天时、地利、人和的优势。……中非合作基础更加坚实、合作意愿更加强烈、合作机制更加完善，推进中非合作是双方人民共同心愿，是大势所趋、人心所向。……新形势下，中非关系的重要性不是降低了而是提高了，双方的共同利益不是减少了而是增多了，中方发展对非关系的力度不会削弱、只会加强。”① 立足于中非双方发展的共同阶段，中国特色 ODF 不仅仅是一种外交政策工具，更是联系国内和国外因素的经济国策（economic statecraft），这是对中国特色 ODF 进行全面影响评估的基本认识。囿于篇幅，以下仅选取产业转移、基建合作和能源安全三个方面简要分析中国特色 ODF 对中国经济的影响。

1. 产业转移

中非双方经济互补性和产业承接性强，合作前景广阔。研究中国经济的权威林毅夫教授于 2012 年卸任世界银行首席经济学家、重返讲坛之后，在原有理论的基础上提出了“新结构主义”理论。他反思了二战以来的发展经济学在国家发展战略和政策上的失误，把中国的经济结构调整与非洲的发展联系在了一起。他认为，从全球范围来看，非洲拥有丰富的自然资源禀赋、日益改善的基础设施，以及最为重要的因素，即总规模相当于越南和马来西亚等东南亚国家联合在一起的适龄劳动力人口，因此，非洲是唯一拥有潜在的可能去接受并吸收从中国逐渐转移出来的低端制造业的地区。② 将这些制造业从中国转移到非洲，对中非两国的

① 习近平在坦桑尼亚尼雷尔国际会议中心的演讲．（2013-03-25）［2014-04-20］．http：//www.gov.cn/ldhd/2013-03/25/content_2362201.htm.

② 林毅夫．新结构经济下的新路径：中国产业与非洲产业的结合．2013 年 7 月于“第五届世界鞋业大会”上的讲话．［2014-04-22］．http：//www.huajian.com/news/shownews.asp? id=483.

经济都具有重要的积极作用。对中国而言，向外转移低端制造业可以避免支付“创造性摧毁”的成本，还可能为产品获得关税的减免（如欧盟和美国对于非洲产品的优惠对待）；对非洲当地而言，这些制造业则带来了税收、出口收入以及大批就业。由此可见，中国特色 ODF 的积极作用是双向的，通过这一机制，转移双方政府帮助企业降低和分担这种前瞻性产业转移成本（林毅夫称之为“潜在比较优势”）的意愿与努力获得了保证。李克强总理在非盟会议中心的演讲中也强调了这一点，并且将其作为中非合作“六大工程”的第一点“产业合作工程”提出。李克强承诺：“中方将加强同非洲的产业合作，促进纺织服务、轻工家电等劳动密集型产业和制造业发展……实现中非产业战略对接”[①]。兰德公司的报告在分析中非特别经济区（SEZs）时也提出：“（这些 SEZs 的设立在帮助接受国发展经济以外）也同样立足于帮助中国国内的结构调整，允许在国内市场上越发失去竞争力的纺织业、皮制品和建材等劳动密集型产业转移出中国。”[②] 2015 年 12 月召开的中非合作论坛约翰内斯堡峰会上，习近平主席提出了未来 3 年内中国将重点实施的中非“十大合作计划”，涵盖工业、农业、金融、基础设施、人文、安全等领域。其中，中非工业化合作计划明确表示，中方将积极推进中非产业对接和产能合作，鼓励支持中国企业赴非洲投资兴业，合作新建或升级一批工业园区，向非洲国家派遣政府高级专家顾问。[③]

① 李克强在非盟会议中心的演讲：开创中非合作更加美好的未来．（2014－05－05）［2014－05－10］．http：//politics. people. com. cn/n/2014/0505/c1001－24977870. html.

② HANAUER L，MORRIS I J. Chinese engagement in Africa：drivers，reactions，and implications for U. S. policy. Rand Corporation，2014：39.

③ 习近平在中非合作论坛约翰内斯堡峰会开幕式上的致辞．（2015－12－05）［2017－10－16］．http：//www. focac. org/chn/ltda/dwjbzzjh _ 1/zyjh/t1321569. htm.

2. 基建合作

随着中国国内经济结构的调整，实物贸易固然重要，但是出口服务业对于中国而言更具重要性，尤其是对于高度饱和的中国建筑业和高速发展的高端装备制造业来说。自 1999 年以来，由于国内房地产业的迅速发展，中国建筑业进入了高速扩张阶段，世界银行测算其年度增速达 20%。高速发展的建筑业面临国内竞争和不景气的风险，迫切需要开拓国际市场，而全球范围内对于基建、市政和房屋建设需求量最大的地区就是非洲。据 G20 全球基础设施中心（Global Infrastructure Hub，GI-Hub）的统计，从 2017 年起的未来 20 年，非洲基建领域仍需 6 万亿美元的投资。[①] 2009 年的《FOCAC 沙姆沙伊赫行动计划》将基础设施作为非洲发展的“瓶颈和中非发展合作的理想场所”[②]；2010—2012 年，72.4%的中国对外援助资金被投入包括经济基础设施和社会公共基础设施在内的基础设施建设领域。[③] 胡锦涛主席 2012 年提出的中国支持非洲发展“五大重点领域”中，就包括“跨国基础设施建设上的合作伙伴关系”，包含公路、铁路以及水利设施等。[④] 同样的，2015 年约翰内斯堡峰会提出的中非“十大合作计划”中单列出了“中非基础设施合作计划”，涵盖铁路、公路、区域航空、港口、电力、电信等。[⑤] 中国建工企业在非洲的惊人表现早已经引发了世界的关注，中兴、华为作为通信方案供

---

① https://outlook.gihub.org/region/Africa.

② Forum of China and Africa cooperation. Sharm El Sheikh Action Plan 2010-2012, Nov 12, 2009. [2014-03-07]. http://www.focac.org/eng/ltda/dsjbzjhy/hywj/t626387.htm.

③ 国务院新闻办公室. 中国的对外援助（2014）.（2014-07-10）[2014-07-20]. http://www.scio.gov.cn/zfbps/ndhf/2014/document/1375013/1375013_1.htm.

④ 胡锦涛：中国将在五个重点领域支持非洲发展. 人民日报，2012-07-20. [2014-05-20]. http://dangjian.com/syjj/gcsy/201207/t20120720_766762.shtml.

⑤ 习近平在中非合作论坛约翰内斯堡峰会开幕式上的致辞.（2015-12-05）[2017-10-16]. http://www.focac.org/chn/ltda/dwjbzzjh_1/zyjh/t1321569.htm.

应商在很多非洲国家已经实现了市场垄断。非洲市场成为中国工程承包企业仅次于亚洲的最为重要的海外市场；来自中国的基建资金在2007—2012年间增长了三倍，现在约占全非洲基建融资总额的一半。[①] 铁路建设和高铁技术这两年更是成为中国装备制造业的品牌，从西非的安哥拉到东非的肯尼亚，从东南亚的缅甸、泰国到南亚的印度，直至拉美甚至英伦三岛，中国“铁路外交”已经基本成型，并且获得了中央政府的大力推广。

3. 能源安全

随着原油资源探明量和石油产量的增加，非洲被誉为“第二个海湾地区”，截至2016年年底，非洲原油资源探明储量占世界探明储量的7.5%。[②] 作为新的“世界工厂”，中国有着庞大的石化能源需求。由于国内能源生产不足，而新能源的开发与生产在短期内也很难进入商业化阶段，中国对于能源进口的依赖难以在近期内发生改变。据国际能源署（IEA）测算，早在2010年，中国已经取代美国成为世界最大的能源消费国，并将于2020年之前成为全球最大的净石油进口国，届时日均进口量将由2011年的850万桶增加到1 300万桶，占每日需求总量的80%。[③] 20世纪90年代，中国就开始了与非洲国家在石油领域的合作。在日益严峻的能源安全局势下，中国特色ODF强大的金融支持能力保证了中国油企能够在全球最新的油气产区——非洲获得大量的石油供应，特别是

---

① IMF. Regional economic outlook：sub-Sahara Africa，Oct 2014，p. 46.

② BP. BP Statistical Review of World Energy June 2017. [2017－10－09]. https：//www. bp. com/content/dam/bp/en/corporate/pdf/energy-economics/statistical-review－2017/bp-statistical-review-of-world-energy－2017－full-report. pdf.

③ International Energy Agency. World energy outlook 2011，OECD and IEA，Nov 9，2011. [2014－03－06]. http：//www. worldenergyoutlook. org/publications/weo－2012/.

在安哥拉、苏丹、南苏丹和赤道几内亚。通过“资源换基建”优惠性贷款项目的开展，自 2011 年起，来自非洲的石油供应就超过了中国石油进口总量的 25%，使得中国能源进口来源实现了高度多元化。而作为同样依赖石油进口的亚洲经济体，日韩对于中东石油的进口依赖度都超过了 80%，中国的这一比例尚不足 50%，其余的石油进口则来自非洲、东欧和南北美洲。① 考虑到中东地区和北非持续不安定的地区局势，非洲的能源供应极大地丰富了中国能源进口的多样性，降低了石油进口风险指数，使中国的能源安全状况获得改善。不过，非洲石油相对于中东、美洲等地的有限储量、较低程度的开发，以及非洲未来自身工业化的石油需求，意味着非洲石油的出口仍存在许多不利因素。从另一种意义上说，对非洲石油的愈发依赖，也让非洲国家本身的安全稳定直接地影响到了中国的国家利益，以至于已经有西方分析家提出：作为中国外交基石的“不干涉内政”原则遭到了挑战，更有人在利比亚和苏丹、南苏丹的案例出现之后，将该原则称为“天鹅的挽歌”②。这要求中国在重视非洲石油巨大潜力的同时，要全面考虑可能的不利影响，对风险保持警惕。

二、中国特色 ODF 对非洲伙伴国的影响

《经济学人》杂志曾经在 2000 年 5 月的封面故事（见图 5－7 中的左图）中把非洲称为“无望的大陆”。然而时过境迁，十年之后，《经

① Country Analysis：China，Japan and Korea 2012，United States Energy Information Administration.［2013-03-10］. http：//www.eia.gov/countries/cab.cfm? fips=CH.

② ZAMBELIS C. A Swan Song in Sudan and Libya for China's ‘Non-interference’ Principle. Jamestown Foundation China Brief，11（2011）.［2014-04-20］. http：//www.jamestown.org/single/? tx_ttnews%5Btt_news%5D=38319&tx_ttnews%5BbackPid%5D=517&no_cache=1.

济学人》又在 2011 年 12 月的封面故事（见图 5－7 中的右图）中高呼“非洲正在崛起!”随着中国在非洲的经济活动的发展，传统援助国也重新发现了非洲的价值。发达国家原有的以 ODA 政策为核心的对非战略开始逐渐被包含投资、贸易和其他商业利益的“新非洲战略”所取代。[①] 把中国和传统援助国对非洲发展的贡献区分开来并没有多少实际的意义，但是仅就中国特色 ODF 的影响来看，对于非洲伙伴国的积极影响主要集中在基础设施改善、投资增长以及产能合作深化三个方面。

图 5－7 2000 年 5 月《经济学人》杂志封面（左）和 2011 年 12 月《经济学人》杂志封面（右）

首先，中国特色 ODF 能够帮助非洲实现全洲性的基础设施的改善。研究显示，交通电信等基础设施的缺口使得非洲企业（包括在非洲经营

① White House U. S. Strategy towards Sub-Saharan Africa. White House Press Release on June 14，2012. [2014－06－20]. http：//www. whitehouse. gov/sites/default/files/docs/africa _ strategy _ 2. pdf.

的国际企业）损失了40%以上的生产力。① 在2000年以来非洲经济的高速增长中，至少有一半应该归功于基础设施的改善，而仅中国一国就为非洲基础设施的改善提供了超过八分之一的资金。② 在2015年发布的《中非合作论坛——约翰内斯堡行动计划（2016—2018年）》中，中非双方都认为基础设施滞后是制约非洲实现自主可持续发展的主要瓶颈之一，将利用PPPs、BOT等方式支持非洲基础设施建设。中非双方的基础设施合作既涵盖非洲各国国内的交通和能源基础设施建设，同时也强调非洲跨国跨区域基础设施建设，并着力推进非洲国家之间高速公路网的建设。作为约翰内斯堡峰会各项计划实施的开局之年，2016年中国企业在非洲新签承包工程合同额821亿美元，比2012年增长近30%③，由此可见非洲地区对于改善基础设施状况的迫切需求。2017年新签承包工程合同额虽然与2016年的高峰值相比有所下降，但也达到了765亿美元，并完成营业额512亿美元。④ 在这两年间，一大批具有示范效应的基础设施建设项目在中国特色ODF的资助下落地非洲，开创了非洲地区的多个“第一”。例如，于2017年5月建成通车的蒙内铁路（蒙巴萨港—内罗毕）是中国帮助肯尼亚修建的一条全线采用中国标准的标轨铁路，是肯尼亚独立以来的最大基础设施建设项目，也是肯尼亚实现2030年国家发展愿景的“旗舰工程”。在融资过程中，中国进出口银行负责36.04亿美元即90%以上的融资，分别以16亿美元的优惠出口买方信贷和20亿美

---

① 唐晓阳．中非经济外交及其对全球产业链的启示．北京：世界知识出版社，2014：73.

② HANAUER L，MORRIS I J. Chinese engagement in Africa：drivers，reactions，and implications for U. S. policy. Rand Corporation，2014：49.

③ 商务部．党的十八大以来中国与西亚非洲地区经贸合作成就．（2017-10-17）［2018-03-15］. http：//www. mofcom. gov. cn/article/ae/ai/201710/20171002656824. shtml.

④ 商务部．务实推进合作共赢的中非经贸关系．（2018-02-23）［2018-03-15］. http：//www. mofcom. gov. cn/article/ae/ai/201802/20180202714024. shtml.

元的自营贷款方式提供，通过“金融造血”的方式推动肯尼亚的国家发展。[①] 复兴公路铁路交通类的基础设施还给非洲一体化进程提供了必要的助力。而建成跨国贸易和市场不仅是非洲联盟矢志不渝的使命，也是非洲经济进一步发展的必由之路。

除了中国特色 ODF 给非洲提供了在不增加税负压力的情况下改善基础设施的可能以外，中国大型企业的多行业运营能力也给非洲的经济社会发展带来了巨大助益。仍以西非加纳为例，位于布朗阿哈弗省的布维水电站项目，其建设资金当中大约四成都是优惠程度非常高的中国政府优惠贷款，不仅如此，中国水电集团还在事实上承担了地区经济社会开发的责任。中水电不仅提供了从水电设计、施工到运营的一条龙服务，作为事实承建方的中水电第八工程局（湖南）还在建设水电站之外，帮助业主布维电力局修建了公路配套设施、输变电设施，甚至员工宿舍和商业社区。中水电八局建设了能够容纳四个中型村落居民的移民社区，并提供了学校、医院和供电等基础设施，还为水库移民修建了捕鱼的基本设施。[②] 对比来看，欧美企业在执行这一类开发项目时，往往只能在其具备优势的某一行业上承接业务，难以扩展，因而往往难以与中企竞争。

其次，对于自然资源丰富的非洲国家，中国对于矿产品的需求和投资既是资源开采行业发展的需要，也是脱离西方垄断企业而实现独立自主的契机，更将是经济增长的重要动力。另外，通过“资源换基建”贷款的实施，自然资源产生的收益得以直接导向民生领域，能够有效避免

① 太和智库．肯尼亚蒙内铁路的前世今生（下）．（2016－09－14）［2018－03－15］．http：//opinion.hexun.com/2016－09－14/186014484.html.

② 来自笔者于 2015 年 8 月在加纳布维水电站营地的访谈。

ODA 被诟病多年的贪腐和挪用陷阱。长期以来，传统援助国通过 DAC 实际上结成了“援助国卡特尔”，通过“债务可持续性框架”严格限制非洲国家的融资尝试，虽然防范了债务风险，但同样扼杀了发展的可能。如李若谷先生所指出的那样，中国特色 ODF 为非洲国家提供了除“巴黎俱乐部”和国际货币基金组织之外的选择，从而为它们在国际谈判中争取更加公平有利的合作条件提供了机会。2013 年世界银行的报告已经显示，2005 年以来中国私营企业对非直接投资呈现高速增长的态势，私人对非投资最终一定会超越来自国有企业的投资，最终改变目前中国对非投资仍然以国有企业为主的现状；中国对非投资也开始离开传统的资源能源领域，大规模投入制造业。① 在对非投资迅速增长势头（特别是制造业）的鼓舞下，中国在《中非合作论坛——约翰内斯堡行动计划（2016—2018 年）》中承诺扩大对非投资规模，鼓励和支持中方劳动密集型产业向非洲转移，开展进口替代型和出口主导型合作，力争到 2020 年中国对非直接投资存量由 2014 年的 324 亿美元增长到 1 000 亿美元。为了达成这一目标，中国依托中非合作建设的工业园区，如埃及泰达苏伊士经贸区、尼日利亚莱基自贸区等，为中国企业在非投资创造良好的环境。同时，完善金融和法律的支持政策：发挥政策性保险机构的作用，为中国企业对非投资提供融资保险支持；积极落实《促进和保护投资协定》，为双方投资创造良好环境，促进投资合作，切实保护投资者的合法权益。

最后，对于基础设施相对完善、具备一定工业基础的国家，中国转移出来的低端制造业将是工业化的重大利好。中国从自身的发展经验出

① SHEN Xiaofang. Private Chinese investment in Africa：myths and realities. Policy Research Working Paper 6311. World Bank，2013.

发，始终认为国民经济的发展离不开工业化，特别是出口型制造业的出口创汇能力是国家积累财富的重要途径，因此中非之间的产能合作成为未来中非发展合作的重中之重。习近平主席在约翰内斯堡峰会上专门发言阐述产能合作的重要性，将推进中非产业对接和产能合作列为中非“十大合作计划”之一。在峰会的成果《中非合作论坛约翰内斯堡峰会宣言》中，中非双方的领导人高屋建瓴地提出要积极开展产业对接和产能合作，共同推动非洲工业化和农业现代化进程。为此，《中非合作论坛——约翰内斯堡行动计划（2016—2018年）》确定了未来中非产能合作的基本原则，中国在该计划中承诺设立首批资金100亿美元的“中非产能合作基金”，支持中非产业对接与产能合作。不仅如此，李克强总理在非盟总部的讲话中还承诺“毫无保留地与非方分享中国开发出来的先进适用技术及应用成果”，这无疑将有利于非洲国家利用后发优势发展国民经济。在“互利共赢、共同发展”原则的指导下，2017年12月13日，首届中非产能合作展览会在肯尼亚首都内罗毕肯雅塔国际会议中心开幕，本次展会共吸引来自中国17个省、市、自治区和香港地区的60家企业参展，是近年来中国在非洲举办的最大经贸活动之一，旨在推进国际产能和装备制造合作，帮助非洲提升自主发展能力。①

三、冲击与应对：美国和“电力非洲倡议”

自2008年入主白宫以来，奥巴马政府的美国对非经济政策一直受到国内商界、政界和学界的广泛批评，“对非洲经济机会视若无睹”“在对非政策上吃老本”以及“应对中国在非洲扩张不利”等责

① 首届中非产能合作展开幕 搭建中非贸易发展新平台．(2017-12-14)［2018-03-15］. http：//news. cri. cn/20171214/e9528863-5ba3-5d65-1c3f-e2ce7040b182. html.

难层出不穷。为应对这些批评，第二任期伊始的2012年6月，奥巴马政府即出台了美国首个《撒哈拉以南非洲战略》白皮书，将经济增长与民主、安全、发展并列为支持美国在非洲利益的四大支柱。[①] 次年6月，奥巴马在南非开普敦公布了“电力非洲倡议”，作为美国对非战略的经济核心，该倡议旗帜鲜明地宣告了美国政府将会大力支持本国企业进入非洲基础设施建设和运营领域，攫取非洲经济高速发展所带来的市场机会。美国大力邀请其他发达国家和国际组织加入该倡议，其隐含的战略意图在于加强美国及其盟友在非洲发展事务上的协调合作，利用西方主导下的国际发展机制来应对以“金砖国家”为代表的新竞争对手在非洲日益提升的经济和政治影响力。

2013年公布的“电力非洲倡议”，宣布美国政府的12个相关部门将在5年内为撒哈拉以南非洲地区的电力基础设施提供总额为70亿美元的官方资金支持，争取以此动员超过90亿元的私人投资，最终目标是为该地区增加10 000兆瓦（百万瓦特）以风电、地热等清洁可再生能源为主的新增发电装机容量，从而使现有的2 000万拥有电力接入服务的非洲家庭和小商户数量增加一倍。6个宣布参加首期“电力非洲倡议”的“重点国家”分别是西非的加纳、利比里亚、尼日利亚，以及东非的坦桑尼亚、埃塞俄比亚和肯尼亚。

到2014年8月，“电力非洲倡议”已经取得了一系列令人瞩目的成果，从某种程度上可以说已经取得了阶段性的成功。第一，突破了以美

① 白宫发布的U. S. Strategy towards Sub-Sahara Africa，将“支持民主制度”“促进经济增长、贸易和投资”“推进和平与安全”“机会公平与发展”四项作为支持美国非洲战略的支柱。这是美国政府第一次公布其“非洲战略”。对于民主、安全和发展的支持早已是历史上美国对非政策的老生常谈，而对经济机会的强调及将其排在安全利益之前，才是这一战略被广泛称为美国“新非洲战略”（New Africa Strategy）的原因所在。

国国际开发署为主导的发展援助运作模式，形成了以国际开发署为秘书处，开发署、私人投资集团①和美国进出口银行②这“三驾马车”为核心，共计12个政府部门协调合作的新发展融资模式。甚至一直以独立于美国外援计划之外著称的“千年发展公司”③ 也调整了自己的计划，以加入该倡议。第二，响应受援国诉求，重点国家和领域突出。美国响应了非洲国家和国际开发机构的长期呼吁，重点投入6个国家的电力基础设施，并且采取“当地领导”机制，把部分决策权力下放给了驻非洲的美国开发机构，较好地实现了援助国与受援国间的合作。第三，响应美国国内商业界的要求，尽一切努力吸引私人投资加入。美国商务部、国务院和开发署都承诺提供一切可能的援助来“帮助”非洲国家实现电力系统的体制改革，以保证美企投资的安全；美国进出口银行创纪录地提供了50亿美元，用于美国企业在上述重点国家电力基建方面的贷款担保、政治风险保险甚至少量直接贷款，考虑到基建项目的特殊性，融资时限可以达到8至10年；美国“私人投资集团”已经为肯尼亚托卡纳湖310兆瓦风电项目的建设提供了2.5亿美元（总成本预计超6亿欧元）的信贷支持，预计将会为准备进入该项目投标的美国承包商提供较大的竞争优势。第四，“电力非洲倡议”具有表面上的高度开放性，吸引了日本和韩国国际协力机构，英国开发部，挪威、瑞典开发机构和世界银行、非洲开发银行等双边或多边开发机构来协作推进。但是，这种“开放性”

① Overseas Private Investment Corporation，简称OPIC，是美国负责促进和保护本国对外私人投资的政府部门，拥有发放政府信贷的资格，也是美国主要的对外发展融资机构。

② Export Import Bank of the U.S.，是美国负责发放出口信贷和出口保险业务的政策性银行。

③ Millennium Challenge Corporation，简称MCC，是2004年由美国国会建立的美国外援机构，拥有对发展中国家进行基础设施投资的权力，以透明度、独立性和对受援国彻底体制改革的强制要求而闻名。

是建立于美国在国际开发治理结构中的统治性地位之上的，其"开放性"以接受西方为主导的"官方发展援助"模式为前提，只提供给接受美国领导的"援助国共同体"（donors' community）成员，而中国等"新兴援助国"（emerging donors）则恰恰是它们所力图排斥的对象。第五，可再生新能源和不并网分布式发电方案获得压倒性的支持，已经在"电力非洲倡议"下开设了"超越电网"子倡议（beyond the grid），财政投入达到了10亿美元，并且获得了通用电气的技术和资金支持。在这些利好消息的鼓励下，奥巴马总统于2014年8月首次美非峰会期间宣布，原本计划增加10 000兆瓦的"电力非洲倡议"将会把目标提高到3倍，将新装机容量目标增长为30 000兆瓦，惠及家庭数目从2 000万户增加到6 000万户。

奥巴马政府的"电力非洲倡议"，突破了对政府援助预算的依赖，实现了筹资途径的多元化。所筹措资金大体上可以分为官方和私人两种。官方资金方面：经过美非峰会期间每年3亿美元（自2014年起）的增资承诺之后，美国为该倡议提供的政府预算支持已经提高到了82亿美元。此外，瑞典政府宣布投入10亿美元；非洲发展银行宣布已经投入30亿美元，未来再增资20亿美元；世界银行也宣布将资金投入增加到50亿美元。这些官方资金承诺总量已经超过了190亿美元。然而，"电力非洲倡议"中真正担当出资主体的却是私人投资：原计划吸收90亿美元私人投资的目标，至2014年7月已经实现了78%的实际资金到位率，并吸引了近200亿美元的私人投资承诺，以至于奥巴马总统使用了"难以置信和势不可挡"来形容这一投资热潮。[①] 通用电器、西比安太阳能、雷克

① President Obama. Remarks by the President at the U.S. – Africa Business Forum. White House Office of the Press Secretary. [2014-10-07]. http://www.whitehouse.gov/the-press-office/2014/08/05/remarks-president-us-africa-business-forum.

雅未克地热集团、西尔斯控股和黑石集团等美欧电力巨头和投资集团都纷纷加入。如此，这一“五年六国”的电力基建计划在公布仅一年之后就已经建立起了广泛的国际共识，获得了将近400亿美元的巨额资金支持，以及更为重要的来自国际电力巨头们强大的技术保障。该倡议的巨大规模和可能产生的经济影响力使得兰德公司在一份对比中美在非洲经济活动的研究报告中称之为“在规模经济意义上美国第一次实质性地进入了非洲的基础设施领域”①。

电力基建所需要的资金量巨大，一座中型水电站造价动辄数亿美元。这样看来，美国政府对于“电力非洲倡议”每年十几亿美元的财政投入并不算惊人；这些资金再分配到多个国家之后，用“杯水车薪”来形容也并不为过。这一分析结论的疏漏在于：总额为80多亿美元的美国政府预算并非是作为财政援助或者贷款直接投入非洲电力项目建设中去的。它们一部分是作为能力建设和技术援助来支持非洲各国政府对其整个电力系统进行以私有化为主要内容的体制、机制改革；另外一部分则是作为贷款担保、进出口保险和投资风险保险提供给美国企业的，以此来鼓励它们大胆投资，进入非洲电力基础设施建设和运营领域。简单来说，“电力非洲倡议”所筹集的官方资金和私人资金之间是一种“杠杆”（leverage）关系，前者通过信贷刺激和保护性政策来促进后者的更快增长。通过这种特殊的资金输送途径，奥巴马政府的“电力非洲倡议”力图保证由美国来主导非洲电力系统的改革方案，从而可以充分地利用其运行了数十年之久的制度化援助模式来保护和促进美国投资，为参与该倡议的企业创造具备高度排他性的市场竞争优势。从

① HANAUER L，MORRIS I J. Chinese engagement in Africa：drivers，reactions，and implications for U. S. policy. Rand Corporation，2014：101.

另一方面来说，非洲电力基础设施的需求和供给间的差距，为美国选择电力基础设施作为其扩大在非洲经济影响力的目标领域，提供了特殊的条件。

奥巴马政府“电力非洲倡议”的出台，意味着美国对其非洲经济政策的调整已经达到了前所未有的新高度。这些调整体现为：在思想观念上，改变对非洲积贫积弱、投资风险高昂的刻板印象；在战略上，调整在非洲市场与世界各国都展开竞争的单边主义立场，转而加强与传统西方盟友的合作，通过分享非洲经济发展的机会来换取对整个“援助国共同体”的领导权，从而限制中国等新竞争对手在非洲不断扩大的影响力；在具体政策上，改变传统上对官方发展援助的依赖，转而灵活地以官方和非官方资金共同为美国开发非洲市场服务，并且释放大量政府信贷来支持美国企业攫取非洲经济增长带来的市场机会；在远景规划上，利用“电力非洲倡议”对私有化改革的强制要求和美国强大的建设援助能力来改造非洲国家的电力系统，促进西方私人企业进入并且控制非洲电力领域，进而从根本上排斥中国等新兴竞争对手的进入。这一政策调整的最终目的在于“美国绝不会放弃对这一崛起大陆的领导地位”①。

民主、安全和发展，数十年以来一直是美国在非洲的战略目标，却从来没有改变过这一地区在美国全球战略中的边缘地位；而近年来非洲蓬勃发展所带来的经济利益，以及中国在非洲的经济成功，才是奥巴马政府重新赋予撒哈拉以南非洲“战略重要性”的原因所在。这种背景下

① MOSS T. Missing in Africa：how Obama failed to engage an increasingly important continent. Foreign Affairs. [2014-06-22]. https：//www. foreignaffairs. com/articles/africa/2012-10-02/missing-africa.

产生的“电力非洲倡议”对于中美两国未来在撒哈拉以南非洲的经济博弈一定会产生深远的影响。首先，电力是当今非洲最为稀缺的经济和发展资源，蕴含着巨大的市场机会和经济利益，中美两国都不会放弃。由于电力基建的特殊性，这一领域的影响力存在显著的外溢效应，两国企业在这一领域的竞争一定会趋于激烈。中国企业在非洲的基建承包业务中也正在重点发展电力基建项目：据统计，在 2001 至 2009 年间，大约有 30%的项目数和 50%的合同额属于这一领域①；仅 2013 年一年在非新签电力工程项目的合同额就高达 87.6 亿美元，同比增幅为 87%，增长速度仅次于通信和石化工程项目②。其次，中国强大的基建能力是其在非洲成功的关键所在。虽然中国已经在以土建为主的建筑承包领域获得了霸主地位，但是利润率较低，同质性较高，常常出现中国企业之间的低价竞争。美国在新能源领域拥有强大的科技和管理优势，一旦非洲国家按照美国的药方改造自己的电力系统，将清洁可再生能源和不并网发电方案作为未来的发展重点，中国企业在这一重要市场的地位将会受到严重削弱，而美国企业在非洲基建市场后来居上并非不可能。最后，“电力非洲倡议”体现出美国在国际发展机制中的统治性地位，其“开放性”仅针对美欧国家和企业，实质上是力图引领整个西方基建产业来对抗中国在非洲的基建能力，将中国承包商限制在土建和低端承包业务上。“电力非洲倡议”是否能够抑制中国在非洲的影响力现在尚未可知，但是其体现出来的美国联合盟友在非洲应对中国的潜在战略意图却需要我们保

---

① 陈传．中国在参与非洲基础设施开发中的角色及其影响．中国—DAC 研究小组背景报告，2010.

② 张宏明．非洲黄皮书：非洲发展报告 2013—2014. 北京：社会科学文献出版社，2014：326.

持警惕。

中国在非洲的经济成功是经历了几代人的努力才得以实现的。巩固中国在这一地区的优势，对于中国企业“走出去”，对于中国经济的产业升级，都有着至关重要的作用。① 一方面，我们应当清醒地认识到，依靠其强大的军事存在和对国际开发机制的控制，美国在非洲各项事务中的影响力是任何其他国家都无法匹敌的；另一方面，中非经贸合作的成功是建立在双方经济结构高度互补性基础上的，符合双方政府和人民的根本利益，很难被外力改变。中非经济关系中，基建合作固然重要，其他合作领域也亟待拓宽。美国力图增加对非洲基建投资，中国则可以加强对非洲制造业的投资，既可以转移国内饱和产能，又可以为非洲工业化和增加就业作出贡献，实现在基建合作之外新的中非双赢局面。电力基础设施的改善，有利于非洲经济社会发展和各国投资者获利，问题在于谁主导改革和谁享有更多的改革红利。假如非洲国家认为，可再生清洁能源和不并网分布式发电是改善非洲电力供应的良好机会，那么已经具备相当技术实力的中国风能、太阳能、地热能和电网输配企业完全具备在公平市场环境下和美欧企业展开良性竞争的实力。立足于中非间贸易、投资和发展合作的良好基础上，中国政府在对非外交中应当一方面支持非洲国家掌控本国关键基础设施的正当诉求，另一方面加强中非产能合作，努力把中国在电力产业中的发展经验传播出去，从而探索出与美国“电力非洲倡议”不同的、更加公正合理的经济合作模式。

---

① 林毅夫．非洲可以复制中国式的经济增长．北京大学国家发展研究院．(2014-02-28) [2014-05-03]. http://www.nsd.edu.cn/cn/article.asp? articleid=17616；卢峰．从“华坚现象”看中国对非投资类型转变．国际经济评论，2013 (5). [2014-04-10]. http://ejournal.iwep.org.cn/home/details/324.htm.

第六章 “一带一路”与中非发展合作

第一节 “一带一路”：超越南北结构的发展倡议

自第二次世界大战结束以来，“经济发展和消除贫困是国际和平的基础”这一观念逐渐成为普遍共识，特别是“邻近国家的经济社会动荡会影响到本国的和平与发展”这一观点推动主要发达国家纷纷制定各自的地区发展战略。迅速发展的全球化把本国的发展与经济上高度关联的另一国家的发展联系在了一起，国际发展成为全球关注的政策议题。

发达国家和大国最早意识到跨国性质的发展政策的重要性。在这些发达国家的国际发展政策引导下，国际发展形成了较为固化的结构，并为布雷顿森林体系和经合组织等国际机制强化，使得世界被划分成由富裕而强大的工业化国家所组成的全球北方和由贫穷而落后的非工业化国家所组成的全球南方。这种结构不可避免地导致处于弱势的南方国家只能被动地依赖北方国家的“帮助与领导”，并且难以遏制发达国家利用对外援助资金来为本国利益服务的倾向。最终的结果往往是：所谓的“发展援助”反而阻碍了发展中国家的经济增长。

自21世纪初以来，一批原本属于欠发达行列的国家利用全球化的契机迅速发展，经济实力和综合国力实现了跨越式的增长。以中国为代表的这一批国家主张独立自主和平等合作的国际发展政策，被称为“新兴援助国”（emerging donors）。其中，中国立足历史经验和长期提供援助的经验所提出的“丝绸之路经济带”和“21世纪海上丝绸之路”突破了传统国际发展合作模式，将贸易、投资与发展援助结合在一起，能够与发展中各国实现互通有无、共同进步，开创了国际发展合作实践与研究的全新时代。

南北关系的实质是发达国家与发展中国家之间不对称的相互依赖关系，特别体现为前者对后者的剥削，并由此带来发展、安全、环境保护、贸易金融、人权等领域的诸多问题，对发展中国家经济社会的繁荣发展及国际地位的提升形成极大的限制。[①] 国内外学界关于南北结构抑或南北关系产生的根源问题关注已久，相关的研究盈筐累箧，主要有以下几个派别：

经典的现代化理论认为，人类社会是线性向前发展的，在一定的时期会呈现阶段性的特征，并一步步历经传统经济形态迈向成熟的工业社会。虽然各国的发展并不同步，度过各个阶段的历时长短也不尽相同，但总的发展趋势一致。通过发达国家的对外援助及社会心理、法律观念和道德观念的变革，落后的国家还可以加快社会转型的速度。然而，这一从早发国家的内生性现代化历程中提炼出的发展模型无法解释现实中

---

① 慕海平，焦福军，谈世中．评南北关系的实质．世界经济，1990（8）：22-27；王和兴．论当代南北关系十大问题．国际问题研究，2003（1）：8-13；SLATER D. Challenging western visions of the global：the geopolitics of theory and North-South relations. The European Journal of Development Research，7（1995）：366-388.

的不发达问题。事实是，从那些后发国家开始参与世界经济的那刻起，它们就无时无刻不受到世界资本主义体系的制约。①

面对理论的贫困，依附论和世界体系论应运而生，它们采取结构主义的视角，探讨发达国家与不发达国家之间的依赖和控制关系。“中心”和“边缘”是依附论的一对基本概念，“中心”是少数富裕的资本主义国家，“边缘”是广大贫困国家和地区，掌握生产资料的“中心”对“边缘”经济剩余的攫取造成了“富者益富、贫者益贫”的国际经济格局。世界体系理论继承了依附论对“中心—边缘”进行划分和阐释的思想资源，并创新性地提出了“半边缘”的概念，同时还打破了共时性、平面性、静态化研究的限制，考察历史中“中心—边缘”的位移过程。该理论指出，现代世界体系是由“中心”“边缘”“半边缘”三个各具不同经济形态和经济职能的地区构成的，不平等的劳动分工和交换机制还会不断强化现有的不平等结构。②

自诞生之日起，国际组织就被寄予克服主权国家集体行动的困境来解决世界性问题，进而维护国际秩序的公平正义的美好愿望。不过，在南北关系的问题上，国际组织既可以成为弥合南北差距的平台，也可能成为加深南北鸿沟的力量，这在根本上取决于该组织的自主性，即其排

① 俞思念，陈平其．西方现代化理论的兴起与演变．学习与探索，2005（6）：131-134；周毅．现代化理论的六大学派及其特点．当代世界与社会主义，2003（2）：121-126；PRZEWORSKI A，LIMONGI F. Modernization：theories and facts. World Politics，49（1997）：155-183；BABER Z. Modernization theory and the cold war. Journal of Contemporary Asia，31（2001）：71-85；WOOLCOCK M. The next 10 years in development studies：from modernization to multiple modernities，in theory and practice. European Journal of Development Research. 21（2009）：4-9.

② 孙来斌，颜鹏飞．依附论的历史演变及当代意蕴．马克思主义研究，2005（4）：70-76；张康志，张桐．“世界体系论”的“中心—边缘”概念考察．中国人民大学学报，2015（2）：80-89；SMITH T. The underdevelopment of development theory：the case of dependency theory. World Politics，31（1979）：247-288；HOWE G N. Dependency theory，imperialism，and the production of surplus value on a world scale. Latin American Perspectives，8（1981）：82-102.

除大国干扰、按照民主平等的原则进行独立决策的能力。对于国际组织自主性的研究经过了分散的描述性研究向学理化分析的演变，“委托—代理”模型和科层制理论与组织理论是目前常用的两种研究视角。一些对国际组织中各国的参与度和影响力的实证研究表明：一方面，国际组织的功能类型、等级结构、决策程序、具体议题的显要性程度等会影响成员国干预的意愿和能力。另一方面，以美欧为首的西方发达国家在区域性组织和全球性组织中的参与率普遍高于发展中国家，参与的程度也更深。通过动员盟国支持、利用既有规则的便利，控制捐资比例和投票权等手段，部分霸权国家得以左右国际组织的决策。在这些情况下，国际组织就与其创立的初衷背道而驰，沦为大国操纵的工具。①

跨国公司理论从全球价值链的分布入手，阐述了南北不平等的源头。以跨国公司为代表的全球生产体系是经济全球化的重要载体。这一完整的生产网络，不仅包括最早实现的制造活动的大规模外移，还包括销售、管理、研发的全球性扩张。在新的国际经济环境下，发达国家跨国公司的企业内分工已经取代国与国之间的分工，成为国际分工的主导力量。根据各个国家和地区要素禀赋的不同，跨国公司有选择性地将资金、人才和技术分配到成本低而效率高的地区，这些子公司大多处于价值链的下游，主要承担制造的任务，而由本国母公司掌握具有关键意义的环节，如公司理念、核心技术、定价机制等。通过从理念到生产再到终端使用的整体布局，可以说，跨国公司正在以通

① 刘宏松．国际组织的自主性研究：两种理论视角及其比较．外交评论，2006（3）：104－111；王玲．世界各国参与国际组织的比较研究．世界经济与政治，2006（11）：47－54；庞珣，何枻焜．霸权与制度：美国如何操控地区开发银行．世界经济与政治，2015（9）；BARNETT M N，FINNEMORE M. The politics，power，and pathologies of international organizations. International Organization，53（1999）：699－732.

盘安排内部价值的生产、利用、分配和再分配的方式间接塑造世界格局，固化南北关系。①

第二节 “一带一路”有地理边界吗？

自 2013 年“一带一路”倡议提出以来，撒哈拉以南非洲（东非除外）地区是否包含在该倡议内成为重要的问题。2017 年 5 月，推进“一带一路”建设工作领导小组办公室发布《共建“一带一路”：理念、实践与中国的贡献》，明确指出：“共建‘一带一路’合作是所有国家不分大小、贫富，平等相待共同参与的合作；…… 是推动地区发展，促进繁荣稳定，扩大文明对话和互学互鉴的合作。”对于非洲是否包含在内的问题，中国政府也作出了明确的回答：“非洲是共建‘一带一路’的关键伙伴。中非之间有着深厚的传统友谊，双多边关系密切。非洲部分地区曾经是海上丝绸之路的重要区域，经济繁荣、社会安定、文化发达。长期以来，中国从非洲各国的根本利益出发，为非洲经济社会发展作出了积极贡献。共建‘一带一路’倡议为中非互利合作开辟了更为广阔的空间，并进一步将亚欧大陆和非洲紧紧联系在一起，促进亚欧非携手发展。”

事实上，如前所述，中非友谊与合作的历史远早于“一带一路”的

---

① 陈健．跨国公司全球价值链、区位分布及其影响因素研究．国际贸易问题，2010（12）：102－107；GEREFFI G，HUMPHREY J，STURGEON T. The governance of global value chains. Review of International Political Economy，12（2005）：78－104；MARCH V D，MARIA E D，PONTE S. Multinational firms and the management of global networks：insights from global value chain studies. Orchestration of the Global Network Organization，27（2014）：463－486，http：//dx. doi. org/10. 1108/S1571－502720140000027009.

提出。中国前驻南非大使刘贵金就此提出，中非发展合作可以看作“一带一路”的“先行先试”，或者小型“一带一路”[①]，亦即中非数十年交往与合作的很多经验教训理应为“一带一路”的推进和研究所吸纳。不仅如此，对大多数走向国际的中国企业而言，它们国际化经营的第一步并非繁荣发达的欧美，而是相对落后的非洲或者东南亚。这些中企在走向发达国家市场的过程中，也自然而然地应用了它们在非洲的经验，从而推进与发达国家的合作。最后，“一带一路”还为非洲提供了前所未见的发展机遇，那就是中国将为非洲提供适用的技术、经验和融资服务，帮助非洲参与国际工业化分工，通过增加价值而不是提供资源来参与国际生产价值链，这将大大提升非洲在这一价值链上的位置。

“一带一路”建设需要从三个层次来分析理解：首先，“一带一路”倡议是一个开放与包容的发展倡议，它基于古代丝绸之路而不限于古代丝绸之路，邀请所有感兴趣的国家参与；其次，“一带一路”倡议是全面的经济发展国策（economic statecraft），其目标是将中国的市场、资源、企业和劳动力与全球联系起来，是改革开放的经验总结与升华；最后，“一带一路”通过建设跨国基础设施、产能合作与全球生产价值链的重塑，建设一种新的全球发展结构，从而区别于单向依赖的南北发展结构。

第三节　“一带一路”中官方开发金融的意义

假如我们将“一带一路”看作一个参天的巨人，那么北京无疑是

① 专访刘贵今：中非合作是小型“一带一路”. 第一财经日报，2015-05-26. http://www.yicai.com/news/4623242.html.

“一带一路”的心脏，而资金融通特别是公共资金则是驱动“一带一路”倡议各项目正常运转的血液。目前，中国GDP已经超过了12万亿美元，全球南方国家（发展中与不发达国家）占全球经济的总量已经超过了50%，并且南方国家贡献了超过三分之二的全球增长。① 中国在2016年对外直接投资总量已经超过1 830亿美元，位居全球第二。② 不仅如此，中国还是全球不发达国家的最大投资者，2010—2015年累计投资增长3倍，超过了310亿美元。③ 这说明中国已经成为国际发展领域至关重要的投资者之一。

自21世纪初到2015年前后，全球南方国家所能够获取的发展融资局面已经出现了翻天覆地的变化。国内发展资金，即国家税收，从约1 000亿美元急剧增长到了5 000亿美元；对外直接投资则由2 500亿美元增长到了5 780亿美元；最为令人惊喜的是侨汇收入从约730亿美元增长到了令人难以置信的4 310亿美元。与此相应的是，来自新兴援助国的南南合作资金也出现了几何级数的增长，而来自传统援助国的ODA不但绝对数量增长缓慢，而且相对重要性已经出现了结构性的变化，亦即ODA不再具备在发展融资领域里统御性质的地位，来自南方国家国内和国家间的资金则成为国际发展融资的主力。其中，来自中国的发展融资为南方国家提供了丰沛的发展动力。

笔者依据各部委现有公布资料对“一带一路”官方资金支持的各类

---

① 中国2017年GDP超80万亿，增速6.9%.［2018-03］. http：//finance.sina.com.cn/zt_d/12jjsj/.

② China Global Investment Tracker，American Enterprize Institute.［2018-03］. http：//www.aei.org/feature/china-tracker/.

③ 联合国报告：中国已经成为最不发达国家最大投资者. http：//news.ifeng.com/a/20170720/51463785_0.shtml.

项目进行了部分统计（见图 6－1 和图 6－2）。按地区来看，亚洲和非洲是中国推动"一带一路"基础设施建设项目的最重要的地区，其中南亚

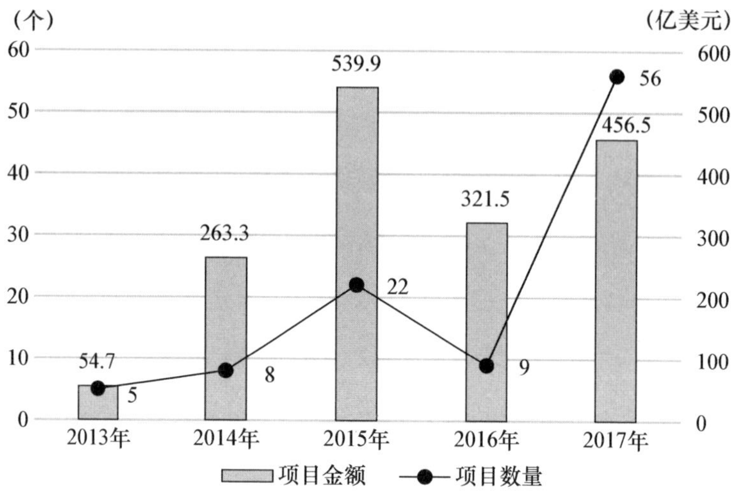

图 6－1　"一带一路"项目按年份整理

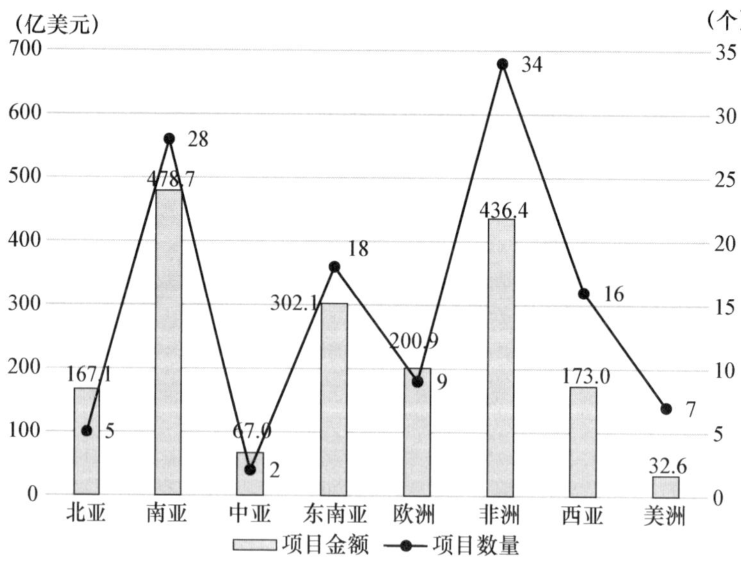

图 6－2　"一带一路"项目分地区整理

又在项目数量和项目金额方面领先亚洲其他地区。据笔者统计，截至2017年12月31日，中国与南亚各国签署了28个基础设施建设项目协议，总金额约为478.7亿美元；与非洲国家签署了34个基础设施建设项目协议，总金额约为436.4亿美元。在东南亚、北亚和欧洲，中国的基础设施“投资—建设—运营”业务也受到了相关国家的欢迎。同期，中国与东南亚国家签署18个基础设施建设项目协议，总金额约为302.1亿美元，项目数量和项目总金额仅次于南亚和非洲；中国与北亚国家签署了5个项目协议，总金额达167.1亿美元；中国和欧洲国家签署了9个基础设施建设项目协议，总金额约为200.9亿美元。

除此之外，中国与西亚国家签署了16个建设项目，项目金额约为173亿美元，西亚地区从而成为继南亚和东南亚之后“一带一路”倡议在亚洲的又一支点地区。中国与西亚国家合作的16个项目中，有11个于2017年签署，涉及101亿美元，在金额方面甚至超过了非洲和东南亚，仅次于南亚的145.6亿美元。大部分的建设项目都集中于清洁能源开发、交通基础设施完善和产业园区建设。这主要是因为中国的“一带一路”倡议恰好满足了西亚国家特别是石油出口国近年来经济转型的需要，如沙特阿拉伯就于2016年公布“2030愿景”计划，以期降低对石油的依赖程度。沙特阿拉伯国王还于2017年年初访问中国并签署多项关于能源和基础设施合作的协议与备忘录。

第四节 “一带一路”建设到底取得了哪些成果

基础设施对于经济活动和人民生活具有基础性的支撑作用，改善和新建这些设施不仅可以降低经济活动的交易成本，还直接关系到人民生活水平的提升。在经济全球化深入发展的21世纪，基础设施互联互通成为降低国际经济活动成本、促进国际经贸增长的必由之路，也成为“一带一路”倡议的基础性优先领域。自2013年该倡议提出以来，中国与相关国家和地区在公路、铁路、航空、海运、能源和信息基础设施上加强合作，不仅建设相关国家国内设施，还共同建设沟通各国的跨境基础设施以及连接地区乃至全球的基础设施联通网络。针对“一带一路”沿线国家的资源禀赋与发展需求，中蒙俄、新亚欧大陆桥、中国—中亚—西亚、中国—中南半岛、中巴和孟中印缅六大经济走廊的建设贯通原本联系较少的区域和次区域，打破了“中心—边缘”式等级化的国际发展模式，为地区和全球经济一体化提供了新的机遇。“一带一路”框架下的设施联通倡议受到各国政府和人民的欢迎。中国关于全球基础设施互联互通合作的理念，正在跨出国门，塑造新的国际合作方式。

一、基础设施和工业化合作成为“一带一路”的合作重点

基础设施对于一国经济和社会的正常运转具有基础性的支撑作用。从经济的角度来说，“每一个产业结构阶段都要求相应的基础设施（既包括有形的也包括无形的）来支持经济的运转和交易的完成”[①]，因此改善基础设施就能够通过降低市场交易的成本来提升经济的发展水平。对于这一点，作为中国人绝对不会陌生，“要想富，先修路”的观念早已随着改革开放的大潮而深入人心。二战以后，基础设施的建设在早期也的确是西方援助的重点，比如赞比亚的卡里巴水电站等设施为非洲新独立国家的初期发展提供了有力的支持。然而，大量的基础设施建设耗资巨大，

---

① LIN J Y. New structural economics：the framework to rethinking development. World Bank，Washington DC，2012：14.

而发展中国家自身无法提供资金和技术来修建，西方国家也不可能通过无偿援助来支持这些地区动辄数亿美元的项目，于是大多选择援助贷款来融资。但是，偿还这些贷款却给发展中国家造成了巨大的压力，甚至造成了20世纪八九十年代的多次国际债务危机，进一步抑制了发达国家的投资兴趣。到了20世纪90年代初，随着发达工业国经济结构的演变，其产业结构中第二产业的比重逐渐下降，而第三产业的比重迅速上升，发达工业国逐渐失去了通过国际合作转移建筑和工业产能的动机。在这种情况下，逐渐形成了遍布于广大发展中国家和地区的严重的基础设施“赤字”，不但制约了经济增长，而且限制了广大人民日常生活水平的提高。

由于“一带一路”相关国家之间发展水平差异极大，基础设施投资发展不平衡问题十分严重。公路、铁路、港口等基础设施分布严重不均，难以满足经贸合作的要求。交通互联设施仍然是制约区域和跨洲性质合作升级的一大短板。多数发展中国家，尤其是撒哈拉以南非洲国家的基础设施建设明显落后于全球平均水平（见表6-1）。

表6-1　全球各地区发展中国家基础设施评价指数

指标	全球平均	拉美、加勒比海地区国家	亚洲新兴国家	中东、北非国家，巴基斯坦	撒哈拉以南非洲国家	欧洲新兴国家
公路	4.04	3.53	3.75	4.23	3.52	3.83
铁路	4.04	3.84	3.39	4.36	3.41	3.77
港口	4.36	4.17	3.99	4.43	3.57	4.11
电力与通信	4.28	3.97	3.57	4.35	2.73	4.68
整体	4.02	3.64	3.58	4.12	2.84	4.03

为改善本国基础设施环境，推动经济增长，各国不断加强对基础设施领域的投入。在多种基础设施领域中，与贸易相关的基础设施投资被

很多国家和地区视为优先考虑的对象。以公路、铁路以及内河航运为代表的内陆交通基础设施与经济增长存在着正向强相关，尤其是对于内陆国家或者幅员辽阔的国家而言，内陆交通基础设施建设至关重要。新兴经济体和发展中国家的基础设施投资需求比发达国家更加旺盛，未来新兴经济体和广大发展中国家将成为全球基础设施投资的主力，这些国家对基础设施的持续投资和改善将对全球经济增长起到积极的推动作用。

发展中国家在加速工业化和城市化发展的过程中，需要加大基础设施投资建设的力度，而目前这些国家基础设施投融资的缺口较大。世界银行认为，发展中国家目前每年基建投入约 1 万亿美元，但要想保持目前的经济增速和满足未来的需求，估计到 2020 年之前每年至少还需增加 1 万亿美元。非洲进出口银行的数据显示，目前在非洲只有 40％的民众用得上电，33％的农村人口能够享受运输或交通，只有 5％的农业用地得到了灌溉，非洲每年的基建需求缺口达 1 000 亿美元。[①] 同时，发达国家出于更新升级老化基础设施和刺激经济复苏的双重目的，也在陆续推出规模庞大的基础设施建设计划。

基础设施，尤其是大型基础设施，投入成本高、建设周期长，对技术水平的要求也较高，而且成本回收慢、资金风险高，这些原因导致私人投资进入这些领域的意愿不高。各国基础设施投资长期以来高度依赖政府预算支持，而相对贫弱的发展中国家和不发达国家难以保证对这些政府基建的资金支持，从而制约了这些地区的经济增长和人民生活改善。

① FOSTER V，BUTTERFIELD W. Building bridges：China's growing role as infrastructure financier for sub-Sahara Africa（EXECUTIVE SUMMARY）. World Bank，2008. http：//siteresources. worldbank. org/INTAFRICA/Resources/BB _ Final _ Exec _ summary _ English _ July08 _ Wo-Embg. pdf.

在2008年国际金融危机以后，多数国家面临财政约束和困难，国际金融市场和开发金融机构全面收缩业务，多数国家甚至部分发达国家也开始面临中长期基础设施投资不足的问题。

二、“一带一路”基础设施建设概览

自提出以来，“一带一路”倡议在沿线国家反响热烈，中企也积极响应，已经在基础设施互联互通领域取得了突破性的进展。根据笔者的不完全整理，2013年以前，中国与“一带一路”沿线国家共签署19个项目协议，项目总投资额约为207亿美元。2013年年内又有5个协议获得签署，项目总投资额约为55亿美元。2014年签署的协议数量增至8个，项目总投资额约为260亿美元。2015年，中非基建合作实现了爆发性增长，有22个新项目正式签署了协议，项目总投资额突破了500亿美元。可以看出，从2013年开始，中国与“一带一路”沿线国家的经济合作项目在数量及项目投资金额方面都在快速增长，并在2015年迎来了投资合作的高潮。这也说明，“一带一路”倡议的进一步推进有着广阔的前景。

2017年，中国与“一带一路”沿线国家的基础设施合作进入新阶段，项目数量达到了5年来的高峰。该年，共有56个基础设施建设项目得以签署，投资合作的金额也保持较高水平，达到456.5亿美元。“一带一路”倡议在2017年的继续深化，离不开中国对该倡议的缜密规划以及相关参与国的积极认可。这种共同建设“一带一路”倡议的观念集中体现于“‘一带一路’国际合作高峰论坛”的成功召开。2017年5月，29国国家元首、世界主要国际组织负责人齐聚北京，和中国一同制定“一带一路”的发展蓝图。

“一带一路”倡议在基础设施互联互通领域的成果可分为以下三类：

其一，签署加强基础设施互联互通的政府间备忘录、协定书及其他合作文件。中国政府与乌兹别克斯坦、土耳其、白俄罗斯政府签署国际运输及战略对接协定；中国政府与泰国政府签署政府间和平利用核能协定；中国政府与马来西亚政府签署水资源领域谅解备忘录；中国国家发展和改革委员会与巴基斯坦规划发展和改革部签署关于中巴经济走廊项下开展巴基斯坦1号铁路干线升级改造和新建哈维连陆港项目合作的谅解备忘录；中国国家铁路局与巴基斯坦伊斯兰共和国铁道部签署关于实施巴基斯坦1号铁路干线升级改造和哈维连陆港项目建设的框架协议；中国商务部与柬埔寨公共工程与运输部签署关于加强基础设施领域合作的谅解备忘录；中国工业和信息化部与阿富汗通信和信息技术部签署《信息技术合作谅解备忘录》；中国交通运输部与柬埔寨、巴基斯坦、缅甸等国有关部门签署“一带一路”交通运输领域合作文件；中国水利部与波兰环境部签署水资源领域合作谅解备忘录；中国国家能源局与瑞士环境、交通、能源和电信部瑞士联邦能源办公室签署能源合作路线图，与巴基斯坦水电部签署关于巴沙项目及巴基斯坦北部水电规划研究路线图的谅解备忘录和关于中巴经济走廊能源项目清单调整的协议；中国国家海洋局与柬埔寨环境部签署关于建立中柬联合海洋观测站的议定书；中国铁路总公司与有关国家铁路公司签署中国、白俄罗斯、德国、哈萨克斯坦、蒙古国、波兰、俄罗斯铁路部门《关于深化中欧班列合作协议》。

其二，签署促进基础设施建设的融资与贷款协议。中国国家开发银行与印度尼西亚—中国高铁有限公司签署雅万高铁项目融资协议，与斯里兰卡、巴基斯坦、老挝、埃及等国有关机构签署港口、电力、工业园区等领域基础设施融资合作协议；中国进出口银行与塞尔维亚财政部签署匈塞铁路贝尔格莱德至旧帕佐瓦段贷款协议，与柬埔寨经济财政部、埃塞俄比亚财政部、哈萨克斯坦国家公路公司签署公路项目贷款协议，与越南财政部签署轻轨项目贷款协议，与塞尔维亚电信公司签署电信项目贷款协议，与蒙古国财政部签署桥梁项目贷款协议，与缅甸仰光机场公司签署机场扩改建项目贷款协议，与肯尼亚财政部签署内陆集装箱港堆场项目贷款协议。

其三，签署国际组织间能源合作备忘录。全球能源互联网发展合作组织与联合国经济和社会事务部、联合国亚洲及太平洋经济社会委员会、阿拉伯国家联盟、非洲联盟、海湾合作委员会互联电网管理局签署能源领域合作备忘录。

在基础设施互联互通的基础上，中国还在高峰论坛上强调与沿线国家加强产能合作。例如，中国进出口银行与白俄罗斯、柬埔寨、埃塞俄比亚、老挝、肯尼亚、蒙古国、巴基斯坦财政部门签署工业园、输变电、风电、水坝、卫星、液压器厂等项目贷款协议，与埃及、孟加拉国、乌兹别克斯坦、沙特有关企业签署电网升级改造、燃煤电站、煤矿改造、轮胎厂等项目贷款协议，与菲律宾首都银行及信托公司签署融资授信额度战略合作框架协议；中国国家开发银行与哈萨克斯坦、阿塞拜疆、印度尼西亚、马来西亚等国有关机构签署化工、冶金、石化等领域产能合作融资合作协议。

1. 交通基础设施

公路铁路基础设施是"一带一路"跨境合作的动力基础，从国际物流和国内物流两方面整体反映了东道国的物流效率，也反映出整体的交通运输设施质量。"西欧—中国西部"国际公路途经中国、哈萨克斯坦和俄罗斯三国数十座城市，总长 8 445 公里。据世界银行预测，双西公路全线通车后，中国和西欧国家间公路货运量将提高 2.5 倍，仅车辆维修每年就将为沿线国家带来 3 亿美元收入。截至 2016 年 6 月 30 日，中国已开通中欧班列共计 39 条，已逐步形成连接亚洲各次区域以及亚非欧之间的交通基础设施网络。中老铁路北起两国边境磨憨—磨丁口岸，南至万象，全长 418 公里，其中 60%以上路段为桥梁和隧道，已经于 2016 年年底开工，建设期 5 年，总投资近 400 亿元人民币，由中老双方按 70%和 30%的股比合资建设。这条铁路是第一个以中方为主投资建设、共同运营并与中国铁路网直接连通的境外铁路项目，全线采用中国技术标准、使用中国设备。

跨境航班可以推进沿线各国的市场互换和客源互送，同时可以反映出双边交通便利度和互通程度。在河南省郑州航空港，已经开通的国际全货运航线达到 30 条。此外，中国还在“一带一路”沿线省份新建机场 15 个、改（扩）建机场 28 个。中国民用航空局制定的《2015 年重点推进的民航大中型建设项目清单》中，有 51 个“一带一路”相关项目，总投资高达 2 000 亿元。

海路以较低成本实现生产资源的大规模互换和共享，对于国际大宗商品贸易具有基础性作用。海上互联互通建设是“21 世纪海上丝绸之路”建设的重要基础，中国与沿线国家在重点港区和设施建设以及海上互联互通机制建设上开展了广泛合作。重点港区建设与友好港口合作是这方面建设的重点。2015 年 5 月 28 日，中交第三航务工程局签署瓦努阿图卢甘维尔港码头项目工程合同；2016 年 6 月 27 日，中国港湾承建的莫桑比克贝拉渔码头重建工程项目开工；2016 年 11 月 13 日，由中国投资的巴基斯坦瓜达尔港正式通航；至 2016 年 12 月 31 日，由中方承建的斯里兰卡汉班托塔港口项目一期和二期已经全部完工；2017 年 1 月 16 日，由大连港、招商局集团等中国企业参与建设的吉布提国际自贸区开工。2016 年 5 月 27 日，中国—东盟港口城市合作网络第一次工作会议召开，正式启用了中国—东盟主要国家港口航线及航线服务项目、中国—东盟港口物流信息中心项目（一期），开工了水上训练基地项目。同时，会议也讨论了《中国—东盟港口城市合作网络合作办法》和《中国—东盟港口城市合作网络愿景与行动》，并成立了合作网络中方秘书处。至 2016 年年底，中国—东盟港口城市合作网络中方核心城市——钦州至马来西亚、越南、缅甸、新加坡、印度尼西亚、泰国等东盟国家港口的集装箱航线开通；北部湾港与马来西亚关丹港实现了物流信息的互联互通；钦州港与关丹港、西哈努克港等结为姊妹港，北部湾港与马来西亚巴生港结为友好港；新加坡国际港务集团、新加坡太平船务公司、马来西亚马六甲皇京港、山东日照港务集团、湛江港务集团、万海航运公司等确认加入合作网络。

2. 能源设施

能源是中国与“一带一路”沿线国家合作的重要领域。一次性能源和可再生能源的总产量衡量了东道国的能源丰富度，也间接反映了基础设施的整体质量。中国对“一带一路”沿线国家和地区能源基础设施建设输出节奏进一步提速。自 2013 年 10 月至 2016 年 6 月 30 日，由中国国有企业在海外签署和建设的电站、输电和输油输气等重大能源项目多达 40 项，共涉及 19 个“一带一路”沿线国家。其中，2014 年，中国中亚天然气管道 D 线塔吉克斯坦段和中俄东线天然气管道俄境内段相继开工。2015 年，各大项目取得突破式发展，中国核电企业同罗马尼亚、英国、巴基斯坦、阿根廷展开了核电项目的合作；中国水电企业同安哥拉、巴西、尼泊尔、巴基斯坦、阿根廷展开了水电项目的合作，巴基斯坦卡洛特水电站项目是丝路基金设立后的首个对外投资项目。仅在 2016 年上半年，中国与“一带一路”沿线国家达成的能源合作项目就有 16 项之多。

中国与俄罗斯的能源合作，就涉及油气、核电、煤炭等能源合作协议，在增供原油、修建天然气管道、中方进口俄罗斯液化天然气、建设合资炼油厂等方面达成共识。在中国和哈萨克斯坦的能源合作中，实施好跨境油气管道建设、加强油气开发和加工合作、支持中国石油天然气集团公司参股卡沙甘油田等也都是双方强调的重点；其中，习近平主席与哈萨克斯坦总统纳扎尔巴耶夫共同出席了中哈天然气管道二期第一阶段开通仪式。

此外，中国与乌兹别克斯坦、印度尼西亚、委内瑞拉、土库曼斯坦等国的能源合作都颇为全面。加强油气上中下游一体化合作、为当地培养能源技术人才、推进“油气＋”合作新模式，这些措施都有助于中外双方构建“能源合作共同体”。另外，许多国家与中国在能源方面的合作涵盖了常规能源、新能源、清洁能源等多种类型。例如，在中美的能源合作中，中美清洁能源联合研究中心（CERC）的合作及成果就是双方发展清洁能源、减少温室气体排放的重要亮点。

3. 电信设施

通信设施是沿线国互联互通的信息高速公路，是开展信息交流合作的基础。电话线路覆盖率和互联网普及率从两方面反映了东道国的数字网络、无线网络、互联网等的渗透率，整体上衡量了一个国家的通信设施水平。

以中国联通、中国电信和中国移动牵头的电信企业正在加快推进“一带一路”沿线国家和地区跨境信息传输系统建设，积极完善国际基础网络布局。目前，中国已通过国际海缆连接北美、东北亚、东南亚、南亚、大洋洲、中东、北非和欧洲地区；通过多条国际陆缆直接连接俄罗斯、蒙古、哈萨克斯坦、吉尔吉斯斯坦、塔吉克斯坦、越南、老挝、缅甸、尼泊尔、印度等国家，进而延伸覆盖至中亚、北欧、东南亚各地区。此外，由中国主导的 TD-LTE 技术国际化已取得初步成效。在中国发起并主导的 TD-LTE 全球倡议组织（GTI）中，GTI 已拥有 116 家运营商及 97 家设备商，包括中国、美国、日本、印度、沙特阿拉伯、俄罗斯、澳大利亚等在内的 30 个国家已开通共计 52 个 TD-LTE 商用网络，另有 55 个国家的 83 个 TD-LTE 商用网计划正在部署中。空中信息合作方面，中国共与 15 个国家签署了航天合作谅解备忘录，还与法国进行了海洋卫星和 SVOM 卫星合作。

4. 工业化合作项目

产能合作是“一带一路”合作框架下中国与沿线国家开展国际合作的新途径和新抓手，有助于将中国经济结构调整以及产业结构升级的战略布局与发展中国家实现工业化、城镇化的需求紧密结合，既实现中国发展方式的转变，又提升发展中国家工业生产水平，开创双赢合作的良好局面。在中国推进“一带一路”倡议的纲领性文件《推动共建丝绸之路经济带和 21 世纪海上丝绸之路的愿景与行动》中，中国政府就产能合作的相关事项，如拓展相互投资领域、推动新兴产业合作、优化产业链分工布局等表明了立场。随后，中国政府又印发《关于推进国际产能和装备制造合作的指导意见》，从宏观政策角度确定了中国未来开展产能合作的总体目标、主要任务、风险管控以及相应的政策支持，强调将钢铁、有色、建材、铁路、电力、化工、轻纺、汽车、通信、工程机械、航空航天、船舶和海洋工程等作为重点行业，分类实施，有序推进。

以高产能、高质量的工业项目落地为标志，中国与“一带一路”沿线国家的产能合作不断深化，其中钢铁冶炼、水泥制造、轮胎生产等领域是产能合作的重点。中国与哈萨克斯坦的产能合作为中国与其他国家的产能合作作出了示范。2014 年，中哈两国就开展产能合作达成共识，随后两国建立了中哈产能合作机制并定期举行对话。2015 年 3 月，中国冶金科工股份有限公司、马钢（集团）控股有限公司以及哈萨克斯坦 FERRUM 公司在北京签署了 100 万吨/年综合钢厂项目合资公司备忘录，这是中国首次向中亚国家整体“出口”钢铁产能，标志着中国向哈萨克斯坦输出钢铁产能进入实质运作阶段。中工国际工程股份有限公司在 2016 年 3 月与沙特高级轮胎厂（advanced tyre factory）签署了金额为 1.78 亿美元的沙特高级轮胎厂项目商务合同，并在 2017 年“一带一路”高峰论坛期间获得了中国进出口银行的贷款支持。这是沙特国内首个轮胎制造厂项目，也是“沙特 2030 愿景”改革发展规划项目，得到沙特政府的大力支持。该项目的成功实施将填补海湾地区轮胎工业空白，进一步推动中沙两国产能合作。中国水泥的龙头企业海螺水泥自 2016 年 4 月起，在印度尼西亚投资 23.5 亿美元建立 4 家水泥工厂，预计总年产能将达到 1 200 万吨以上。水泥厂的建设将充分利用印度尼西亚当地的石灰石资源，弥补印度尼西亚水泥供给缺口，满足印度尼西亚国内大规模基础设施建设对水泥的需求。2017 年年底，由广西北部湾国际港务集团联合广西盛隆冶金有限公司出资建设的联合钢铁厂在马来西亚的马中关丹产业园投产，预计年产 350 万吨，将成为马来西亚国内最大钢铁厂，同时也是东南亚最具竞争力的精品棒线材产业基地。

5. 工业园区

近年来，境外经贸合作区建设加速发展，已经取得了阶段性成果。中国已初步在境外形成了一批基础设施完备、主导产业明确、公共服务功能健全、具有集聚和辐射效应的产业园区，经济和社会效应日渐显现，成为推进“一带一路”倡议、深化国际产能与装备制造合作、推广中国经验的重要载体。截至2016年年底，中国企业在“一带一路”沿线20个国家正在建设56个经贸合作区，累计投资超过185亿美元。

亚洲是企业投资者最青睐的地区。根据国家信息中心发布的2017年版《“一带一路”大数据报告》，东北亚和东南亚是与我国“一带一路”合作最为密切的区域。其中，中白工业园和泰中罗勇工业园是建设成效显著的典型代表。此外，中国在沿边省区设立了7个重点开发开放试验区、17个边境经济合作区和2个双边边境经济合作区，并与尼泊尔、缅甸、蒙古国、越南等周边国家就双边边境经济合作区建设开展深入磋商，取得积极进展。在欧洲，中匈宝思德经贸合作区、匈牙利中欧商贸物流合作园区等合作区推动中欧经贸合作进一步深化。非洲是工业园区开发和建设的另一个热点地区。中非工业化合作计划明确指出，中方将积极推进中非产业对接和产能合作，鼓励支持中国企业赴非洲投资兴业，合作新建或升级一批工业园区。在这一计划的支持和保障下，中非经贸合作区建设进程加快，埃及苏伊士经贸合作区、埃塞俄比亚东方工业园、尼日利亚莱基自由贸易区等园区纷纷建成，为东道国的经济转型和工业化发展作出了突出贡献。

在国家级境外经贸合作区建设进行得如火如荼的同时，中国地方政府也开始重视省级企业的境外经贸合作区建设。部分地区为境外经贸合作区建设提出了详细的规划。还有的地区结合自身特色，积极探索建设“一带一路”经贸合作园区，通过互利共赢为本地经济注入新的生机与活力。

第七章　ODA的自我革新和对中非发展合作的建议

官方发展援助（ODA），不应仅被视为一个学术概念，也是一种建立于一套价值观基础上的、包含着一系列精密技术定义的、以一套完整的行为规范和国际制度化安排为外延的国际机制（详见第二章第二节）。官方发展援助经过了数十年的演进，不但理论成熟，而且积累了丰富的实践经验。但该机制设计中的缺陷，致使其无法保证援助资源真正地用于发展目的，资源利用效率极低；援助国也无法充分地吸取受援国的意见，实现平等和可持续的发展合作。而中国特色官方开发金融（ODF）作为一种新生事物，虽然起步较晚且还处于发展变动阶段，理论和制度设计都很不完备，却因为体现了“平等互利、共同发展”的原则而取得了较好的发展效果，实现了较高的资源使用效率。因此，中国特色ODF不仅总结了中国现有的为非洲发展和中非合作提供的各种支持，其基本框架也代表了国际发展合作的未来趋势。实事求是地说，ODA理论和实践为中国特色ODF的理论和制度设计提供了非常重要的参考，后者是对于前者的超越，而不是另辟蹊径。从某种意义上看，ODA与中国特色

ODF 作为当代全球最具影响力的发展合作模式，正在彼此学习、彼此靠近，而这也许正代表国际发展合作的未来。

第一节　ODA 机制的自我改革

一、ODA 的改革共识形成——《巴黎宣言》

随着对于发展援助实践的反思逐步深入，学者逐渐发现：援助对于受援国有时不仅不具备正效应，反而侵蚀了其独立发展的能力和努力。朝令夕改的国民经济政策、破败的基础设施、无望的工业化、深度的援助依赖症和自我发展能力的缺失常见于各个非洲受援国，这些无一不是 ODA 导致的恶果。随着西方国家大众对于以上这些问题的逐渐认识和对于发展援助的极度失望，自 20 世纪 90 年代中期起出现了“援助乏力”现象。这期间，全球对于发展援助的投入显著降低，而专家们纷纷著述反思发展援助的理论与实践。在这一基础上，听取受援国的意见，提高援助效率，得到了援助国集团的高度重视，形成了某种程度的改革共识。新世纪伊始的 2002 年，第一届发展筹资会议在美国加州召开，形成了被称为“蒙特雷共识”的“和谐援助”改革方案。三年以后，发展筹资巴黎峰会召开，公布了迄今为止发展援助改革领域影响最为深远的政策性文件：《关于援助有效性的巴黎宣言》（Paris Declaration on Aid Effectiveness）。[①]

《巴黎宣言》给当代的发展援助机制提出了五点需要改革或改进的方面，分别是自主性、加强联系、相互协调、结果至上原则和彼此负责原

① OECD-DAC. Paris Declaration on Aid Effectiveness. ［2014-04-25］. http://www.oecd.org/dac/effectiveness/45827300.pdf.

则。首先是需要加强受援国对于援助的自主性（ownership）。应当主要依靠受援国中央和地方政府机构来输送援助资源，而不是由各大双边援助机构绕过援助国政府，自己来输送援助；应该由援助国自己来掌握外国援助项目，坐在“驾驶座”（driving seat）上；援助国应该制定自己的国家发展战略（national development strategy，NDS）和减贫方案（poverty reduction plan），并制定相应的分级目标。这一点力图改变 ODA 方案制定中援助国的家长制作风，提高受援国的话语权，无疑是向中国等新兴援助国学习。其次是加强援助国与受援国之间的联系（alignment），将前者的资源与后者的战略和方案联系起来，并支持后者提出的优先发展目标。而加强援助国之间的相互协调（harmonization）则被当作此次改革最亟待解决，也是最容易产生效果的方面：援助国应该着力降低援助资源输送的交易成本，同时按照比较优势来协调彼此之间的援助重点（比如，在同一个受援国之内，援助国 A 擅长于小型农业开发，则提供此类的援助培训项目；援助国 B 拥有较多水电开发经验，则提供此类的技术支持服务）；援助国之间分享对于援助项目的各种审查和评估报告，降低受援国的负担；援助国在援助资源采购中努力降低“捆绑”（tied aid）比例，最大限度地利用受援国本身的资源以促进经济发展和就业；援助国应该提供更多的方案和产业援助（program/sector aid），而不是项目援助（project aid），并增强援助方案的跨年度可预测性，避免因为年度间援助额大规模变动而造成受援国宏观财政和经济困难。对于援助效率的评价体系，《巴黎宣言》提出了结果至上原则（managing for result），要建立一个针对援助实际发展结果的绩效评价框架（performance assessment framework），改变原本的基于援助投入量（aid input）的评价框架。针对国际援助活动因跨国项目而产生的委托代理难题，《巴黎宣言》提出了彼此负责原则（mutual accountability），援助国机构和受援国政府应该共同向双方的人民和立法机构负责，并努力提供充足的信息以便监督。

《关于援助有效性的巴黎宣言》力图降低援助资源流在从援助国纳税人到达受援国群众这一漫长过程中的损耗比例（即提高援助效率），帮助受援国建立起可持续的发展能力（即增强有效性）。从这一方面来说，它无疑是一个跨时代的革命性方案，为此后的国际发展援助事业指明了改革的方向。但是，回首该方案提出以来的十年，虽然发展筹资会议一直按照三年一次的频率召开，五大改革原则也得到了一再声明，但是实际效果却不明显。除去在援助国相互协调这一点上取得了一定的成果外，当代的国际发展援助机制仍然主要是由援助国控制的、反映援助国投入量而非受援国实际发展效果的不平等机制。虽然开始了向中国等新兴援助国平等合作模式的学习，但是在现有制度下，受援国自身提出的发展重点和意见仍然未获得与传统援助国所提出的观点同等重要的地位。

二、DAC的改革努力

如前所述，作为全球ODA协调机制和管理机构的DAC享有世界范围内ODA实践的第一手资料，自然也对于其出现的各种问题最为清楚。可以说，DAC对于ODA的改革问题从来没有停止过思考，但是囿于体制机制的限制而难以达成改革的协议。进入新世纪以后，随着以中国为代表的新兴援助国对传统的ODA提出了新一轮的挑战，DAC对于ODA的新一轮改革也终于再度启动。ODA的改革任重道远，迄今为止尚未在DAC内部形成共识。随着“千年发展目标”在2015年年底被新的“可持续发展目标”所取代，全球发展也进入了“后2015议程”（post-2015 agenda）时代。作为全球发展问题最主要政策工具的ODA，其改革过程也进入了倒计时。DAC发展合作理事会的报告就列出了2015年以前形成的几种备选改革方案，未来可能出现的ODA改革最终方案基本上就会基于该报告的几种政策建议而产生。①

DAC提出对ODA数据汇报机制进行改革，在援助国努力和受援国收益之间更加平衡（而不是像现在这样单方面偏向援助国努力），同时避免导致现有的各国ODA数据产生过于明显的波动。为了实现这样的目标，发展合作理事会提议在保持现有的ODA制度之外，使用一个新的概念“总体官方发展支持”（total official support for development，TOSD）来拓展ODA的狭隘定义。TOSD除了包含现有的ODA之外，还包含用于在发展中国家根除贫穷而提供的所有官方资金，以及用于应对全球挑战如气候变化、全球和平与安全等而提供的所有官方资源。TOSD还提出官方资金应该努力地调动更多的私人资金来加入发展问题的改善。

发展合作理事会指出了促使ODA改革的三大迫在眉睫的挑战：（1）ODA对于发展中国家群体的作用日益两极化：对于发展较好的国家而言，ODA的作用越来越边缘化；而对于援助依赖的贫穷国家而言，ODA占据它们政府收入和流入资金总量的比例却越来越高。（2）过去数十年来，国际金融市场上的借贷成本越来越低，因此现有的对于援助国实际援助努力的计量方式必须加以修正（亦即对于参考贴现率必须加以

---

① OECD. Modernizing the DAC's development finance statistics. DOD/DAC（2014）9. developing cooperation directorate submitted for DAC Senior Level Meeting on 3-4 March 2014 at OECD Conference Center in Paris，17 Feb，2014.

调整)。(3) 来自新兴援助国的开发金融，或者说它们对于南南合作的支持力度在过去十几年里迅速加大，作用日趋明显，但是却无法融入现有的ODA系统。

发展合作理事会提出要在现有的金融市场条件下重新为“优惠本质原则”进行清晰的定量定义，亦即要修改现有ODA数据计算所使用的10%固定贴现率。此问题尚无法在DAC成员之间达成改革方案的共识，但是10%的固定贴现率明显高于事实利率却是不争的事实。现有的两个备选方案有：一是使用浮动差异贴现率，但是不同货币之间的汇率差异会给ODA数据的计算带来难以解决的复杂性问题；二是使用一个较低的固定贴现率来作为计算ODA赠与成分的参考标准，比如国际货币基金组织在其“低收入国家债务可持续分析系统”(debt sustainability system for LICs) 中使用的5%标准。在过去的十年中，5%一直是美元的商业参考利率 (commercial interest rate reference，CIRR)，只有在低收入国家长期性贷款协议中才会小幅提高利率，以此为参照，这一方案可能会成为最终方案。过去的十几年里，各个ODA提供大国纷纷增加贷款性开发金融，而赠与性ODA的比例一直在下降。为解决此问题，DAC提出将会在ODA汇报数据中只计入赠与的成分，而不是全部贷款本息总额，以此来降低成员提供贷款而不是赠与的动机。而为了维持现有的ODA汇报数据，防止出现过于明显的波动，发展合作理事会提出贷款偿还的部分将不再从ODA汇报数据中减除。需要指出的是，中国政府在其所有的对外援助数据中都只计入赠与成分，或者说政府预算贴息的成本，而没有计入贷款本金总额。DAC此项改革措施无疑是在学习新兴援助国的经验。目前，DAC各成员已经就此方案签订了最终协议。

发展合作理事会提出的TOSD概念比ODA概念要宽泛得多，包含了ODA、为发展目的提供的OOF（包括出口信贷）、官方担保，甚至为发展目的而提供的官方资金股权投资。此概念的提出主要是为了在不稀释ODA的前提下，跨越多年来阻止ODA改革的概念纷争，更加全面地衡量援助国为发展目的而提供的各种资金资源，从而维持ODA在开发金融中的地位，并且更多地调动私人资金为发展目的而投资。非常明显，TOSD的概念内涵几乎与本研究所提出的“中国特色官方开发金融”完全一致。

来自DAC的专家认为，虽然ODA的概念自1971年形成以来“大多只是在比较边缘的问题上”进行了一些改变，但是学界对于各种解释一直保持着开放的态度。目前来看，为了应对各种挑战，ODA机制必须改革，而改革的核心就在于是缩窄还是扩展ODA的范畴。在评价了过去的失败改革尝试之后，DAC提出了“官方发展努力”（ODE）这一新概念，缩小了现有的ODA范畴。ODE包含：为了发展目的的赠与和发展导向的贷款中的赠与成分，而且后者应当在贷款协议签订时就予以明确。ODE同时将援助国内安置难民费用等国内项目排除在外。来自DAC的专家认为，ODE的提出可以在援助国努力与受援国实际受益之间实现较好的平衡。最后，DAC的报告还通过数据演算，得出了使用ODE新概念不会对现有的DAC成员汇报的ODA数据造成太大的波动，但日本和韩国除外。日韩两国提供的ODE数据要显著高于ODA数据①（说明二者提供的ODA优惠程度高于别的DAC成员，尤其是贷款类资金少）。

① HYNES W，SCOTT S. The evolution of official development assistance：achievements，criticism and a way forward. OECD Development Co-operation Working Paper，12（2013）. [2014-06-29]. http：//dx. doi. org/10. 1787/5k3v1dv3f024-en.

第二节　在非中企如何正确处理媒体与公共关系[①]

近年来，在“一带一路”倡议和中非“十大合作计划”的共同推进下，撒哈拉以南非洲地区已经成为中国商人进行海外投资的热土。中非贸易额在 2015 年已经达到了 2 200 亿美元，是 2000 年的 22 倍，登记在册的在非投资的中国企业超过 3 000 家，长期在非工作的中国人保守估计已经超过了百万。然而，中非之间热烈的经济交往中，不和谐的事件却不断发生，而且发生频率呈现上升态势。2016 年，在非工作 20 余年的一名中国企业主被坦桑尼亚检方指控于 2000—2014 年间将价值 250 万美元的 700 多根象牙盗运至远东。一时间，“象牙女王”风波严重破坏了中国的国际形象，影响了在非中企的经营。[②] 2017 年国庆中秋双节期间，10 月 4 日，赞比亚发生了移民局以工作签证问题为由非法拘捕在赞中国人事件；10 月 6 日，加纳西部省地区一名中企加纳雇员与中国员工发生冲突并死亡，导致当地愤怒的情绪直指中国人。

事实上，经历了数十年的发展，中国已经取代了欧美国家，成为非洲最为重要的贸易伙伴、资金供应国和基础设施建设者。中国对非洲发展的贡献是巨大而无与伦比的，这一点早已得到了联合国、世界银行和非洲开发银行等国际组织的高度赞许。而由霍普金斯大学中非研究倡议（SAIS-CARI）、威廉与玛丽学院“援助数据”（Aid Data）项目和麦肯锡

① 本节原文发表于 2017 年 11 月 29 日的《21 世纪经济报道》，放在这里是为了给广大企业提出建议。第三节则是为国家提出的政策建议。第二节和第三节对象不同，合在一起才是全面的建议。

② “象牙女王”杨凤兰：她只是凶手中的一个．三联生活周刊，2015-10-23. http：//www.lifeweek.com.cn/2015/1023/46793.shtml.

公司等机构发布的研究报告也表明，在国家、地方和社区的层次，中国企业对于非洲的经济增长都提供了巨大支持，为非洲经济发展带来了活力。但是，随着大量中国企业进一步介入当地经贸活动，少部分非洲国家和百姓对中企的态度却不断恶化，这种态度的巨大反差值得注意。

深入分析近年来在非中企频频遭遇的公关危机，不难发现，其中既有一些西方媒体的恶意中伤，也有中企在当地经营过程中确实存在不规范、不合法的客观事实。但是，如何应对处理，以及如何从源头上管控这些危机，则充分暴露了在非中国企业在公共关系领域的落后观念和实践。其中主要存在三个问题：（1）在非中企普遍与媒体沟通渠道不畅，缺乏主动沟通、积极塑造企业形象的意识；（2）在劳工权利标准、中籍员工合法的工作签证、逃税和腐败贿赂等问题上，在非中企一方面没有执行应有的标准，另一方面没有为可能出现的公共关系危机准备预案，更没有注意保存和收集可以应对报道及批评所使用的有关素材；（3）部分在非中小型企业对公共关系、媒体领域与法律规范缺乏基本了解，国内也缺乏能够提供相关服务的咨询企业。

笔者认为，只有切实解决以上公共关系方面的问题，中企才能够更好地融入当地，营造良好的营商环境，实现可持续的商业发展模式。为此，在非中企应在以下几个方面加以积极改进：

首先，在非中企要强化公共关系与媒体关系意识，积极接触当地媒体。中国企业往往注重经营好自己的业务，却忽视了在公共关系与媒体关系方面的建设。事实上，中企少有专门负责媒体与公共事务的管理人员，普遍缺乏相应的外语沟通技巧与能力。撒哈拉以南非洲有 54 个国家，每个国家都有自己不同的法律制度，尤其是在媒体报道领域更是如此，不同殖民体系下的非洲国家往往有继承自不同殖民体系的具体新闻操守。因此，在非中企理应积极接触媒体从业人员，了解企业新闻操守原则，雇用适宜的公关和媒体关系人员，在当地塑造良好的企业形象。企业还可以有效借助工会、非政府组织等的力量，利用民主选举的规则来保护自身的利益，还可以考虑雇用本地的咨询公司来处理媒体与公共关系问题。某些国家中，如果条件允许，中企或许可以尝试投资和入股新闻媒体企业，从而塑造更为公平有利的报道氛围。面对虚假和片面不实的报道，中企应采取积极接触、释疑解惑的策略，引导和塑造于中企有利的公共媒体环境。

其次，在非中企要强化企业社会责任（CSR）意识，尤其在重大关切问题上要重视企业经营行为对社会和自然环境所造成的影响。企业社会责任，不应该表现为出现危机以后“临时抱佛脚”，而应该表现为将作为核心的风险控制系统嵌入企业的管理机制中。即“想在前面，做在前面”，提前谋划，利用企业在社会责任方面的贡献——如给当地带来的税收和就业等——去抵消各种商业和非商业的风险。这一转变体现在具体经营上，大体包括三个层次：第一，守法合规经营，利用法律法规保护自己的利益。务必建立起保存有关利税和就业等方面的数据的制度，以备不时之需。第二，善用本地员工，尽量使本地员工来源多样化，避免因为片面雇用某一地区/部落的员工而被迫涉入族群政治问题。务必远离政党政治和台底交易，处理好和各政党的关系，以避免被卷入国内政治斗争。第三，积极利用公共关系塑造良好的营商环境。在实行选举制的国家，利用市场占有率而非灰色手段影响政府，面对当地官员的寻租要求或其他的利益威胁，可以积极动员当地员工和工会等组织，借用当地民众的不满形成社会压力。

最后，在非中企要转变投资思路，注重长期运营，保持良好的公共形象。随着对非投资的进一步深入，"打一枪换一个地方"的掠夺式开发策略已经难以为继。不遵守当地法律、不与工人签订劳动合同、随意解雇工人等现象严重影响了中国企业在非洲的形象。同时，当下的中非经贸关系正在实现由承包承建向"绿地与褐地投资"的转向，本土化经营的策略才更有利于企业适应当地环境，从而更深层次地介入当地经济。具体而言，企业需要寻找当地具有竞争力的产品和行业进入。在很多行业里，中企在非洲面对的是占有垄断地位的欧美先进企业，这就更显示出企业进入市场前实地考察的重要性，应雇用有关咨询服务企业，做好尽职调查（due diligence）而非想当然地作出投资决策，以确保自己的产品或服务具备长期的竞争力。

随着近些年来中非贸易往来不断加深，中国企业对非投资增速加快。对企业而言，在非投资经营的过程中一个关键的问题就是如何规避风险，更好地维护自己的权益。这就要求企业在追求利润的同时，经营好在非洲的公共关系。总的来说，企业在运作时，不能只顾眼前利益，更要着眼于长远的发展，在进行投资经营活动时，要遵守当地的法律法规，尊重当地的风俗习惯，担负好企业的社会责任。也只有这样，中企才能在非洲树立起良好的形象，从而推动中非经贸关系深入发展和民间友好良性互动。

第三节　对中非发展合作的政策建议

经由前述对 ODA 理论的分析和批判、对中非发展合作历史和现状的梳理，以及本章中传统援助国本身对 ODA 理论发展历史中各种问题的反思，本书对于中非发展合作，以及作为主要合作模式的中国特色官方开发金融提出以下四点改进建议：

1. 研究制定中国自己的国际发展政策，或者说对外战略中的发展维度

长期以来，中国的对外战略设计宏大，包含着政治、安全、经济和文化等多种维度，为改革开放营造了良好的国际环境。但是，由于前述的多种原因，中国对于国际发展合作并没有给予足够的重视，对外战略中也长期缺乏发展的维度或是一项清晰的国际发展政策。所谓发展的维度，就是在处理和不发达地区的关系问题时，应当在传统的政治、经济影响因素以外，将援助、投资、环境和社会问题综合考虑进去。对于大国而言，发展维度都是对外战略不可或缺的重要方面，尤其是在处理南北方国家间关系的问题上更是如此。以美国为例，奥巴马政府就明确将发展、民主、安全和经济增长并列为对非新战略的四大支柱。[①] 美国的对外政策有三大支柱，或者称为3D，分别是国防（defense，这里指国防部）、外交（diplomacy，这里指国务院）和发展（development，这里指开发署），可见发展政策对于美国外交战略的重要性。[②] 在“阿拉伯之春”和缅甸政治转型当中，美国和日本的国际发展政策有力地调动了非政府组织、国际社交网络和公民社会的力量，对于两国保护自身利益、改善本国形象起到了非常大的作用。反观中国，在缅甸政治转型和南海问题中的东南亚国家态度转变等问题上，由于国际发展政策缺失，没有能够及时、合理地调动开发金融等手段来维护自己的利益，甚为可惜。国际发展维度，应当被自然地嵌入中国的各项对外政策和战略当中。不论是在“一带一路”，还是在中非发展合作的各类项目当中，对社区利

① White House. U. S. Strategy towards Sub-Sahara Africa. White House Press Release on June 14, 2012. [2014-06-20]. http: // www. whitehouse. gov/sites/default/files/docs/africa _ strategy _ 2. pdf.

② 唐晓阳. 中非经济外交及其对全球产业链的启示. 北京：世界知识出版社，2014：310.

益、节能环保、性别平等等发展议题应该主动关注和积极处理，绝对不能忽视。有业内专家提出，在企业海外项目管理当中，企业社会责任应该被当作风险控制机制的核心嵌入企业管理机制当中，以此来防止在劳工、环保、社区和公关关系等方面出现问题，影响项目的正常运营。将社会责任嵌入管理机制，就能够协调各方利益，杜绝此类问题的出现。[①]国际发展政策对于一国的外交战略，就如同社会责任对于企业管理一样，应当作为防控危机和风险的重要机制嵌入核心战略当中。

2. 吸收国际发展经验，重新定义中国的对外援助

随着经济的发展，中国已经迈入中高等收入国家的发展阶段，相应的对外援助政策应当体现更多的国际责任，以此展现中国对于发展和援助关系的根本看法。随着中国的不断发展，国际社会已经开始质疑中国和不发达地区南南合作的合理性，认为中国已经是“北方国家”、富裕国家。中国一方面应当梳理与各大多边和双边发展合作机构的关系，加强三方合作，促进中国和受援国的发展；另一方面应当积极寻求新的发展口号，或者积极主动地重新定义南南合作，把握国际发展的话语权，加强有关对外援助的研究和规划，在实践经验总结的基础上细化中国援助和援助资金支持项目的定义。现有的赠与、无息贷款项目无疑属于援助范畴；既然优惠贷款以美元发放，而且综合优惠程度均达到 ODA 的标准，那么自然应该属于援助。但是，假如一个项目只使用了部分优惠贷款的话，应该如何定义？能否贴上“中国结”（China Aid）标志（见图 7-1）？进一步来说，历史与实践证明，高优惠度的援助并不一定就比低优惠度的其他资金产生更多的发展效果，那么类似的中国官方支

① 根据对张洪福（北京商道纵横发展咨询公司分析师）的访谈，2015 年 10 月 14 日。

持对非发展项目应该怎样定义？像优惠买方信贷资金、中非基金股权投资和中国注资的多边/双边开发银行的资金怎样定义？能否借鉴 DAC 的尝试，将中国特色官方开发金融划分为对外援助和对外发展合作资金两种形式？

图 7－1　（左）中国对外援助标志——红色中国结；
（右）中国援助抗击埃博拉物资
新华社原驻西非记者林晓蔚　摄

3. 建立统一的发展合作管理机构

2018 年 3 月，中国国际发展合作署宣布成立。这标志着中国建立统一的发展合作管理机构迈出了第一步，但是该机构在职能、规模、服务和立法地位等方面还没有明确。考虑到中国在国际发展合作领域仍然是后来者，经验很不丰富，这一管理机构可能需要相当长的一段时间才能够建立起足以支撑中非合作与“一带一路”建设的能力。因此，中国国际发展合作署的成立仅仅是第一步，而不代表中国国际发展机构建设工作的完成。

中国现有的对外援助管理机制，实质上是存在于商务部对外援助司、商务部国际经济事务合作局、中国进出口银行、中非发展基金等多个机构间的一种协调机制，欠缺有效的管理能力。这一协调机制割裂了援助类和非援助类发展资金之间的有机联系，严重制约了中国对外发展合作效率和规模的提升，还造成了资源的浪费。而随着人民币国际化的推进，以及亚洲基础设施投资银行、金砖国家新开发银行等机构的建立与运营，这一协调机制在未来需要协调的业务部门将会越来越多，面临的情况也可能越来越多样化，当前分散的管理和低下的人力资本投入完全无法满足需求。因此，建议应当设立直属国务院的副部级主管单位，充实人力资源，对中国对外援助预算资金实行归口管理，并且监督其他发展资金——如商务部现有多种国际经济技术合作资金，以及中非发展基金和中非产能合作基金等投资促进基金的使用。考虑到国际发展工作的连续性，该部门在短期内可以继续接受商务部的工作指导。另外，在现有的分散机制下，对外援助各部门难以提供全面的方案援助和全产业链的合作计划，一些有较高要求的技术援助项目也难以执行。① 中国在建立统一的援助管理机构的同时，也应当尝试购买服务的方式，促进中国自己的发展咨询与公共关系咨询行业的发展，同时提高全社会对于援助的合理认识。在建立统一的对外援助管理机构，定义中国对非援助与发展合作的基础上，中国还应该加强与对外发展合作相关的立法工作，使得援助相关法规和管理细则进一步规范化，不给腐败和寻租留下空间。

4. 合理设计国际发展合作支持项目的择优机制，控制大型企业在该机制中的影响力，同时加强对开发金融和对外援助资金的监管

本书第二章第四节专门论述了发展援助 ODA 的资源输送机制因为多层代理结构问题而导致的资源浪费、监管不力和援助承包商影响力超

① 根据对王泺（商务部研究院国际发展研究部主任）的访谈，北京商务部研究院，2015 年 3 月。

越政府机构的问题。事实上，中非发展合作模式当中也存在着类似的问题。虽然中非发展合作的项目是由中非两国政府商定的，但是管理机构的分散投入使得主管机构无法充分了解项目的各方面信息，更毋论充分的可行性研究。这样就使得中国企业，特别是大型企业，在这一机制中获得了特殊的影响力。中国的大型企业规模庞大、员工众多，在非洲当地大多已经经营了数十年时间，对于当地情况的了解程度往往要好于中国驻当地的使领馆和国内各主管机构。正是凭借这种信息的垄断优势，中国大型企业在双边合作项目的选取中可以选择有利于自己的信息来报送主管机构，促成有利于自己的官方意见，从而影响合作项目的择优机制。这里就出现了与 ODA 机制一样的“道德困境”和“逆向选择”风险。由于中非发展合作是以开发金融引导合作项目的推进，资金的重要性不言而喻。由于中国之前没有统一的发展合作管理机构，难以对项目资金的运转进行有效监管，资金使用和项目运营状况往往只能依靠承包企业来报送。与此同时，在非洲经营的中国企业长期以来形成了不顾真实成本而盲目低价竞争的恶习，其主要原因就在于国内提供的高额资金补贴。一般来说，海外项目自身的盈利水平才应该是企业商业决策的主要考虑，而不是国内的资金支持程度，这种“拿海外项目，赚中国钱”的恶性竞争必定是不可持续的。面对这些问题，可能的替代措施是：一方面，加大通过多边和国际开发机制提供的资金规模，比如通过亚洲基础设施投资银行和金砖国家新开发银行等；另一方面，利用全球基础设施建设的 PPPs 公私合作经营热潮，推动中企从对外项目总承包（EPC）和带资基建（EPC＋F）走向对外投资（BOT 和 PPPs）。数百亿美元的援助和发展资金所面临的监管难度很大，不仅存在权力寻租风险，还要避免各金融机构之间因为竞争项目而造成国有资金浪费的问题。解决这一问题的根本，还是要回到第三点建议，就是建立统一机构，实现归口管理。只有这样，才可以对援助与合作项目的运营情况、资金使用情况、项目实际发展效率等实现有效的监督和管理。中国在学习主流国际发展经验的同时，还需要吸取它们的教训，引入第三方监督审计，坚决抑止低效项目的产生和持续获得注资。

结　语

总体来说，不论是西方的官方发展援助 ODA 模式，还是中国特色官方开发金融 ODF 模式，都是在具体的历史条件下，应国家经济外交和对外战略的需求而出现的。当代中国特色 ODF 所遭遇到的批评，不论是部分国家出于国家利益或意识形态考量而发出的苛责，还是由中非发展合作中所出现的实际问题导致的，几乎都存在于西方 ODA 发展的历程当中。由于中国自身受援国和援助国的双重身份，以及对于和平共处五项原则的坚持，以中国特色 ODF 为代表的中非发展合作模式从根本上来说，就比发展援助 ODA 模式体现了更多的平等互利原则和发展中国家的自主性。正因为如此，中非发展合作模式才代表了国际发展合作的未来趋势，也成为发展援助 ODA 模式学习和借鉴的对象。不过，中国特色 ODF 毕竟在 20 世纪 90 年代中期以后才开始出现，虽然进入新世纪以来这一模式经历了高速发展，但同样面临着各种各样的问题。从另一方面来说，随着经济的发展和人民生活水平的提高，中国的国际身份将会不断地趋向于发达援助国而非受援国。与之相应，中国在和发展中国家的合作中，也必须更多地照顾伙伴国的利益、更少地维护本国企业的利益，这种转变就需要向发展援助 ODA 理论吸取经验和教训，在不断的改革当中完善自我，为中非人民带来更多的福祉。结合全书的分析和论述，我们应当对于中非发展合作得出一个客观的认识。

(1) 中国对非洲发展的支持力度符合中国自身的发展阶段，中国对非开发金融的特点与ODA历史上出现的特点有共通之处。① 虽然当今对于发展援助的要求非常严格，但是在DAC成立之初，对外援助代表的是一个相当中性的宽泛概念——“发展资源”。“发展资源”包括赠与、贷款、出口信贷、混合信贷和联合信贷（associated finance），甚至还包括私人投资。在DAC成立之后的几十年间，ODA是否可以包含出口信贷的问题引发了长期的争论，尤其是在美国、德国和加拿大几个国家当中。直到20世纪60年代中期，受援国集团才提出了扩大这些资金的官方成分和“软化”贷款条件（指优惠度的提高）的要求，希望以此来应对开始显现的债务问题。经过不断的争论，1972年，DAC内部才逐渐形成了关于当今ODA定义的共识。② 正是由于传统援助国忽略了中国发展中国家的身份，才会对于中国对非资金支持优惠度产生种种苛责。如新中国早期的对非援助实践表明，尽管中国大量的援助物资和援建项目基本都是无偿援助，但它们既无法在非洲伙伴国内产生可持续的发展效果，又给中国的财政支出增加了巨大压力。如果使用ODA框架来分析这一时期的对非援助，可能都属于高优惠程度的发展援助，但是其实际效果却不如新世纪诞生的对非开发金融模式。这些中国援助的经验，证明了盲目要求优惠资金并无助于提升援助的发展效果。

---

① LIN Yifu，WANG Yan. China Africa co-operation in structural transformation：ideas，opportunities，and finances. Wider Working Papers 2014/046，United Nations University.

② HYNES W，SCOT S. The evolution of official development assistance：achievements，criticism and a way forward. OECD Development Co-operation Working Paper，12 (2013) . [2014-06-29]. http：//dx. doi. org/10. 1787/5k3v1dv3f024-en.

（2）赠与成分问题。在ODA定义形成的过程中，DAC内部还有一个争论不休的问题，围绕该问题的争论可能比出口信贷问题所引发的还要多，那就是为ODA制定一个合适的优惠程度门槛。各成员提出了从20%到60%不等的各种优惠程度的要求，其中很多国家认为人均收入较低的成员有权利降低其ODA的优惠程度。① 虽然很多人都认为这一标准过于僵化和武断，但最终DAC仍然决定采取25%作为优惠程度的门槛。而从20世纪80年代开始，将ODA与OOF联合使用的联合信贷模式开始兴盛，使得ODA门槛的计算更加复杂。ODA优惠程度门槛的提出还带来了另一个严重的问题，即贷款类发展资金的本金是否应该被计入ODA汇报数据。事实上，援助国在提供贷款类发展资金的时候，绝大多数情况下财政只提供利息补贴，本金则在国际金融市场上筹措，而DAC成员却将全部本息都计入援助国的ODA汇报数据。这一明显偏向于援助国的政策，导致近些年来很多DAC成员都倾向于提供贷款类资金而不是赠与类资金，从而既不会降低本国的ODA汇报数据，也不需要增加财政负担。贴现率问题也直接影响到赠与成分的计算。现行双边ODA计算所使用的贴现率为10%，亦即认定国际金融市场主权国家对外融资的利息为10%。DAC制定贴现率的目的是为了"给援助国将资金投入到外国发展而非本国公共投资的努力提供一个合理的机会成本的代理标准"②。显而易见，一种固定的贴现率无法长期地准确反映市场融资成本，但使用浮动/差异的贴现率又会增加ODA赠与成分计算的复杂性。这一两难的局面在2008年之后明显倒向了前者，因为当年发生的全球金

①② HYNES W，SCOT S. The evolution of official development assistance：achievements，criticism and a way forward. OECD Development Go-operation Working Paper，12（2013）.［2014-06-29］. http：//dx. doi. org/10. 1787/5k3v1dv3f024-en.

融危机和各大国的货币流动性补偿措施极大地降低了全球金融市场的借贷成本，从而使得固定10%的贴现率显得愈加荒谬。即便出现了改变固定贴现率的国际诉求，DAC和各全球发展机构仍然很难找到一种合理的贴现率浮动/差异制度，因为借贷成本依据不同的金融市场、货币、贷款方和用作参考的商业贷款条件而差异很大。传统援助国之间对于制定合理的贴现率问题有着较大的争议。李若谷也已经提出，中国对非开发金融如果使用人民银行五年期贷款利率作为贴现率标准，也能够达到ODA的优惠程度要求。[①] 既然主流的ODA援助国尚且无法就援助资金的优惠程度达成共识，那就不应该就此问题苛责中国。此外，有关一些使用发展资金的支持项目到底是支持"发展导向"还是"商业导向"的争论由来已久。[②] 典型的争议项目包括援助国政府与ODA相关的行政费用、接受发展中国家留学生的安置费用和援助国内部难民安置费用等。该问题的核心在于设定ODA概念的观念模式究竟是为了衡量援助国的援助努力还是为了受援国的真实获利。在目前的DAC制度下，无疑是援助国占据主导地位，当然也就在某种程度上压制了"发展导向"问题的讨论。而中国在这一问题上的态度十分鲜明，即仅仅将财政预算用于对外援助的实际支出作为中国对外援助的数据，这已经树立了一个较高的标准。

（3）中国援助的捆绑比例问题。中非发展合作资金的高捆绑比例问题是多种因素共同作用的结果：中国对于中非合作的本质看法与ODA

---

① 李若谷．正确认识发展中国家的债务可持续问题．世界经济与政治，2007（4）：63-72.

② HYNES W，SCOT S. The evolution of official development assistance：achievements，criticism and a way forward. OECD Development Go-operation Working Paper，12（2013）.［2014-06-29］. http：//dx. doi. org/10. 1787/5k3v1dv3f024-en.

截然不同，中国认为这不是单向依赖的援助关系，而是“互利共赢、共同发展”的平等关系，自然不应该要求中国单方面作出牺牲。中国作为世界上最大的出口国，在日用品、民用机电产品和农产品领域的国际竞争力难有对手匹敌，产品价格也最低，对外援助中采购中国产品也符合援助的效率要求。中国国内的基础设施建设行业经过改革开放以来的高速发展，在公共事业和经济基础设施的建设领域，如楼宇馆所、公路铁路、港口机场和发电设施等，都达到了较高的技术标准和较低的价格水平，因此即使中国放弃援助捆绑原则，项目招投标中仍然将是中企获得多数订单。[①] 中国国际承包商不仅已经在非洲获取了最大的市场份额，即使在世界银行、非洲开发银行和美国国际开发署等非中国资金支持的项目招投标中也占据了最大的份额，因此捆绑问题并非单纯是中国的援助政策造成的，而是中国在世界经济产业链条中的基础性地位造成的。[②] 最后，对非援助问题在中国国内舆论中往往会招致较多的批评，为了展现中国政府预算在开发非洲的同时也能够支持国内经济的增长，捆绑政策短期内难以取消。

随着中非之间在发展议题上的合作与日俱增，在双方“经济合作”项目的背后，我们都可以发现中国特色 ODF 模式的存在。在资源开采、基础设施承包、农业、公共卫生甚至制造业中，中国的官方资金都以优惠的程度提供给非洲合作伙伴国，既发展了当地经济，也促进了中国企业的投资和业务经营。几乎在所有与中国保有外交关系的非洲国家

① 根据对周可（中水电布维项目部行政总监）的访谈，加纳布维水电站营地，2015 年 8 月 13 日。

② United States Government Accountability Office. sub-Saharan Africa：trends in U. S. and Chinese economic engagement. [2014-06-20]. https：//www. gao. gov/products/gao-13-199.

都能够发现这种合作模式的影子，其中安哥拉、赞比亚、尼日利亚、加纳、埃塞俄比亚和埃及集中了大部分的资金。这其中有自然资源丰富的国家，也有传统的农业国，以及制造业相对较发达的新兴国家，因此强调中非合作只为攫取资源能源的观点无疑是有失偏颇的。

美国威廉与玛丽学院"援助数据"项目的报告显示：2000—2014年，中国共向140多个国家援助了3 544亿美元，同期美国共援助3 946亿美元。从2009年起（除2010年外），中国的援助金额就已经超过美国。从资金数额来看，中国已成为全球最大的援助国。然而，与美国将93％的资金都以ODA的形式提供给受援国的做法形成鲜明对比的是，中国仅有23％的援助资金可纳入传统的ODA模式。[①] 在合作方关系、合作模式、支持重点和制度规范等各个方面，中国特色ODF都与发展援助ODA大相径庭。作为中非发展合作的新模式，它已经成为中国非洲战略的骨干：分享发展机会，经济互利增长；或者如习近平主席所提出的"互利共赢、共同发展"。中国人相信"授人以鱼不如授人以渔"，无论如何，适合非洲的发展路径永远需要非洲人民依据自身的经验和非洲的实际去自己探索。但是，如同林毅夫教授所指出的那样，如果发展经济特区和出口加工产业得当，"十亿非洲人民完全可以复制'中国奇迹'"[②]，而中国特色ODF将会帮助非洲，乃至"一带一路"沿线国家提升"造血能力"，为人类命运共同体的建设事业添砖加瓦。

---

① WOOLEY A，PATTESON S. William & Marry，AidData releases first-ever global dataset on China's development spending spree，October 16，2017. ［2018－03－13］. https：//www.wm.edu/news/stories/2017/aiddata-releases-first-ever-global-dataset-on-chinas-development-spending-spree.php.

② 林毅夫．非洲可以复制中国式的经济增长．北京大学国家发展研究院．(2014－02－18)［2014－05－10］. http：//www.nsd.edu.cn/cn/article.asp?articleid＝17616.

参考文献

一、英文文献

［1］ STRANGE A，PARKS B，et al. China's development finance to Africa：a media-based approach to data collection. Center for global development working paper 323，April 29，2013. http：//www. cgdev. org/publication/chinas-development-finance-africa-media-based-approach-data-collection.

［2］ ASEAN. Joint statement between ASEAN and China on further deepening the co-operation on infrastructure connectivity，November，2017. http：//asean. org/storage/2017/11/China-and-ASEAN-on-Cooperation-Connectivity-CN-ASEAN _ adopted. pdf.

［3］ LI Xiaoyun，BANIK D，TANG Lixia，WU Jin. Difference or indifference：China's development assistance unpacked. IDS Bulletin，2014，45 (4).

［4］ ASEAN. Joint statement of the 19th ASEAN-China Summit to commemorate the 25th anniversary of ASEAN-China dialogue relations，September，2016. http：//asean. org/storage/2016/09/Joint-Statement-of-ASEAN-China-Commemorative-Summit-Final. pdf.

［5］ lEO B，VAMANCHANDRAN R. Shedding new lights on the off-grid debate in the power Africa countries. Center for global development. http：//www. cgdev. org/blog/shedding-new-light-grid-debate-power- africa-countries.

[6] WANG B, LEITICIA A. China-Africa political and economic relation in the 21st century: an analysis of China's new involvement into Africa. Doctoral dissertation, Jilin University.

[7] FREEMAN C. From “Blood Transfusion” to “Harmonious Development”: the political economy of fiscal allocations to China's ethnic regions. Journal of Current Chinese Affairs, 41 (2012), pp. 22-23.

[8] ZAMBELIS C. A swan song in Sudan and Libya for China's “Non-interference” principle. Jamestown Foundation China Brief , 11 (2011) . http: //www. jamestown. org/single/? tx _ ttnews%5Btt _ news%5D=38319&tx _ ttnews%5BbackPid%5D=517&no _ cache=1.

[9] PROVOST C, HARRIS R. China commits billions in aid to Africa as part of charm offensive. The Guardian, Apr 29, 2013. http: //www. theguardian. com/globaldevelopment/interactive/2013/apr/29/chinacommitsbillions in aidafrica interactive.

[10] BURNSIDE C, DOLLAR D. Aid, policies and growth. World Bank Policy Research Department, September 2000. http: //elibrary. worldbank. org/doi/pdf/10. 1596/1813 - 9450-1777.

[11] BRAUTIGAM D. Africa's eastern promise: what the west can learn from Chinese investment in Africa. Foreign Affairs, January 2010. http: //www. foreignaffairs. com/articles/65916/deborah-brautigam/africa's-eastern-promise? page=2.

[12] BRAUTIGAM D. Aid with “Chinese characteristics”: Chinese aid and development finance meet the OECD-DAC aid regime. Journal of International Development, 23 (2011).

[13] DOLLAR D. Supply meets demand. World Bank Blog, July 10, 2008. http: // blogs. worldbank. org/eastasiapacific/supply-meets-demand-chinese-infrastructure-financing-in-africa.

[14] Department of State & USAID. U. S. Foreign Assistance Guide (undated 2014): 17. http: //pdf. usaid. gov/pdf _ docs/PNADC240. pdf.

［15］ Energy Group of Africa Region. Energizing economic growth in Ghana：making the power and petroleum sector rise to the challenge. World Bank Group，June 2013.

［16］ Ethiopian Embassy in Beijing. Huajian of China's Ethiopian export zone may generate $4 bln，March 23，2013. http：//www. ethiopiaemb. org. cn/pdf/323_Huajianof-ChinasEthiopianexportzonemaygeneratebln. pdf.

［17］ Forum of China and Africa Cooperation. Sharm El Sheikh Action Plan 2010－2012，November 12，2009. http：//www. focac. org/eng/ltda/dsjbzjhy/hywj/t626387. htm.

［18］ REISEN H. Is China helping improve debt sustainability in Africa. OECD-DAC G－24 Policy Brief，No. 9，2008. http：//www. oecd. org/dev/39628269. pdf.

［19］ KESSIDES I N. Electricity reform. World Bank site resource. http：//siteresources. worldbank. org/EXTFINANCIALSECTOR/Resources/282884 － 1303327122200/VP332－Electricity-Reforms. pdf.

［20］ IMF. Regional economic outlook：sub-Sahara Africa，Oct 2014.

［21］ IMF. Regional economic outlook：Middle East and Central Asia，October，2017. http：//www. imf. org/en/publications/reo/meca/issues/2017/10/17/mreo1017.

［22］ LIN Yifu. Opening speech at the 1st international symposium on new structural economics and development in Africa. 1st international symposium on new structural economics and development in Africa，June 22，2014.

［23］ LIN Yifu，WANG Y. China-Africa co-operation in structural transformation：ideas，opportunities and finances. World Institute for Development Economics Research. United Nations University，Working Paper 2014/046.

［24］ LIN Yifu，WANG Y. Chinese contribution to development cooperation：ideas，opportunities and finances. FERDI working paper 119，Jan 2015. http：//econpapers. repec. org/paper/fdiwpaper/1983. htm.

［25］ SANUSI L. Africa must get real about Chinese ties. Financial Times. Mar 11th，2013. http：//www. ft. com/intl/cms/s/562692b0－898c－11e2－ad3f－00144feabdc0，Authorised= false. html? _ i _ location=http%3A%2F%2Fwww. ft. com%2Fintl%2Fcms%2Fs%2F0%2F562692b0-898c-11e2-ad3f-00144feabdc0. html& _ i _ referer=&classification=conditional _ standard&iab=barrier-app# axzz47Ui6CyOC.

[26] HANAUER L, MORRIS L J. Chinese engagement in Africa: drivers, reactions, and implications for U. S. policy. Santa Monica, CA: Rand Corporation, 2014.

[27] CORKIN L. Uneasy allies: China's evolving relation with Angola. Journal of Contemporary African Studies, 29 (2011).

[28] MOHIELDIN M. Belt and road initiative: a global effort for local impact. connecting cities for inclusive and sustainable development. World Bank, September, 2017. http://www. worldbank. org/en/news/feature/2017/09/26/bridge-for-cities-speech-by-mahmoud-mohieldin.

[29] DIOP M. Powering up Africa's renewable energy revolution. World Bank Blog, 08/03/2014. http://blogs. worldbank. org/nasikiliza.

[30] VARRALL M. China's aid flows and mechanisms. UNDP Issue Brief, June. 2013. http://www. cn. undp. org/content/china/en/home/library/south-south-cooperation/china _ s-aid-flows-and-mechanisms/.

[31] Millennium Challenge Corporation. Ghana power compact. http://www. mcc. gov/pages/countries/program/ghana-power-compact.

[32] NAIM M. Rogue aid. Foreign policy, Mar/Apr 2007. http://moisesnaim. com/columns/rogue-aid-2/.

[33] OECD. Modernizing the DAC's development finance statistics. DOD/DAC (2014) 9. Developing cooperation directorate submitted for DAC senior level meeting on 3-4 March 2014 at OECD Conference Center in Paris, 17 Feb, 2014.

[34] OECD. Implementation of the 2001 DAC recommendation on unitying ODA to the LDCs: 2009 Review. OECD-DCD/ DAC (2009) /REV2. http://www. oecd. org/dac/43596009. pdf.

[35] OECD. Is it ODA? . OECD Factsheet, November 2008. http: //www. oecd. org/dac/stats.

[36] OECD-DAC. Paris declaration on aid effectiveness. http: //www. oecd. org/dac/effectiveness/45827300. pdf.

[37] OECD glossary of statistical terms. http: //stats. oecd. org/glossary/detail. asp? ID=1893; http: //stats. oecd. org/glossary/detail. asp? ID=1893.

[38] Oxfam international. The view from the summit-gleneagles G8 one year on, June 9, 2006.

[39] RICHARDSON P G. China and Africa: a mutually opportunistic partnership? . Africa Research Institution (ARI), 99 (2010) . http: //www. realinstitutoelcano. org/wps/wcm/connect/2e00210042e214da 9d0ffd5cb2335b49/ARI99-2010 _ GonzalezRichardson _ China _ Africa _ Opportunistic _ Partnership. pdf? MOD = AJPE RES&CACHEID=2e00210042e214da9d0ffd5cb2335b49.

[40] OBAMA P. Remarks by the president at the U. S. -Africa Business Forum. White House Office of the Press Secretary, Oct 5, 2014. http: //www. whitehouse. gov/the-press-office/2014/08/05/remarks-pr-esident-us-africa-business-forum.

[41] The BRIC Post. China signs $ 13. 1 billion rail project in Nigeria. May 8, 2014. http: //thebricspost. com/china-signs-13-1-bn-rail-project in nigeria/ #. U3SzVvk73lA.

[42] The White House Website. U. S. Strategy towards Sub-Sahara Africa, June 14, 2012. http: //www. whitehouse. gov/sites/default/files/docs/africa _ strategy _ 2. pdf.

[43] MOSS T. Missing in Africa: how Obama failed to engage an increasingly important continent. Foreign Affairs, Oct 2, 2012. https: //www. foreignaffairs. com/articles/africa/2012-10-02/missing-africa.

[44] UNDP. Report of the conference for development cooperation among middle income countries, 2013. http: //www. undp. org/content/dam/china/docs/Publications/UNDP-CH-PR-Publications-Conference-Report-Middle-Income-Contries-Development-Co-

operation-Experience-Exchange. pdf，11.

[45] UNDP China. China's aid flows and mechanisms. UNDP Issue Brief，May 2013. http：//www. cn. undp. org/content/china/en/home/library/south-south-cooperation/china _ s-aid-flows-and-mechanisms/.

[46] United States Energy Information Administration. Country analysis：China，Japan and Korea 2012. http：//www. eia. gov/countries/cab. cfm? fips=CH.

[47] United States Government Accountability Office. Sub-Saharan Africa：trends in U. S. and Chinese economic engagement，February 7，2013. http：//www. gao. gov/products/gao－13－199.

[48] USAID. USAID primer：what we do and how we do it. Washington DC. http：//pdf. usaid. gov/pdf _ docs/PDACG100. pdf.

[49] FOSTER V. Africa's infrastructure：a time for transformation. World Bank Press 2010. http：//siteresources. worldbank. org/INTAFRICA/Resources/aicd _ overview _ english _ no-embargo. pdf.

[50] FOSTER V，BUTTERFIELD W. Building bridges：China's growing role as infrastructure financier for sub-Sahara Africa（EXECUTIVE SUMMARY）. World Bank，2008. http：//siteresources. worldbank. org/INTAFRICA/Resources/BB _ Final _ Exec _ summary _ English _ July08 _ Wo-Embg. pdf.

[51] FOSTER V，BUTTERFIELD W，et al. China's emerging role in Africa：part of the changing landscape of infrastructure finance. Grid Lines，October 2008. http：//documents. worldbank. org/curated/en/2008/10/10201384/chinas-emerging-role-africa-part-changing-landscape-infrastructure-financ.

[52] HYNES W，SCOTT S. The evolution of official development assistance：achievements，criticism and a way forward. OECD Development Co-operation Working Papers，No. 12，OECD Publishing（2013）.

[53] SHEN Xiaofang. Private Chinese investment in Africa：myths and realities. PPT

presentation. 1st international symposium on new structural economics and development in Africa，June 23，2014.

[54] ZHENG Yanpeng. China aims at join "high-income" club. China Daily，Apr 24，2014. http：//usa. chinadaily. com. cn/epaper/2014-04/24/content _ 17461806. htm.

[55] Yinan. Rail finance deal signed with Kenya. China Daily，May 13，2014. http：//usa. chinadaily. com. cn/epaper/2014-05/13/content _ 17504551. htm.

[56] SLATER D. Challenging western visions of the global：the geopolitics of theory and North-South relations. The European Journal of Development Research，7 (1995).

[57] PRZEWORSKI A，LIMONGI F. Modernization：theories and facts. World Politics，49 (1997).

[58] BABER Z. Modernization theory and the Cold War. Journal of Contemporary Asia，31 (2001).

[59] WOOLCOCK M. The next 10 years in development studies：from modernization to multiple modernities，in theory and practice. European Journal of Development Research，21 (2009).

[60] SMITH T. The underdevelopment of development theory：the case of dependency theory. World Politics，31 (1979).

[61] HOWE G N. Dependency theory，imperialism，and the production of surplus value on a world scale. Latin American Perspectives，8 (1981).

[62] BARNETT M N，FINNEMORE M. The politics，power，and pathologies of international organizations. International Organization，53 (1999).

[63] GEREFFI G，HUMPHREY J，STURGEON T. The governance of global value chains. Review of International Political Economy，12 (2005).

[64] MARCHI V D，MARIA E D，PONTE S. Multinational firms and the management of global networks：insights from global value chain studies. Orchestration of the Global Network

Organization，27（2014）．http：//dx. doi. org/10. 1108/S1571－502720140000027009.

［65］MARTENS B，MUMMERT U，etc. The institutional economics of foreign aid. Cambridge：Cambridge University Press，2001.

［66］MOYO D. Dead aid：why aid is not working and how there is a better way for Africa. New York：Farrar，Straus and Giroux，2009.

［67］BALDWIN D A. Economic statecraft. Princeton University Press，1985.

［68］BRAUTIGAM D. The dragon's gift：the real story of China in Africa. Oxford：Oxford Press，2009.

［69］SACHS J D. The end of poverty：economic possibilities for our time. London：The Penguin Press，2005.

［70］LIN Yifu，New structural economics：a framework for rethinking development. Washington D. C：The World Bank，2012.

［71］LIN Yifu，WANG Yan. Going beyond aid：development cooperation for structural transformation. Cambridge University Press，2017.

［72］COLLIER P. The bottom billion：why the poorest country are failing and what can be done about it. Oxford：Oxford Press，2007.

［73］DAVIS P. China and the end of poverty in Africa-towards mutual benefit?. Sundbyberg（Sweden）：Diakonia，2007.

二、中文文献

［1］王燕．世界银行与 IMF 对主流经济学政策处方的五大反思．http：//finance. ifeng. com/a/20170830/15625435 _ 0. shtml.

［2］李小云．中国援非的历史经验与微观实践．文化纵横，2017（2）：88－96.

［3］李小云，肖瑾．新南南合作的兴起：中国作为路径．华中农业大学学报（社会科学版），2017（5）.

［4］李小云，武晋．中国对非援助的实践经验与面临的挑战．中国农业大学学报（社会科学版），2009，26（4）.

[5] 李小云，郭占锋，武晋．中国农业发展对非洲的启示．西亚非洲，2011 (8).

[6] 李小云，武晋，王海民．对中尼扶贫合作的考察与建议．国际经济合作，2008 (12).

[7] 李小云，陈刚．中国农业发展经验示范非洲．中国投资，2017 (6).

[8] 李小云．国际发展援助背后的真相．国际援助，2016 (1).

[9] 李小云，徐秀丽，唐丽霞．中国对外援助的发展：若干建议．国际援助，2016 (2).

[10] 徐秀丽，李小云．重塑国际发展实践?：基于中国援非农业科技示范中心的日常观察．复旦国际关系评论，2016 (2).

[11] 唐丽霞，李小云．西方发展援助的管理和实践评述．复旦国际关系评论，2016 (2).

[12] 唐丽霞，周圣坤，李小云．国际发展援助新格局及启示．国际经济合作，2012 (9).

[13] 唐丽霞，武晋，李小云．国际社会对非洲的农业发展援助．世界农业，2011 (7).

[14] 唐丽霞，李小云．国际粮食援助发展评述．国际经济合作，2009 (10).

[15] 唐丽霞，李小云，齐顾波．中国对非洲农业援助管理模式的演化与成效．国际问题研究，2014 (6).

[16] 赵丽霞，唐丽霞，李小云．援助非洲的平台：变化与影响：主要对非会议和论坛的比较．国际经济合作，2012 (12).

[17] 雷雯，王伊欢，李小云．制造“同意”：非洲如何接纳中国农村的发展经验?：某中坦援助项目的发展人类学观察．广西民族研究，2017 (3).

[18] 陆继霞，李小云．巴西国际发展援助的特点及启示．国际经济合作，2013 (5).

[19] 陈传．中国在参与非洲基础设施开发中的角色及其影响．中国—DAC 研究小组背景报告，2010.

［20］俞思念，陈平其．西方现代化理论的兴起与演变．学习与探索，2005（6）.

［21］周毅．现代化理论的六大学派及其特点．当代世界与社会主义，2003（2）.

［22］国务院新闻办公室．中非经贸合作 2013，2013-08.

［23］国务院新闻办公室．联合国秘书长：中国是促进南南合作的真正领导者.（2017-08-22）. http：//www. scio. gov. cn/zhzc/2/32764/Document/1561497/1561497. htm.

［24］国务院新闻中心．中国的对外援助白皮书 2011. http：//www. scio. gov. cn/zfbps/wjbps/2011/Document/896986/896986. html.

［25］国务院新闻中心．中国的对外援助白皮书 2014. http：//www. fmprc. gov. cn/ce/cohk/chn/xwdt/jzzh/t1173111. htm.

［26］孙来斌，颜鹏飞．依附论的历史演变及当代意蕴．马克思主义研究，2005（4）.

［27］胡锦涛．中国将在五个重点领域支持非洲发展．人民日报，2012-07-20. http：//dangjian. com/syjj/gcsy/201207/t20120720_766762. shtml.

［28］华坚集团．做好中非友好和谐企业，为国争光，2012-01-29. http：//www. huajian. com/news/shownews. asp? id=469.

［29］贺文萍．中国援助非洲：发展特点、作用及面临的挑战．西亚非洲，2010（7）.

［30］孔永乐．中国及西方对非洲援助的义与利．二十一世纪，2011（2）.

［31］李安山．浅析法国对非援助的历史与现状——兼谈对中国援助非洲工作的几点思考．西亚非洲，2009（11）.

［32］李安山．论中非合作论坛的起源：兼谈对中国非洲战略的思考．外交评论，2012（3）.

［33］李安山．论中非合作论坛的运行机制及其与非洲一体化的关系．教学与研究，2012（6）.

［34］李若谷．正确认识发展中国家的债务可持续问题．世界经济与政治，2007（4）.

[35] 慕海平，焦福军，谈世中．评南北关系的实质．世界经济，1990 (8).

[36] 王和兴．论当代南北关系十大问题．国际问题研究，2003 (1).

[37] 李克强．开创中非合作更加美好的未来．非盟会议中心，2014-05-05. http://news.xinhuanet.com/fortune/2014-05/06/c_1110547295.htm.

[38] 李理．外交部承认坦赞铁路经营惨淡：高层决心改革．大公报，2015-05-19.

[39] 联合国大会．南南合作情况：秘书长的报告．(2017-08). http://www.un.org/en/ga/search/view_doc.asp? symbol=A/72/297&referer=http://www.un.org/zh/documents/index.html&Lang=C.

[40] 联合国经济及社会理事会．亚洲及太平洋加强区域经济合作和一体化：秘书处的说明，2017-03.

[41] 刘宏松．国际组织的自主性研究：两种理论视角及其比较．外交评论，2006 (3).

[42] 王玲．世界各国参与国际组织的比较研究．世界经济与政治，2006 (11).

[43] 庞珣，何枻焜．霸权与制度：美国如何操控地区开发银行．世界经济与政治，2015 (9).

[44] 林毅夫．非洲可以复制中国式的经济增长．北京大学国家发展研究院，2014-02-18. http://www.nsd.edu.cn/cn/article.asp? articleid=17616.

[45] 林毅夫．新结构经济学：发展经济学的反思与重构．人民日报（理论版），2013-11-10. http://theory.people.com.cn/n/2013/1110/c40531-23490476.html.

[46] 林毅夫．新结构经济下的新路向：中国产业与非洲产业的结合"．(2014-11-07)．http://www.huajian.com/news/shownews.asp? id=483.

[47] 卢峰．从"华坚现象"看中国对非投资类型转变．国际经济评论，2013-05. http://ejournal.iwep.org.cn/home/details/324.htm.

[48] "一带一路"与"马歇尔计划"有根本差别．人民日报，2015-02-13.

[49] 商务部．中非合作论坛成立以来中非经贸合作取得哪些重大进展．中国外资，2015 (2)：12.

［50］外交部．习近平在联合国发展峰会上的讲话．（2015－09－27）．http：//www.fmprc.gov.cn/web/ziliao_674904/zyjh_674906/t1300882.shtml.

［51］外交部．习近平在南南合作圆桌会上发表讲话，阐述新时期南南合作倡议，强调要把南南合作事业推向更高水平．（2015－09－27）．http：//www.fmprc.gov.cn/web/ziliao_674904/zyjh_674906/t1300907.shtml.

［52］外交部．习近平在新兴市场国家与发展中国家对话会上的发言．（2017－09－05）．http：//www.fmprc.gov.cn/web/ziliao_674904/zyjh_674906/t1490105.shtml.

［53］外交部．携手推进“一带一路”建设——习近平在“一带一路”国际合作高峰论坛开幕式上的演讲．（2017－05－14）．http：//www.fmprc.gov.cn/web/ziliao_674904/zyjh_674906/t1461394.shtml.

［54］外交部．中国的非洲政策．（2006－01）．http：//www.fmprc.gov.cn/mfa_chn/ziliao_611306/tytj_611312/zcwj_611316/t230612.shtml.

［55］新华社．习近平在中非合作论坛约翰内斯堡峰会开幕式上的致辞（全文）.（2015－12－04）．http：//news.xinhuanet.com/world/2015－12/04/c_1117363197.html.

［56］新浪教育．习近平回信南南学院首届硕士毕业生．（2017－10－20）．http：//edu.sina.com.cn/l/2017－10－20/doc-ifymzzpv7147608.shtml.

［57］徐松．中非合作论坛，助推中非合作．新华每日电讯，2006－11.

［58］薛琳．中非合作论坛的发展脉络、成就与未来方向．亚非纵横，2013（4）.

［59］“一带一路”国际合作高峰论坛．“一带一路”国际合作高峰论坛成果清单（全文）．（2017－05－16）．http：//www.beltandroadforum.org/n100/2017/0516/c24－422.html.

［60］陈健．跨国公司全球价值链、区位分布及其影响因素研究．国际贸易问题，2010（12）.

［61］张浚．不附加条件的援助：中国对非援助政策的形成．外交评论，2010（5）.

［62］张小妮．英国福利殖民主义的尝试与失败：以20世纪上半叶3个非洲殖民地法案为中心的考察．南京：南京大学，2007.

[63] 张郁慧. 中国对外援助研究. 北京：中共中央党校，2006.

[64] 张哲. 中国输出：坦赞铁路今昔. 南方周末，2009-09-22.

[65] 张康志，张桐. “世界体系论”的“中心—边缘”概念考察. 中国人民大学学报，2015 (2).

[66] 中非合作论坛. 胡锦涛主席在中非合作论坛北京峰会开幕式上的讲话.(2006-11-04). http：//www. focac. org/chn/ltda/bjfhbzjhy/zyjh32009/t584768. htm.

[67] 中非合作论坛. 继往开来，全面推进中非友好合作：温家宝总理在中非合作论坛第二届部长级会议开幕式上的讲话. http：//www. focac. org/chn/ltda/dejbzjhy/zyjh22009/t155584. htm.

[68] 中非合作论坛. 开创中非新型战略伙伴关系新局面：在中非合作论坛第五届部长级会议开幕式上的讲话. (2012-07-19). http：//www. focac. org/chn/ltda/dwjbzzjh/zyjh/t953168. htm.

[69] 中非合作论坛. 全面推进中非新型战略伙伴关系：温家宝总理在中非合作论坛第四届部长级会议开幕式上的讲话. (2009-11-09). http：//www. focac. org/chn/ltda/dsjbzjhy/bzhyzyjh/t627094. htm.

[70] 中非合作论坛. 中非合作论坛——沙姆沙伊赫行动计划 2010—2012. (2009-11-12). http：//www. fmprc. gov. cn/zflt/chn/ltda/dsjbzjhy/bzhyhywj/t626385. htm.

[71] 中非合作论坛. 深化务实合作，促进共同发展：在第四届中非企业家大会开幕式上的讲话. (2012-07-18). http://www. focac. org/chn/ltda/dwjbzzjh/zyjh/t952859. htm.

[72] 中非合作论坛. 习近平出席中非领导人与工商界代表高层对话会暨第五届中非企业家大会闭幕式并发表重要讲话. (2015-12-05). http：//www. focac. org/chn/ltda/dwjbzzjh _ 1/zyjh/t1321588. htm.

[73] 中非合作论坛. 习近平在中非合作论坛约翰内斯堡峰会开幕式上的致辞. (2015-12-05). http：//www. focac. org/chn/ltda/dwjbzzjh _ 1/zyjh/t1321569. htm.

[74] 中非合作论坛. 中非携手合作，共迎新的世纪：江泽民主席在“中非合作论

坛——北京 2000 年部长级会议”开幕式上的讲话 . http://www.focac.org/chn/ltda/dyjbzjhy/zyjh12009/t155565.htm.

[75] 中国出口信用保险公司官网，http://www.sinosure.com.cn/sinosure/xwzx/xbdt/173226.html.

[76] 中国—发展援助委员会研究小组 . 促进中国与非洲各国分享增长与减贫的经验 . 中国国际扶贫中心，2010-09-19.

[77] 中国国际承包商会 . 中国对外承包工程发展报告 2005—2006，2006-03-28.

[78] 中国一带一路网 . 国开行服务“一带一路”建设 向沿线国家发放贷款 1 789 亿美元 .（2017-11-03）. https://www.yidaiyilu.gov.cn/xwzx/gnxw/32806.htm.

[79] 中国一带一路网 . 进出口银行支持“一带一路”项目超过1 200 个贷款余额超 6 700 亿 .（2017-07-26）. https://www.yidaiyilu.gov.cn/xwzx/gnxw/20959.htm.

[80] 中国一带一路网 . 丝路基金与通用电气成立能源基础设施联合投资平台 .（2017-11-10）. https://www.yidaiyilu.gov.cn/xwzx/gnxw/33956.htm.

[81] 中国一带一路网 . 丝路基金已签约 17 个项目 涉及总投资额 800 亿美元 .（2017-12-08）. https://www.yidaiyilu.gov.cn/xwzx/gnxw/38973.htm.

[82] 中国一带一路网 . 专家：“一带一路”融资亟需引入市场机制 激励更多民间资本参与 .（2017-12-18）. https://www.yidaiyilu.gov.cn/ghsl/gnzjgd/39959.htm.

[83] 中国中央电视台 . 铁路外交：将中国影响力带向全球 .（2014-05-19）. http://top.cntv.cn/2014/05/08/ARTI1399556453672274.shtml.

[84] 周玉渊 . 中非合作论坛 15 年：成就、挑战与展望 . 西非亚洲，2016（1）.

[85] 刘昌乾 . 试析中国外交中的国际主义理念：基于对外援助的分析 . 北京：中国人民大学，2010.

[86] 专访刘贵今：中非合作是小型“一带一路”. 第一财经日报 . http://www.yicai.com/news/4623242.html.

[87] 祖晓雯 . 非洲员工暴力讨薪“中非友谊象征”艰难转型 . 搜狐国际新闻 .（2016-03-19）. http://news.sohu.com/20160309/n439841944.shtml.

［88］李小云，唐丽霞，武晋．国际发展援助概论．北京：社会科学文献出版社，2009.

［89］李小云，王伊欢，唐丽霞．国际发展援助：中国的对外援助．北京：世界知识出版社，2015.

［90］黄严忠．国内因素以及中国在非洲的医疗卫生项目//中国在非洲的全球卫生与对外援助政策论文集．华盛顿：美国战略国际研究中心 CSIS，2011.

［91］林毅夫，蔡昉，李周．中国的奇迹：发展战略与经济改革．上海：上海三联书店，1994.

［92］石林．当代中国的对外经济合作．北京：中国社会科学出版社，1989.

［93］速水佑次郎．发展经济学：从贫困到富裕．李周，译．北京：社会科学文献出版社，2003.

［94］唐晓阳．中非经济外交及其对全球产业链的启示．北京：世界知识出版社，2014.

［95］张宏明．非洲黄皮书：非洲发展报告 2013—2014．北京：社会科学文献出版社，2014.

［96］张夏准．富国的陷阱——发达国家为何踢开梯子？．肖炼，译．北京：社会科学文献出版社，2007.

［97］张夏准．富国的伪善：自由贸易的迷思与资本主义秘史．严荣，译．北京：社会科学文献出版社，2009.

［98］陈晓晨．寻路非洲：铁轨上的中国记忆．杭州：浙江大学出版社，2014.

致　谢

本书是笔者自博士毕业以来多年研究的成果，也综合了近两年来“一带一路”建设和产业融资方面的新研究成果。

在此首先需要感谢中国人民大学重阳金融研究院王文执行院长的全力支持和批评指导，“造血金融”一词就是他建议使用的，较好地指出了中国开发性融资的特点和内涵，又便于大众读者理解与思考，为本书的点睛之笔。

还需要感谢南京大学蔡佳禾教授和约翰·霍普金斯大学黛博拉·布罗蒂加姆教授在本书写作过程中给予的指导与支持。在我的博士研究阶段，二位老师从做人到治学方面都给予了我莫大的启迪。感谢中国农业大学李小云教授、徐秀丽教授和清华大学唐晓阳教授等诸位前辈，他们各自领导的团队是中国国际发展研究的中坚力量，多年来一直引领着包括我在内的广大青年学者的前进方向。感谢北京大学林毅夫教授、乔治·华盛顿大学王燕教授、中国人民大学刘青建教授和中国社科院西亚非洲研究所贺文萍教授对最终文本的批评意见与建议。他们指出了本书在理论和事实层面存在的疏漏之处，无私的意见令我受益终身。感谢中国人民大学出版社曹沁颖女士在本书编辑出版工作中提供的真知灼见与辛勤劳动。感谢我的实习生范志毅、潘文悦两位同学，他们完成了本书初稿的编辑校对工作。其他所有为我在写作和出版本书过程中提供帮助的诸多前辈师长和同事同好，我在这里一并表示感谢！

最后，我最应该感谢的是我的父亲和母亲。国际发展研究不能只是案头研究，需要长期大量的田野调查工作，而且往往都是在最为艰苦甚至危险的国家与地区。不论哪一次出行，父母一方面会叮嘱我认真工作，不必挂念家里，另一方面也会时刻关注我所前往的地区——从航班信息、安全局势到疫病暴发的情况，虽然不说，我却能时时刻刻感受到他们的担忧与关切。这本书，应该献给他们！

本书出现的一切疏漏和错误由我本人承担。

程　诚

人工智能

国家人工智能战略行动抓手

腾讯研究院　中国信息通信研究院互联网法律研究中心

腾讯 AI Lab　腾讯开放平台　著

政府与企业人工智能推荐读本。人工智能入门，这一本就够。

2017 年中国出版协会“精品阅读年度好书”，中国社会科学网 2017 年度好书，江苏省全民阅读活动领导小组 2018 年推荐好书。

面对科技的迅猛发展，我国政府制定了《新一代人工智能发展规划》，将人工智能上升到国家战略层面，并提出：人工智能产业要成为新的重要经济增长点，而且要在 2030 年达到世界领先水平，让中国成为世界主要人工智能创新中心，为跻身创新型国家前列和经济强国奠定重要基础。

本书由腾讯一流团队与工信部高端智库倾力创作，从人工智能这一颠覆性技术的前世今生说起，对人工智能产业全貌、最新进展、发展趋势进行了清晰的梳理，对各国的竞争态势做了深入研究，还对人工智能给个人、企业、社会带来的机遇与挑战进行了深入分析。对于想全面了解人工智能的读者，本书提供了重要参考，是一本必备书籍。

制度与繁荣

一个新世界的开始

黄树东　著

看清中国经济未来，判断地缘政治走向，防止财富被洗劫。

本书从美国大选周期出现的社会现象入手，剖画了美国面临的困境、制度变迁以及背后少数资本精英的身影。美国相对衰退的历史，就是一部财富高度集中的历史。

本书通过揭示放任型市场经济无法克服的难题，直陈中国复兴路上五大潜在陷阱，并旗帜鲜明地提出“不选择公平，繁荣将离我们远去”。

随着中国金融开放的扩大，风险也在上升。本书旨在警醒人们：中国不能有，也难以承受一场大规模的金融危机，要为没有硝烟的战争做好准备。

本书为关心中国发展，希望在较长周期中创造和保护财富的广大读者提供了重要参考和告诫。

读懂这本书，未来就是透明的！

图书在版编目（CIP）数据

“一带一路”中非发展合作新模式：“造血金融”如何改变非洲/程诚，著．—北京：中国人民大学出版社，2018.8

ISBN 978-7-300-26110-2

Ⅰ.①一… Ⅱ.①程… Ⅲ.①国际合作-研究-中国、非洲 Ⅳ.①D822.34

中国版本图书馆 CIP 数据核字（2018）第 182125 号

“一带一路”中非发展合作新模式

“造血金融”如何改变非洲

程 诚 著

Yidaiyilu Zhong-Fei Fazhan Hezuo Xinmoshi

出版发行	中国人民大学出版社		
社　　址	北京中关村大街 31 号	**邮政编码**	100080
电　　话	010－62511242（总编室）		010－62511770（质管部）
	010－82501766（邮购部）		010－62514148（门市部）
	010－62515195（发行公司）		010－62515275（盗版举报）
网　　址	http://www.crup.com.cn		
经　　销	新华书店		
印　　刷	天津中印联印务有限公司		
规　　格	170 mm×240 mm　16 开本	**版　　次**	2018 年 8 月第 1 版
印　　张	16.75 插页 2	**印　　次**	2023 年 3 月第 2 次印刷
字　　数	194 000	**定　　价**	76.00 元